Petite histoire des stations de métro

DU MÊME AUTEUR

Aux Éditions Albin Michel

LETTRE OUVERTE AUX BRADEURS DE L'HISTOIRE, 1981
LE MAGASIN DE CHAPEAUX, 1992
PETITE HISTOIRE DES NOMS DE LIEUX, VILLES ET VILLAGES DE FRANCE, 1993
LE JEUNE HOMME AU FOULARD ROUGE, 1994
PETITE HISTOIRE DES FLEURS DE L'HISTOIRE, 1997
LA MAIN COURANTE, 1997
CE SIÈCLE AVAIT MILLE ANS, 1999
LES ARISTOS, 2000
LES AMOUREUX DU BRÉVENT, 2001
LES ANARCHISTES, 2003

Aux Éditions Fayard

HISTOIRE DE FRANCE, 1976
LES GUERRES DE RELIGION, 1980
LA GRANDE GUERRE, 1983
POINCARÉ, 1984
LA SECONDE GUERRE MONDIALE, 1986
LA TROISIÈME RÉPUBLIQUE, 1989
L'HISTOIRE DU MONDE CONTEMPORAIN, 1991
LA GUERRE D'ALGÉRIE, 1993

Pierre Miquel

PETITE HISTOIRE DES STATIONS DE MÉTRO

Albin Michel

SOMMAIRE

La première appellation de la ligne désigne son nom historique, la seconde, son extension actuelle.

Préface

L'HISTOIRE DANS LE MÉTRO

Le métro parisien est un chemin de fer de proximité. Il s'arrête à tous les carrefours. Ses plaques émaillées, où sont inscrits les noms des stations, s'inspirent de celles des rues de Paris. Les lettres blanches sur fond bleu des quelque quatre cents points d'embarquement, jadis tenus par des chefs de gare, reproduisent en sous-sol, le plus souvent, la toile d'araignée de noms propres étendue sur Paris, qui délègue l'Histoire à chaque coin de rue. Les créateurs du réseau, dans les années 1900, et leurs successeurs ont suivi les cycles de nomination des grands hommes depuis le Moyen Âge jusqu'au XXe siècle. De ce point de vue, le métro est un panthéon mobile où l'on n'a pas le temps de s'attarder pour célébrer la mémoire d'un ancêtre, exceptionnellement d'une femme célèbre. À peine a-t-on lu le nom de la station que la rame est repartie.

Les désignations ont été faites au hasard de la géographie urbaine, sans égard pour certains, avec d'excessives délicatesses pour d'autres. Ainsi, certains noms tombés dans l'oubli profond n'en sortent qu'à l'arrêt de la rame, pour quelques secondes, mais cent fois par jour. Quel voyageur, même fermé à l'Histoire, n'a pas en tête les noms de Monge ou de Garibaldi ? Qui sait encore pourquoi ces grands hommes ont été choisis ? Comment l'Histoire les a-t-elle distingués ? Le métro aurait-il reçu des dieux la charge de lutter contre l'oubli des héros ?

La liste est longue des oubliés sans sursis. Qui se souvient du sculpteur Falguière ? Du géologue Brochant ? Du chimiste Antoine Jérôme Balard, dont une place fort fréquentée porte le nom ? Qui était Miromesnil ? Un garde des Sceaux de Louis XVI. Peut-être a-t-il connu M. de Malesherbes qui n'est pas totalement oublié parce qu'il fut l'un des avocats du roi. Mais que dire du polytechnicien Vaneau, tué à vingt ans sur une barricade ? Ou du général Laumière, mort sottement au Mexique pour l'empereur Napoléon III ?

Chacun connaît l'avenue Henri-Martin. Son éponyme ne doit sa fortune qu'à sa qualité de maire du XVIe arrondissement et non à ses talents d'historien, auteur en son temps d'une des plus célèbres *Histoire de France*. Jules Joffrin n'est certes pas plus connu que le gentil ménage des Chardon et Lagache, fondateurs d'une maison de retraite à l'ombre du clocher d'Auteuil célébré par Alfred de Musset, qui n'a pas eu l'honneur d'une station de métro.

On pourrait multiplier les exemples : Cadet n'est pas un franc-maçon de la célèbre loge du Grand-Orient : s'il portait le tablier, c'était celui de jardinier. Il faisait en effet pousser des choux sur la décharge municipale et le potager devint si célèbre que son heureux possesseur donna plus tard son nom à une rue, ce qui justifie l'arrêt des rames à Cadet... Le Riquet de la ligne de La Courneuve n'est pas le révérend père académicien, mais le créateur du canal du Midi sous Louis XIV, l'ingénieur Pierre Riquet. Boissière n'est pas le nom d'un préfet d'Empire ni d'un conseiller général radical, mais le lieu d'une croix boissière, d'une croix de bois où l'on retirait, avant Pâques, les rameaux de buis béni.

Certains noms sont le résultat de déformations : Maubert a de la chance d'avoir une station : c'est le deuxième abbé de Sainte-Geneviève Jean Aubert, de si fâcheuse réputation qu'on l'appelait Aubert le mauvais, Maubert... N'allons pas dédier la station Chevaleret à quelque chevalier d'industrie : il s'agit seulement d'un lieu-dit, tout comme Montgallet, sur la ligne de Charenton.

Les accouplements de noms dans les stations sont parfois étranges : si le ménage Chardon et Lagache est parfaitement légitime, que dire du physicien Réaumur, accolé à la ville de Sébastopol dont il ignorait peut-être l'existence ? On admet Strasbourg-Saint-Denis, qui ressemble à un jumelage de villes, mais Diderot n'a rien à voir avec Reuilly, lieu-dit d'un rustique manoir royal au Moyen Âge. Il en va de même de Havre et Caumartin : François de Caumartin, prévôt des marchands de Paris de 1778 à 1784, n'avait sans doute jamais pris le bateau au Havre. L'union du révolutionnaire et républicain Barbès avec l'abbesse de Montmartre Marguerite de Rochechouart de Montpipeau n'est pas seulement un anachronisme, elle est un défi à la moralité publique. Marcadet-Poissonniers est assez convenable : on peut admettre qu'en ce marché (la *mercade*), on pouvait vendre des poissons. Que fait le savant naturaliste Daubenton dans la rue *Sans-Chief* qui a donné *Sancée*, *Censée* et finalement Censier ? Pure coïncidence topographique. L'accolage du bon Sully, ministre du roi de la poule au pot, avec Morland est dû à la localisation de son hôtel, conservé intact près du boulevard Morland, colonel tué à la tête des chasseurs de la garde lors de la charge héroïque de la bataille d'Austerlitz. Le rapprochement de Sully et de Morland peut paraître historiquement audacieux.

La Motte-Picquet-Grenelle ou Sèvres-Lecourbe sont simplement la juxtaposition de noms d'hommes illustres avec des noms de lieux. Plus trompeur est Montparnasse-Bienvenüe : le tréma a son importance, les parrains du métro ont voulu rendre hommage, à la station Montparnasse, à l'ingénieur Fulgence Bienvenüe, créateur du réseau. Attention à Sèvres-Babylone : il ne s'agit nullement du jumelage de la ville riveraine de la Seine avec la métropole antique. La rue de Babylone honore le fondateur des Missions étrangères, installé dans cette artère au XVIIe siècle : Bernard de Sainte-Thérèse portait en effet le titre d'évêque de Babylone. Le naturaliste Monet de Lamarck peut-il s'accommoder du général d'Empire, duc de Vicence, de Caulaincourt ? Il faut bien qu'il s'y habitue. Le plus flagrant anachronisme est le mariage du cardinal duc de Richelieu et du général de division Drouot, qui servait sous Napoléon Ier. Étrange manière de suggérer l'histoire aux passagers du métro.

Richard et Lenoir étaient deux compères entrepreneurs qui, sous l'Empire, s'entendaient comme larrons en foire. Mais saint Sébastien, patron des arquebusiers, a-t-il jamais inspiré le chroniqueur Jean Froissart, mort en 1410 ? Que fait le brave général Faidherbe, conquérant du Sénégal sous Napoléon III et défenseur héroïque de Lille contre les Prussiens en 1870 avec les fondeurs Chaligny célèbres sous la Renaissance ? S'il est vrai que Marceau, le compagnon de Hoche et de Kléber dans les armées de la Ire République, n'a pas remporté la victoire de l'Alma sous Napoléon III, il est aussi incontestable que le grand Michel-Ange n'a jamais connu le maréchal Molitor, qui servait sous l'Empire. Les plaques des stations de métro sont dangereuses pour les candidats au baccalauréat...

Quand il évoque les hommes politiques célèbres, le métro est furieusement à gauche : Robespierre est, avec Mirabeau, le seul personnage de la Révolution qui ait trouvé grâce à ses yeux. Point de Danton ni de Desmoulins, de Condorcet ni de Sieyès. Ces gens-là ont-ils des boulevards ? Si une petite rue porte le nom de Jean-Jacques Rousseau, le métro ne l'a pas distingué. Il célèbre, par contre, Voltaire et Diderot. Alors que Paris a politiquement viré à droite après l'affaire du général Boulanger en 1890, le métro, construit après 1900, rend hommage à de très nombreux révolutionnaires du XIXe siècle : Ledru-Rollin, Barbès, Raspail et Louis Blanc, pour 1848, le martyr de la Grande Révolution Le Peletier de Saint-Fargeau qu'il ne faut pas confondre avec le prévôt des marchands Le Peletier, grand seigneur du XVIIIe siècle, également nommé sur une plaque de station. Louise Michel est la seule à évoquer le souvenir de la Commune de Paris de 1871, Gambetta la fondation de la IIIe République. également célébrée par les stations République et Quatre-Septembre. Les socialistes Jaurès, Marx Dormoy et Marcel Sembat ont, avec Léo Lagrange, les honneurs du panthéon métropolitain. La guerre a sa fournée de martyrs, largement évoqués, de Georges Mandel à Gabriel Péri, de Paul Vaillant-Couturier au colonel Fabien. On compte même des fusillés inconnus, comme Jacques Bonsergent, Corentin Cariou, Charles Michels ou Guy Moquet. La Résistance, grâce à ces noms conservés sur les plaques émaillées, figure au palmarès des hommes illustres et des héros populaires.

Rares sont les ministres ou hommes d'État : Malésherbes figure sur les listes, non Turgot. Étienne Marcel et Étienne Dolet sont les plus anciens, avec le Père Lachaise et le cardinal Lemoine. Ni Colbert ni Louvois n'ont de couloir de correspondance, pas plus que Fouché ou Talleyrand, Guizot ou Thiers, Poincaré ou Caillaux. Le métro ne mange pas de ce pain républicain : il a concédé Gambetta et Clemenceau, pour des raisons patriotiques. Sully n'est là que par hasard. Son bon maître Henri IV est absent. De Gaulle s'est installé depuis peu place de l'Étoile, seul chef d'État à figurer au panthéon, avec le roi Philippe Auguste et le président Félix Faure qui, rendant l'âme dans les bras de sa maîtresse avait, selon l'huissier de service, « perdu sa connaissance ».

L'injustice n'épargne pas les grands serviteurs de l'État : Haussmann est absent mais le préfet Rambuteau trône tout près des Halles. Pourquoi tant d'honneurs accordés à Jules Joffrin, honnête administrateur, ou au bon Vavin, qui n'avait, comme Henri Martin, que le mérite d'être député et maire... C'est que le conseil municipal de Paris nomme qui il veut et d'abord les édiles qu'il distingue : même dans ce domaine, les récompenses sont décernées avec arbitraire et parcimonie.

Plus encore en matière de gloires extérieures : le métro est très chauvin. Il n'a fait un sort qu'à deux présidents des États-Unis (Franklin D. Roosevelt et John F. Kennedy), un roi d'Angleterre (George V) et deux révolutionnaires engagés dans les armées françaises : Garibaldi, Simon Bolivar. Aucun autre étranger, qu'il fût général, président, souverain, savant, homme de lettres ou explorateur n'a été jugé digne de figurer sur les plaques.

On peut remarquer aisément que les personnages de la gauche révolutionnaire ou résistante sont, dans leur grande majorité, les hôtes des lignes de l'est et du nord de la capitale : Louis Blanc voisine avec Jean Jaurès, Simon Bolivar et le colonel Fabien, autour de Stalingrad. Non loin de là figurent Jacques Bonsergent le résistant et Corentin Cariou. Marx Dormoy jouxte la porte de la Chapelle, comme Barbès. Gambetta, dans le XXe torride du début du siècle, est proche de Saint-Fargeau. Plus au sud-est, Ledru-Rollin est à la Bastille, près de Diderot. Robespierre accueille chaque matin dans les rames de la station les prolétaires des années trente venus de Montreuil, les clochards du marché aux Puces, ceux qui couchent l'été sur la zone des fortifications et tâchent de dormir l'hiver sur les bouches chaudes de l'aération du réseau. Paul Vaillant-Couturier et Léo Lagrange sont à Villejuif, dans la direction de la ville communiste d'Ivry. Au nord, Garibaldi fait bon ménage avec Guy Moquet le résistant, Louise Michel est isolée entre l'exquis Anatole France et les banquiers Pereire. On retrouve Jean Jaurès à Boulogne, et Marcel Sembat à Billancourt. Le peuple des ouvriers parisiens des années vingt et trente prend le métro dans des stations dont les noms sont à sa convenance. Mais depuis longtemps, Ménilmontant n'abrite plus d'ateliers métallurgiques, Cail a disparu avant Citroën de Javel et Renault est aussi absent du paysage industriel du sud que M. Levallois de la porte de Champerret. En ce cas, les plaques des stations évoquent une sociologie disparue des quartiers de Paris.

Pas le moindre révolutionnaire dans le centre, le sud ou l'ouest, sauf à l'extrême limite de la périphérie. Ici, les plaques des stations rappellent plus volontiers les victoires, les guerres patriotiques, les souvenirs nationaux : dix-sept stations évoquent des batailles, et vingt-sept des généraux, généralement vainqueurs. Si Napoléon est absent pour cause de République, quatre de ses triomphes sont inscrits sur les murs blancs : Austerlitz, Iéna, les Pyramides, Wagram, sans compter l'armistice de Campo-Formio. Son neveu, grand constructeur de boulevards, est loin d'être oublié, avec Crimée, Malakoff, Alma et Solferino. La courtisanerie d'Haussmann a fait plus pour « Napoléon le Petit » que le souvenir des gloires du passé. Pour lui complaire, on a même évoqué la bataille d'Alésia, qui est pourtant une défaite. Mais le second empereur ne se piquait-il pas d'écrire une vie de Jules César ? Pas une seule victoire royaliste sur la liste, sinon l'antique bataille de Tolbiac, jadis remportée par Clovis sur les marches de l'Est et l'engagement du Trocadéro, souvenir de la guerre des princes de la maison royale envoyés en Espagne au secours des carlistes.

Les trois guerres européennes sont présentes : les républicains ont imposé Buzenval, en raison de l'héroïque résistance des Parisiens aux Prussiens en 1870. Verdun a été récemment accolé à la gare de l'Est, qui vit partir pour la mort tant de soldats en 1914-1918. La seule bataille de la Seconde Guerre mondiale, où figuraient des Français, est celle de Bir-Hakeim. On n'a pas oublié Stalingrad, mais El-Alamein ne figure pas. La seule victoire étrangère honorée dans Paris porte le nom du maréchal Staline.

Généraux et colonels abondent, sans le moindre souci d'équilibre : douze pour le Premier Empire (Mouton-Duvernet, Cambronne, Daumesnil, Drouot, Duroc, Caulaincourt, Exelmans, Victor, Masséna, Morland, Molitor) contre quatre pour la Révolution : Marceau, Dugommier, Kléber et Hoche. Ney, Murat, Berthier, Soult, Poniatowski, pour ne citer que les plus grands, sont absents. Pourquoi Duroc et pas Davout ? Cambronne et pas Lannes ou Lassalle ? L'Ancien Régime est encore plus maltraité : l'amiral de La Motte-Picquet est le seul à représenter la marine. Ségur, le créateur de l'armée moderne du XVIIIe siècle, côtoie Dupleix, le conquérant des Indes : ni Surcouf ni Suffren. Le marquis de La Tour-Maubourg est seulement le voisin des Invalides dont il était gouverneur au début du XIXe siècle. Par contre, outre Laumière, le métro a retenu des généraux du Second Empire : Lenormand de Lourmel, qui trouva la mort, aux côtés des Anglais, dans la sanglante bataille d'Inkerman, pendant la guerre de Crimée. Joseph Pernety ne doit sa gloire qu'au fait qu'il mourut également en campagne comme Pierre de Pelleport, et que le Second Empire voulait honorer les survivants des guerres du grand Napoléon. Les républicains qui lisaient les discours d'inauguration des stations du métro n'avaient pas gardé du précédent régime un excellent souvenir : aussi n'y a-t-il pas de station Mac-Mahon, Niel ou Cortambert, alors que ces brillants militaires ont gagné quelques batailles. On n'a voulu se souvenir, sous la République, que des officiers de l'Empire qui s'étaient montrés héroïques dans l'adversité : Faidherbe, des armées du Nord de 1870, et le colonel Denfert-Rochereau, défenseur de Belfort. Mais Buzenval, Avron et La Défense évoquent aussi le souvenir de 1870 ainsi que le nom du volontaire italien Garibaldi.

La Grande Guerre est moins bien traitée par le métro : si elle a rajouté Verdun sur l'émail de la station Gare-de-l'Est, elle honore Gallieni et non pas Joffre, Foch depuis peu, et aucun autre maréchal. De la Seconde Guerre mondiale, outre de Gaulle tardivement attaché à l'Étoile, ne survit que le nom du général de Lattre de Tassigny. Le général Leclerc, le libérateur de Paris, a sa place porte d'Orléans.

L'injustice est encore plus grande pour les gens de lettres et de sciences. Les artistes sont rarement nommés : le sculpteur Falguière est avec Pigalle l'unique représentant de son art, si l'on excepte Michel-Ange qui a eu le bonheur de recevoir une rue à son nom dans le XVIe arrondissement, en 1864, sans doute pour répondre aux vœux d'un édile éclairé qui aurait fait son voyage de noces sur les bords de l'Arno. Encore le démiurge de Florence doit-il partager sa double nomination avec le maréchal Molitor, pour une station et, pour l'autre, avec le charmant village d'Auteuil.

Ni Racine, ni Corneille, ni Molière ne figurent dans le métro. Ils ne sont pas au palmarès des grands carrefours de la capitale : avant Voltaire et Diderot, on ne trouve en fait aucune trace de gens de lettres sinon celle du prédicateur Mabillon, qui faisait au Grand Siècle des sermons émouvants. Le métro aime l'épopée, il nomme Victor Hugo et Émile Zola plutôt que Balzac ou Proust. Ces auteurs populaires sont présents dans le florilège républicain. Leur désignation ne surprend pas, elle est naturelle : l'auteur des *Misérables* et celui des *Rougon-Macquart* sont les plus populaires des écrivains français, avec Alexandre Dumas qui hérite d'une station proche du Père-Lachaise, et fort éloignée de la prison pour dettes de Clichy.

Edgar Quinet, l'historien académique, radical et anticlérical, repose au cimetière du Montparnasse. On peut descendre à la station qui porte son nom pour déposer sur sa tombe les chrysanthèmes de la Toussaint. Ni Michelet ni Victor Duruy, qui ont donné leurs noms à des lycées, n'ont reçu pareil honneur. On peut s'étonner de la nomination assez tardive d'Anatole France et des Goncourt sur les listes du réseau. Pour les encenser, il fallait leur laisser le temps de mourir : les Goncourt furent vite célèbres puisqu'ils donnèrent leur nom à l'ancienne rue d'Anthony, entre la République et Belleville, quartier peu engageant pour des auteurs aussi gourmés. Edmond de Goncourt venait de mourir en 1896. Il eut sa rue trois ans plus tard, entraînant son frère Jules sur le sentier de la gloire. La justice impériale leur contestait leur particule et censurait leur œuvre. La République devait les installer dans le métro.

Le délicat Anatole France était déporté à Levallois, retrouvant dans ce quartier ouvrier Louise Michel, l'héroïne de la Commune. Il est vrai que l'auteur du *Lys rouge* eut en 1947 son nom sur une plaque d'un quai du VIIe, arrondissement des éminences et des duchesses. Il était également bien vu chez les métallurgistes et chez les académiciens. Louis Aragon fut honoré à Villejuif, comme Pablo Picasso à Bobigny. Ils durent attendre, pour avoir leur station, l'extension des lignes jusqu'à la « banlieue rouge » dans les années cinquante. Qui fut amoureux à Pantin de l'aimable poète humoriste Raymond Queneau, au point de l'inscrire sur les murs d'une gare ? Il est vrai que l'immortel auteur de *Zazie dans le métro* méritait cet honneur. Onze écrivains français, quatre artistes dont un étranger : le bilan est mince pour les arts et lettres. Est-il plus copieux pour les sciences ?

Les mathématiciens Monge et Laplace sont d'incontestables valeurs du panthéon scientifique, qui illustre la gloire mathématique de la France au début du XIXᵉ siècle et à la fin du siècle précédent. Si Laplace est un pur génie, on se demande si Monge n'est pas sur les murs d'une station comme fondateur de l'École polytechnique sinon comme ministre de la Marine pendant la Révolution, comme homme politique en quelque sorte. La gloire de Pasteur est étincelante. Au même titre que Victor Hugo, il est l'idole de la IIIᵉ République naissante qui veut substituer le culte de la Science à celui du Dieu de Saint-Sulpice et du pape Pie IX qui considérait l'enseignement philosophique comme « du fiel de dragon dans le calice de Babylone ». On aime à voir que le métro ait fait de Pasteur une station à correspondance, certes moins importante que Montparnasse-Bienvenüe, mais au moins égale à Réaumur-Sébastopol. Réaumur, ce physicien du XVIIIᵉ siècle, est le seul de sa catégorie avec Pierre Curie, relégué dans les lignes périphériques ou dans la périphérie des lignes. Jussieu et Daubenton honorent les sciences de la nature. Balard est le seul à représenter la chimie : Gay-Lussac et Berthollet ont à leur nom des rues, des lycées, non des stations de métro. Si l'on considère le géologue Brochant comme un homme de sciences et non simplement comme le directeur de la manufacture des Gobelins, on arrive au total extrêmement modeste de huit savants reconnus dans le métro, échappés miraculeusement à l'oubli grâce à leur nomination. Même si un tout petit nombre de passagers se souvient des travaux de Laplace ou de Jussieu.

Restent les praticiens, les ingénieurs, les hommes de l'art, médecins ou pharmaciens. Parmentier, le pharmacien en chef des Invalides, est honoré à son mérite dans une station de l'est parisien. Boucicaut est un faux ami. C'est le nom d'un hôpital parisien mais Boucicaut n'était ni médecin ni chirurgien : cet homme d'entreprise avait créé les magasins du *Bon Marché* et son épouse avait fondé, grâce aux profits réalisés sous le Second Empire et la IIIe République, l'hôpital qui porte son nom. Le docteur Corvisart, mort en 1821, est le seul médecin dont le métro ait gardé le souvenir.

Les ingénieurs sont mieux représentés. Outre Fulgence Bienvenüe, il faut noter la présence déjà signalée de Pierre Riquet, le créateur du canal du Midi et des fondeurs Chaligny, célèbres au XVIe siècle. Oberkampf est un manufacturier, comme Richard et Lenoir, comme le génial Breguet. On a tardivement reconnu les mérites de l'industriel de l'automobile André Citroën, mais jamais ceux de Louis Renault. Il est bon de remarquer que les seuls entrepreneurs financiers admis à la cimaise des stations soient les Pereire, des aventuriers qui ont fini dans la banqueroute du Crédit mobilier. Il est vrai que les célèbres banquiers du Second Empire narguaient la finance traditionnelle pour réaliser « le suffrage universel des capitaux ». Ces saint-simoniens avaient droit à toute la sympathie de l'ingénieur polytechnicien Fulgence Bienvenüe. Ils étaient, comme lui, des créateurs.

Même en additionnant les hommes d'entreprise, les ingénieurs, les médecins, les pharmaciens, les patrons d'usines et de banques aux savants reconnus par les Académies internationales, on arrive au total modeste de vingt et une personnalités. Les sciences brillent d'un éclat plus vif que les lettres ; elles sont moins honorées que la politique et l'armée. Le dictionnaire raisonné des stations du métropolitain a d'immenses lacunes et confesse son inculture scientifique. Il plaide l'irresponsabilité : la topographie est seule coupable : que n'a-t-on construit un quartier entier dont les rues porteraient des noms d'hommes de sciences au lieu d'arborer, comme autour de la gare Saint-Lazare, les noms des principales capitales européennes ? Entre Naples, Athènes, Rome, Moscou et Leningrad, ceux qui choisissaient les noms des stations du quartier Europe n'avaient que l'embarras du choix ; ils se bornèrent à quelques nominations : Rome, Liège et Anvers. Les gares sont toutes présentes sur le réseau : quoi de plus normal ? N'était-il pas destiné à faciliter dans Paris les correspondances des voyageurs ? Austerlitz, Lyon, Saint-Lazare, l'Est et le Nord, Montparnasse et plus tard Orsay (devenue depuis peu Musée-d'Orsay) sont les points forts des lignes et comptent parmi les stations les plus fréquentées.

Beaucoup de monuments parisiens figurent dans la liste des stations : l'Opéra et la place de la Concorde, le Louvre et les Tuileries, l'Hôtel-de-Ville et l'Odéon, l'École militaire et le Champ-de-Mars auquel a été tardivement ajoutée, sans doute à l'usage des touristes, la Tour Eiffel. Jamais l'Arc de Triomphe de l'Étoile ni celui du Carrousel, pas plus que la porte triomphale de Louis XIV à Saint-Denis n'ont eu les honneurs d'une nomination. Mais la Bourse, l'École militaire, les Invalides, la manufacture des Gobelins comme celle de Sèvres, les mairies périphériques d'Issy, de Clichy, de Saint-Ouen, des Lilas, de Montreuil ou d'Ivry sont désignés ès-qualités comme si elles étaient des monuments à visiter. On remarque que les forteresses ayant conservé leurs remparts (fort d'Aubervilliers, château de Vincennes) figurent à côté de la Bastille, rasée en 1789. Il est vrai qu'elle était une prison, comme le Châtelet, toutes deux remplacées par des colonnes.

Les portes méritent un sort à part ; elles correspondent à l'ancien tracé de l'enceinte fortifiée de Paris construite par Thiers en 1844 : dix-sept portes avaient été aménagées pour le passage des routes principales. Or, vingt-trois stations ont reçu le nom des portes. Une fois l'enceinte démolie et le grand Paris de 1860 construit, on a considéré comme portes de simples barrières ouvrant l'enceinte à des routes départementales comme celles d'Aubervilliers ou de Clignancourt, et même des poternes à chemins vicinaux, comme Pantin ou Auteuil. Le recours au terme général de « porte » ne correspondait plus à une réalité monumentale, mais généralement au fait que pour la terminaison des lignes de métro, l'on trouvait expédient d'utiliser des noms significatifs : le métro s'arrêtait à la limite des anciens remparts. Il n'avait pas, au départ, l'ambition de desservir les banlieues.

Cette ambition fut très vite encouragée par la fièvre de construction du XXe siècle, et par la nécessité de transporter de la périphérie vers le centre des masses croissantes de travailleurs. On souhaitait les acheminer vers leur lieu de travail le plus vite possible et éviter l'encombrement des lignes d'omnibus en surface.

Maurice Dekobra, largement lu dans le métro dans les années trente, faisait dire à un financier américain marron dans *La Madone des sleepings* : « Votre métropolitain est un jeu d'enfants du siècle dernier. On met vingt minutes pour aller de l'Opéra à l'Étoile. C'est seize minutes de trop. Qu'attendez-vous pour doubler les voies et faire circuler des rames express qui ne s'arrêteraient que trois fois de Vincennes à Maillot ? » Voilà qui est fait, grâce au R.E.R. Celui-ci, prolongeant loin les lignes, en empruntant souvent les tracés des chemins de fer, a doublé ou triplé le réseau en limitant à quelques minutes la traversée de Paris. Impossible aux passagers du R.E.R. de lire plus de trois pages de *La Madone des sleepings* entre La Défense et Gare-de-Lyon. Le métro y a gagné plusieurs chapelets de stations nouvelles, qui font d'abord un sort aux ponts sur la Seine et sur la Marne, car le réseau embrasse désormais dans ses enceintes la grande boucle de la Seine et le confluent de la Marne. Il y avait déjà, dans Paris, les stations Pont-Marie, Pont-Neuf, Pont-de-Neuilly et Pont-de-Sèvres. On avait prolongé la ligne Pereire-Champerret jusqu'à Pont-de-Levallois-Bécon-les-Bruyères, quai de la Rapée et quai de la Gare. Se sont ajoutés Pont-de-l'Alma (sur le R.E.R), Joinville-le-Pont et les villes-ports de la Marne et de la Seine.

Les noms de lieux étaient déjà nombreux dans le métro parisien : Passy, La Muette, Javel et Belleville, les Buttes-Chaumont et Croix-de-Chavaux, Maraîchers et Chevaleret, Billancourt et Chaussée-d'Antin. On y ajouta les églises (Trinité, Église-de-Pantin, Notre-Dame-de-Lorette, Église-d'Auteuil), les châteaux d'eau, les universités (Cluny-La Sorbonne, Créteil-Université, Nanterre-Université) et les écoles (après Arts-et-Métiers, Maisons-Alfort-École-Vétérinaire). Mais les stations du R.E.R. se sont souvent bornées à reprendre les noms des anciens villages : Lognes et Torcy, Rueil-Malmaison et Le Vésinet quand elles n'ont pas arboré le nom des villes nouvelles : Marne-la-Vallée et Cergy.

Peu de saints dans la périphérie, ils sont concentrés surtout dans la capitale. Mais alors, quelle abondance ! Saint Denis n'a pas moins de trois stations : quoi de plus normal ? Le cri de guerre des rois francs se pousse en son nom : « Montjoie ! Saint Denis ! » Voici Strasbourg-Saint-Denis en raison de la rue Saint-Denis, à laquelle donne accès l'une des portes monumentales consacrées à la gloire de Louis XIV, puis Saint-Denis-Porte-de-Paris, sur la prolongation de la ligne de Clichy, enfin Saint-Denis-Basilique : le métro court au pied des rois. Ils avaient là leur sépulture.

Saint-Ouen n'est pas moins légitime : il est, comme Denis, à la fois parisien et franc. Évêque de Rouen, il était devenu le serviteur du roi Dagobert et avait œuvré constamment pour la prospérité et la sécurité des Parisiens. Trois stations lui sont également consacrées, dont Mairie-de-Saint-Ouen et Porte-de-Saint-Ouen. L'évêque Germain a donné son nom à la plus belle abbaye parisienne, celle de Saint-Germain-des-Prés. Le métro débarque ses passagers sous l'église. Il ne faut pas confondre Germain le Parisien avec l'Auxerrois, qui a aussi son église mais pas de station de métro. Lazare est le patron d'un hôpital, d'une léproserie transformée en prison, puis rasée, avant de devenir une gare. On trouve tous les saints dans Paris, Paul et Jacques, les bons Placide et Sulpice ; Cloud est un cas : ce prince mérovingien s'est consacré à la vie religieuse, il a fondé son propre monastère. Marcel, comme Germain, était évêque de Paris. Il fut enterré au faubourg où venaient s'esbaudir, dans d'accueillantes auberges, les « escholiers » de la vieille Sorbonne. Tous ces saints sont, peu ou prou, parisiens. Ils sont depuis mille ans, quelquefois plus, vénérés sur les bords de la Seine. Que le métro conserve leurs noms n'a rien d'illégitime. L'abondance des saints répond au grand nombre d'églises, chapelles, sanctuaires, monastères, abbayes et lieux de prière ou de martyre qui font de la capitale des rois de France une ville sainte, dont la plus haute colline, Montmartre, a toujours été un lieu de culte. On peut s'y rendre par la station Abbesses, ou Notre-Dame-de-Lorette, au pied de la rue des Martyrs. Filles-du-Calvaire, au pied de Ménilmontant, et Picpus, sur la route de Vincennes, sont les témoins de l'ancienne vie monastique, particulièrement intense dans la grande ville où les réguliers s'occupaient des hôpitaux, des prêches, de l'enseignement et des miséreux. Le réseau du métropolitain évoque à maintes reprises le Paris de la foi médiévale. Mais aussi moderne : la Madeleine doit tout à Napoléon, et le Panthéon, érigé sous Louis XVI, devait être une église : ainsi eussent été couronnées toutes les hauteurs, sauf le mont Parnasse, consacré aux muses et resté quelque peu païen.

Parfois aérien, le plus souvent — à l'intérieur de l'ancienne enceinte — souterrain, puis de nouveau aérien dans ses prolongations lointaines, le métro évoque à la fois la mémoire des lieux et l'histoire des gens. Nous ne croyons pas inutile de rappeler à la lumière les noms, oubliés pour la plupart, qui ont orné les stations des années 1900. Dans la mesure où le métro n'a fait qu'emprunter les noms aux rues, aux places et aux boulevards, cette enquête porte nécessairement sur la vie parisienne dont le métro est la plus fidèle illustration. Il en dit long sur la mentalité des édiles qui ont choisi, selon l'époque, tel ou tel nom de préférence à d'autres qui auraient eu leur place, justifiée par la topographie, sur l'itinéraire des lignes. Les choix ne sont pas innocents : ils trahissent des idées reçues et des préjugés, mais aussi des emballements, des crises de conscience collective, des actes de foi.

On peut ainsi imaginer un autre « grand meeting du métropolitain » où les personnages sortis de l'ombre danseraient une sorte de ronde autour de Paris, évoquant toutes les époques, les conditions, les tragédies, les gloires nationales... une grande parade des saints et des hommes illustres, des militaires et des savants, des gens de lettres et des peintres. Quels que soient les oublis et les lacunes, le vieux chemin de fer, totalement rénové, est encore capable d'offrir à son public des stations souvent redécorées sortant des tunnels de l'histoire pour placer soudain dans la lumière des quais un nom insolite, injustement oublié; par sa seule présence, il donne sa couleur au quartier qui profile ses façades d'immeubles en haut de l'escalier mécanique. Prendre le métro n'est plus alors s'engouffrer dans une rame, mais participer à la fête de l'Histoire. Les plus grands ne sont pas toujours nommés, mais ceux qui ont répondu à l'invitation des plaques émaillées peuvent en dire long sur leur temps.

À nous de leur rendre la parole, et d'entendre, d'une station à l'autre, le temps d'un court voyage, ce qu'ils ont à nous dire.

Les lignes de métro sont d'abord présentées sous leur forme historique; quant aux lignes R.E.R., elles ont été étudiées en liaison avec les axes de l'ancien réseau. Seules ont fait l'objet d'un traitement particulier les stations ayant des noms intéressant l'Histoire.

Ⓜ ①

PONT-DE-NEUILLY – CHÂTEAU-DE-VINCENNES

Grande-Arche-de-La-Défense – Château-de-Vincennes

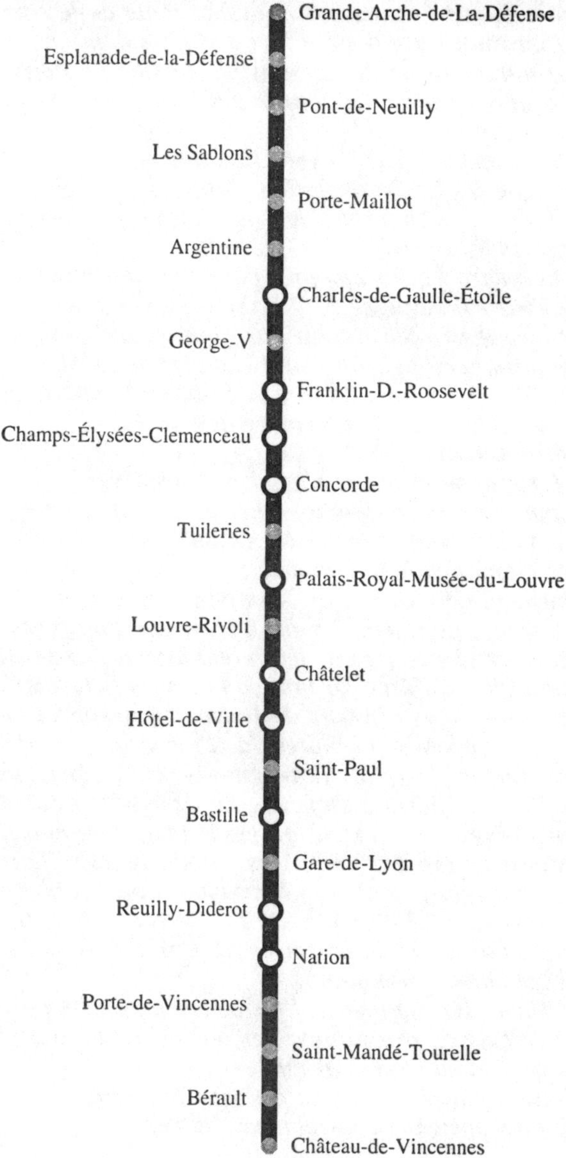

Le vrai départ du premier métro a lieu à 1 heure de l'après-midi le 19 juillet 1900, porte Maillot. C'est alors le terminus de la ligne n° 1, la première construite par l'ingénieur Fulgence Bienvenüe, avec le concours financier de la Compagnie métropolitaine de Paris du baron Édouard Empain, qui a réalisé les tramways électriques de Bruxelles, Lille, Le Caire, Astrakhan et Tachkent, une ville russe située sur l'antique route de la soie.

Pourquoi cette ligne n° 1 est-elle soudain lancée à grands renforts de millions par la ville de Paris qui se charge des travaux lourds : creuser les tunnels, construire les quais ? Parce que le monde entier a les yeux fixés sur l'Exposition universelle de 1900. La ligne n° 1, par la station Étoile, devait rejoindre le Trocadéro où s'ouvraient les guichets de la manifestation.

Le métro ne fut pas prêt pour l'inauguration du 14 avril. La ligne n° 1 n'était pas terminée : les passagers n'en tinrent pas rigueur aux organisateurs du plus grand chantier de la capitale : plus de 16 millions d'entre eux prirent le métro entre le 19 juillet et le 31 décembre de l'an I du métropolitain.

La grande aventure s'engageait bien, sur le parcours Porte-Maillot-Château-de-Vincennes : dix-huit stations construites en un temps record. Les habitants de la banlieue est, ceux de Brie-sur-Marne et de Nogent, de Rosny-sous-Bois et de Fontenay, pestaient d'avoir à traverser Vincennes pour prendre le métro. Ils durent attendre 1934 pour embarquer à l'orée du bois, à la station Château-de-Vincennes. Les ouvriers de Puteaux et les mécanos de Courbevoie se réjouirent de l'ouverture, en 1937, du tronçon Porte-Maillot-Pont-de-Neuilly, prolongé en 1992 jusqu'à La Défense. La ligne n° 1 avait donc fait l'objet d'une extension lente, mais continue, d'ouest en est. De Vincennes partent aujourd'hui les rames du R.E.R vers Marne-la-Vallée (A4) et Boissy-Saint-Léger (A2). De La Défense, les lignes A1 vers Saint-Germain-en-Laye, A5 vers Poissy, A3 vers Cergy-Saint-Christophe.

Ainsi, dans le métro, l'histoire avance comme les écrevisses, à reculons : les premières stations sont au centre, les dernières aux extrémités. Nous commencerons, qu'on nous pardonne, par les plus anciennes, les plus vénérables.

PORTE-MAILLOT Allez à la porte Maillot jouer au mail ! Ce n'est pas une porte comme les autres ; elle n'ouvre pas le mur de Paris, mais celui du bois de Boulogne où les rois, depuis Dagobert, aiment à chasser. Henri II, époux de Catherine de Médicis, a jadis entouré le bois d'un haut mur, pour éviter la perte des biches, des cerfs et des chevreuils, trop souvent tués par les braconniers, et pour éliminer les repaires de bandits qui osaient attaquer les chevaliers par surprise. Nous voici donc au mail, sous Louis XIV. La porte Maillot y donne accès. Elle est surveillée en permanence par le capitaine des chasses Théophile Catelan, gouverneur des châteaux royaux de la Muette et de Madrid. Catelan a l'œil : non seulement il arrête les tire-laine et les voleurs de gibier, mais il empêche les duellistes de se livrer clandestinement à leurs ébats. La porte, construite en pierre, est solide, fermée la nuit, ouverte à l'aube. Le jour, dans l'allée cavalière, les joueurs de mail poussent une petite boule de buis, grosse comme une balle d'écolier, avec un maillet au manche long d'un mètre. Le but est d'envoyer la balle le plus loin possible. On écarte du parcours les promeneurs imprudents : la balle de mail peut être mortelle.

Théophile Catelan a fait fermer les onze portes du bois dans la nuit de septembre 1715 où le char funèbre a transporté la dépouille du grand roi Louis XIV, de Versailles à Saint-Denis. Il a fait abattre le haut de la porte, pour que le cercueil puisse passer. Les porteurs éclairés par des gens d'armes munis de torches ont vivement franchi la Seine. Pourquoi ces précautions ? Parce que Louis XIV était à ce point haï par le peuple de Paris que, même mort, il ne pouvait traverser la capitale. La porte était encore endommagée quand elle laissa passer, sans risque d'émeute et dans les mêmes circonstances, la dépouille mortelle de Louis XV en 1774. On dut la reconstruire sous Louis XVI. Il n'en reste rien aujourd'hui : la superbe grille de Coustou a été démontée, et la porte rasée. Seul le métro conserve, pour son public, le souvenir de ce jeu de mail auquel il serait imprudent de jouer dans les couloirs.

ARGENTINE

La station est la seule qui porte le nom d'un pays ami. Il n'y a pas de station Brésil, États-Unis, ou Grande-Bretagne. Il y a Argentine. Pourquoi ?

La rue d'Argentine, dont la station tire son nom, s'appelait d'abord rue de la Pelouse-de-l'Étoile pour évoquer l'aspect champêtre de la plaine située à l'ouest de l'Arc de Triomphe. Elle fut débaptisée en 1868 pour prendre le nom d'Obligado. Le métro s'arrêtait à la station Obligado. En ce lieu, le 20 novembre 1845, une escadre franco-britannique avait débarqué des fusiliers marins pour s'ouvrir le Rio de la Plata contre l'armée d'un dictateur nommé Rosas dont les colonnes ensanglantaient la Pampa. On prétendait à Londres qu'il levait ses partisans à coups de trique jusque dans les rues de Buenos Aires. On dénonçait ce tyran qui prétendait fermer son pays aux intérêts européens : la victoire d'Obligado donna pleine satisfaction aux financiers de la City. Le commerce argentin était désormais ouvert sans réserve aux compagnies anglaises et françaises. On pourrait exporter vers l'Argentine des kilomètres de ce nouveau fil de fer barbelé qui permettait d'améliorer les rendements des éleveurs, tout en protégeant les céréaliers.

En 1945, la France avait faim : des cargos de blé et de viande furent immédiatement déchargés pour répondre aux désirs du gouvernement français. Reconnaissant, Paris décida de donner une rue à l'Argentine, sans regarder de trop près le nouveau dictateur qui s'installait dans ce pays : Juan Domingo Perón. Plus tard, le gouvernement argentin allait assurer lui-même la décoration de la station Argentine. Par privilège spécial.

CHARLES-DE-GAULLE-ÉTOILE

Avec ses quatre stations qui portent les noms de Charles-de-Gaulle, George-V, Franklin-D.-Roosevelt et Champs-Élysées-Clemenceau, la ligne n° 1 entre dans la voie triomphale des Champs-Élysées, sorte de « voie sacrée », dédiée au souvenir des deux guerres mondiales. Le 11 novembre, le 8 mai, les stations sont fermées : les troupes défilent en surface.

Nulle place de Paris ne méritait mieux de porter le nom de l'homme du 18 juin que celle de l'Étoile : ici eut lieu, dès le 11 novembre 1940, la première manifestation spectaculaire de la résistance française.

Elle était totalement spontanée. Aucun ordre n'était venu de Londres pour que lycéens et étudiants de Paris se réunissent par surprise, défiant l'occupant et la police française, pour manifester à l'Arc de Triomphe. La célébration de l'armistice 1918 était en effet strictement interdite par l'occupant. La police parisienne, débordée, dut laisser la Wehrmacht mener la répression, à la mitraillette.

Certains manifestants portaient sur l'épaule deux gaules, deux cannes à pêche. Le nom du général du 18 juin commençait seulement à se faire connaître, grâce aux émissions en langue française de la B.B.C. Pourtant, les témoins ont identifié tout de suite le symbole des deux gaules.

L'Étoile est ainsi le premier lieu dans Paris où l'on ait crié « Vive de Gaulle », le 11 novembre, face à l'occupant. De Gaulle, avant d'y défiler triomphalement en août 1944, était déjà acclamé par la jeunesse étudiante. Ce souvenir est chaud au cœur des survivants quand ils prennent le métro dans la station récemment rebaptisée.

GEORGE-V

Le roi d'Angleterre est le seul souverain étranger qui ait donné son nom à une station de métro. C'est en souvenir de la Première Guerre mondiale. La station George-V est une des rares dont la plaque fut inaugurée du vivant du personnage qu'elle illustrait. Très populaire en France, le roi George était le second fils du prince Albert Édouard, plus connu sous le nom de prince de Galles dans les lieux parisiens où l'on s'amuse. Le prince Albert, futur Édouard VII, était un pilier de chez *Maxim's* et fréquentait tous les spectacles. Il était aimé des Parisiens qui lui avaient fait un accueil délirant quand il avait, en majesté, fait le voyage de Paris pour apporter la bonne nouvelle de l'Entente cordiale, traité d'alliance entre la Grande-Bretagne et la France pour les questions coloniales. George V, prince de Galles après le couronnement de son père en 1901, lui-même couronné en 1910, avait engagé son pays aux côtés de la France en 1914.

La conduite du roi est alors exemplaire. Il multiplie les visites au front, dans les tranchées où, par centaines de milliers, s'alignent Anglais, Écossais, Irlandais, Indiens, Néo-Zélandais (ils ont leurs tombes en Picardie), Australiens, Canadiens de Vimy. Chaque visite est l'occasion de nombreux reportages dans la presse française, qui ne tarit pas non plus d'éloges sur le roi-chevalier des Belges, Albert Ier. Ainsi, chacun trouva normal que le roi de Grande-Bretagne George V eût sa station de métro sur la voie triomphale des Champs-Élysées.

FRANKLIN-D.-ROOSEVELT

En 1945, il était difficile de conserver à l'ancienne avenue d'Antin le nom d'avenue Victor-Emmanuel-III qui lui avait été donné en 1918, quand l'Italie était l'alliée de la France pendant la Grande Guerre. La présence, sur la voie triomphale, d'un roi qui avait accepté le gouvernement fasciste de Benito Mussolini ne s'imposait pas quand défilaient sur les Champs-Élysées les troupes victorieuses du fascisme.

Franklin Delano Roosevelt venait de mourir le 12 avril 1945 à la veille de la victoire. Il n'avait pas entretenu les meilleurs rapports avec le général de Gaulle, ayant soutenu à Alger, contre lui, le général Giraud. Mais le conseil municipal de Paris était conscient que le relèvement français, après la guerre, passerait par l'aide américaine. Les troupes alliées défileraient sous l'Arc de Triomphe. Pourquoi le président du discours antifasciste de Chicago, du *Victory Program* et de l'opération *Overlord* ne serait-il pas présent dans le métro parisien ? On venait de lui donner une avenue. Il fut le premier président des États-Unis à donner son nom, de surcroît, à une station de métro. Woodrow Wilson n'avait pas eu cet honneur en 1918.

Comme pour Argentine, le changement de nom dans le métro suivait presque aveuglément la dénomination des rues. On n'échappait pas à la règle non écrite stipulant que la station devait prendre le nom de l'une des deux artères qui se croisaient au carrefour en surface. Le métropolitain se garda de s'engager dans le révisionnisme des plaques. Pouvait-il être, au demeurant, plus royaliste que le roi ? Si de Gaulle avait accepté Roosevelt, pourquoi le métro l'aurait-il refusé, d'autant qu'il n'avait pas, alors, donné le nom du général du 18 juin à la station Étoile. De Gaulle ne fut inscrit au palmarès que longtemps après sa mort.

CHAMPS-ÉLYSÉES-CLEMENCEAU

Pour ajouter le nom de Georges Clemenceau à la station Champs-Élysées, il fallait un prétexte : il ne fut pas utilisé immédiatement. Dans la chanson *La Madelon*, l'enthousiasme populaire associait « le Tigre » à Joffre et à Foch. Pas le président de la République Raymond Poincaré. Si Clemenceau, au pouvoir depuis 1917, était passé pour l'artisan essentiel de la victoire, il avait été battu aux élections présidentielles de 1920. On lui avait préféré l'obscur Émile Deschanel, que l'on allait retrouver peu après en pyjama sur une voie de chemin de fer.

Clemenceau ne connut pas, de son vivant, les honneurs d'une plaque de rue. Après sa mort, en 1929, on créa à son intention une place au débouché des avenues Alexandre-III et de Selves, sur les Champs-Élysées. On lui éleva une statue où, pour chaque cérémonie du 11 novembre, le président de la République vient déposer une gerbe. Le métropolitain détenait enfin son prétexte pour honorer « le Tigre ». Il campe au sortir de la station, statue casquée de bronze, marchant dans les tranchées. À sa gauche, les Invalides. À sa droite, l'Élysée, dont il ne fut jamais l'hôte; devant lui, l'Arc de Triomphe.

Il faut remarquer que son vieil adversaire Raymond Poincaré a une avenue dans Paris, mais non une station de métro. Faut-il en rendre la topographie responsable ?

CONCORDE

Avec Concorde, le métro entre dans une voie monumentale, jusqu'à l'Hôtel-de-Ville.

À chaque station, Tuileries, Palais-Royal, Louvre-Rivoli, Châtelet, une visite s'impose.

À la sortie monumentale du métro, devant l'hôtel Crillon où séjourna le président Wilson quand il négociait en 1919 le traité de Versailles, on peut imaginer la guillotine pendant la Terreur de 1793. Le 8 décembre, la sinistre charrette conduisait au pied de l'échafaud une femme célèbre et déjà oubliée. Non point la Lamballe, dépecée vive, ignoblement déchiquetée par les sans-culottes ; non point Marie-Antoinette, qui fut exécutée le 16 octobre, mais une maîtresse royale, Jeanne Bécu, comtesse du Barry, une des favorites du défunt roi Louis XV.

Elle a cinquante ans et se croit oubliée. On la dénonce, on l'arrête, on la juge sommairement, on la conduit place de la Révolution, l'actuelle place de la Concorde. Elle a gardé sa coquetterie, marche tête droite vers l'escalier fatal. Elle n'a pas peur, mais elle aime la vie. Voyant poindre le soleil dans les frondaisons des Champs-Élysées, elle implore le bourreau, qui déjà lui coupe les cheveux. Elle jette un regard vers la statue de plâtre de la liberté, qui lui fait face, froide et glacée. Pas une plainte, pas une insulte. Elle veut sentir intensément la vie qui s'en va, le soleil qui réchauffe la place, respirer une dernière fois une bouffée de cet air de Paris qu'elle a tant aimé. Rien d'héroïque dans son dernier propos : « Encore cinq minutes, monsieur le bourreau ! » Celle qui avait à ses pieds le roi et la cour ne put trouver grâce. Sa tête, belle encore, roula dans la sciure. Les contemporains pleurent volontiers sur la mort de la reine. Pourquoi ne pas plaindre aussi les maîtresses royales ? Je gage que le métro n'a jamais songé — quelle injustice ! — à débaptiser la station si mal nommée Concorde pour l'appeler « Comtesse du Barry ».

TUILERIES

Il n'y a plus de Tuileries ! En 1871, le palais a brûlé. On l'a démoli pierre par pierre. N'était-il pas le symbole de l'ancienne monarchie ? Napoléon, après Louis XVI, s'y était installé. Louis XVIII et Charles X en furent successivement les hôtes, avant Louis-Philippe et Napoléon III. Toutes les révolutions se donnèrent pour but premier la prise des Tuileries. Le palais fut pillé en 1848 et Flaubert raconte, dans *L'Éducation sentimentale*, que les dames des Halles s'asseyaient sur le trône. Il l'avait été plus encore en 1792 quand il fut pour la première fois investi par le peuple. Louis XVI s'y était en effet installé après les journées d'octobre 1789 quand les dames des Halles étaient allées chercher à Versailles « le boulanger, la boulangère et le petit mitron ».

À part les pavillons de Flore et de Marsan, l'ancien palais a disparu. Les Suisses n'y montent plus la garde, dans leur uniforme rouge, devant les appartements royaux. Les volontaires venus de Marseille et de Brest les ont massacrés, le 10 août 1792. Le roi et sa famille ont alors trouvé refuge sur la terrasse des Feuillants dans l'ancienne salle du Manège où siégeait l'Assemblée, qui les prit sous sa protection. Louis XVI n'était déjà plus le roi, la fuite à Varennes avait détruit son prestige. La prise des Tuileries sonnait le glas de la monarchie, annonçait à la fois la Terreur et la naissance, le 21 septembre, de la République qui fut discrètement proclamée dans la salle du Manège.

Les communards, désespérés par l'entrée des Versaillais dans Paris et par la fin de l'aventure communaliste, mirent le feu au palais royal, qui brûla pendant trois jours et trois nuits. On sauva de justesse le musée du Louvre. La République ne crut pas bon de reconstruire un monument qui pesait trop lourd dans l'histoire de France. Elle inaugura, dans le célèbre jardin, la statue de Gambetta, puis celle de Waldeck-Rousseau, le « Périclès français ». Elle avait ainsi pris possession des lieux.

PALAIS-ROYAL-MUSÉE-DU-LOUVRE

La station la plus monumentale de Paris offre au voyageur du métro la visite du musée du Louvre, la découverte des jardins du Palais-Royal, de l'hôtel du Conseil d'État, de la Comédie-Française, sans oublier le Louvre des antiquaires et l'hôtel du Louvre où peignait Modigliani.

C'est ici le lieu des ducs d'Orléans. Philippe, le futur Philippe Égalité, député à la Convention qui vota la mort de son royal cousin, était propriétaire des lieux. Fort endetté en raison de sa vie mondaine étincelante, presque ruiné, il avait résolu de refaire sa fortune en reconstruisant un palais somptueux. L'architecte du théâtre de Bordeaux, Louis, en dessina les plans. L'ensemble du palais, des jardins et des immeubles de façade devait offrir au marché immobilier soixante pavillons à louer à prix d'or, d'une ordonnance sublime. Qui ne se ruinerait pas pour avoir l'honneur d'être le voisin du fastueux duc d'Orléans ?

Sur les trois côtés du vaste jardin, le duc voulut faire mieux : il demanda à l'architecte Louis de prévoir une galerie continue, où les Parisiens auraient accès. On y rôderait jusqu'à deux heures du matin. Bientôt, les nouveaux philosophes pourraient y rencontrer les marquises et les filles publiques, entendre les orateurs improvisés, rencontrer les journalistes séditieux dans des cafés bientôt célèbres, comme le *Café de Foy*. Louis avait aussi prévu de construire un magnifique théâtre, car le duc avait le goût du spectacle. La Comédie-Française avait trouvé un palais digne d'elle.

Philippe mit en vente les boutiques des galeries à 50 000 livres pièce. Les acheteurs se précipitèrent pour faire fortune dans le lieu à la fois le plus snob et le plus populaire de la capitale. Philippe était ravi : il était plus riche que jamais. « Mon cousin, lui dit Louis XVI qui ne manquait pas d'humour, vous allez donc tenir boutique. Sans doute on ne vous verra plus que le dimanche ! »

LOUVRE-RIVOLI

Au débouché de la station, on peut entendre le bourdon de l'église Saint-Germain-l'Auxerrois qui sonna pour la Saint-Barthélemy, en 1572.

Les rois de France habitaient alors le palais du Louvre, en bordure de Seine. Le 23 août 1572, le roi Charles IX et sa mère Catherine de Médicis ont pris la décision de massacrer au Louvre tous les chefs protestants venus des provinces. Pour convaincre le roi, Catherine lui a expliqué qu'il était en péril de mort, que les huguenots faisaient de son assassinat le premier article de leur gigantesque complot. Charles IX a laissé dresser la liste des condamnés : deux seulement ont trouvé grâce : les princes du sang royal, Navarre (le futur Henri IV) et Henri de Condé. Tous les autres doivent mourir.

On ferme, à l'aube du 24 août, les portes de Paris. Les barques sont enchaînées sur le fleuve pour que nul ne puisse s'échapper. On dispose des canons autour de l'hôtel-de-ville, pour intimider le peuple et empêcher une prise d'armes. Pendant que le duc de Guise fait tuer dans l'hôtel de la rue Béthisy (actuelle rue Perrault) l'amiral de Coligny, Condé et Navarre sont arrêtés au Louvre, conduits dans la chambre du roi. Nancay, le capitaine des gardes, parcourt les couloirs du Louvre avec ses Suisses ; ils tuent tous ceux qu'ils rencontrent dans les galeries et jusque dans les chambres. Les soldats des chefs catholiques bouclent le quartier de Saint-Germain-l'Auxerrois où logeaient les huguenots venus de province. Ils ont tracé une croix blanche sur leur chapeau et portent une écharpe blanche en sautoir, pour se reconnaître entre eux. La Rochefoucauld, Téligny, Soubise sont assassinés. Les corps sont rassemblés dans la cour du Louvre. On a tué plus de deux cents nobles. À 5 heures du matin résonne le bourdon : le peuple découvre le massacre, les corps « traînés dans les rues, attachés à des cordes comme bêtes mortes ». Pendant trois jours, les carnages se poursuivent dans Paris, stimulés par les moines. Le Louvre a donné le signal de la tuerie à toute la ville. Amis des Droits de l'homme, descendez à la station Louvre !

CHÂTELET

Il n'y a pas de station Santé. Il n'y avait pas de Petite ni de Grande Roquette. Les stations Saint-Lazare et Clichy peuvent, à la rigueur, évoquer des prisons anciennes, depuis longtemps abandonnées et même démolies quand on a construit le métro. La station Châtelet, comme la Bastille, évoque une prison royale, rasée par Napoléon Ier, installée dans une forteresse médiévale.

À l'origine, un fortin de bois qui protège le pont au Change, construit en 870 par Charles le Chauve, rebâti en pierre et baptisé châtelet au XIIe siècle par Louis VI le Gros. Mais Philippe Auguste construit autour de Paris une défense continue. Le Grand Châtelet n'est plus utile, pas plus que le petit Châtelet de l'autre côté du fleuve, au débouché du Petit Pont. Qu'en faire ? Un tribunal du prévôt et une prison.

Près de la prison, un lieu-dit la Morgue (aujourd'hui près de la Bastille) où l'on venait reconnaître « avec morgue » (c'est-à-dire avec attention) les corps des gens morts dans la nuit sur la voie publique, par suicide, accident ou assassinat. On dit qu'au temps de Louis XIV quinze corps étaient ainsi rassemblés chaque nuit.

On entendait sur les quais de la Seine les cris des suppliciés soumis à la torture de justice. Car la « question préalable » et la « question préjudicielle » furent légales presque jusqu'à la Révolution. On ne compte pas les prisonniers illustres qui furent soumis à ces pratiques : ils n'ont pas toujours leurs noms sur les lignes du métro et pourtant le poète Clément Marot et le bandit Cartouche ont connu les nuits du Châtelet. Le marquis de Favras y a été condamné pour complot royaliste en 1789 : les sans-culottes se servaient de la prison, comme de toutes les maisons d'arrêt parisiennes au temps de la Terreur.

Aussi le peuple dansa-t-il de joie quand les démolisseurs, sur ordre de Napoléon Ier, ont rasé le Grand Châtelet. Sur la place, une statue de victoire, celle de Sébastopol, remportée en Russie par les soldats de Napoléon III. De part et d'autre deux théâtres : la vie a repris au Châtelet.

HÔTEL-DE-VILLE

Il n'y a pas de balcon à l'Hôtel-de-Ville. Rien que des fenêtres. C'est pourtant de ces hautes baies vitrées que l'histoire, à maintes reprises, a parlé au peuple rassemblé sur la place, par l'intermédiaire de personnages inspirés.

L'actuel monument n'est pas celui des révolutions du XIXe siècle ni de la grande révolution de 1789. Il date seulement de 1883. Le précédent, qui lui ressemblait comme un frère, avait été incendié en 1871, comme le palais des Tuileries. Ici descendait jadis le peuple de Belleville et de Ménilmontant, les ouvriers en blouse et en casquette, pour exiger la République. Ici le poète Lamartine, presque drapé dans les plis du drapeau tricolore, refusa le drapeau rouge de la révolte, en 1848. Pour calmer les ouvriers qui demandaient à grands cris l'instauration d'une République sociale, il eut ce mot fameux, transcription lyrique de l'élan révolutionnaire : « Nous allons faire ensemble la plus sublime des poésies. »

La République fut de nouveau instaurée en 1870 par ceux qu'on appelait les bousingots, les rouges, les bleus et qu'Henri Guillemin devait surnommer les Jules. Venant du Palais-Bourbon en un long cortège, guidés par Gambetta et Jules Favre, Jules Ferry et Jules Grévy, les Parisiens, le 4 septembre 1870, avaient, au lendemain de la défaite de Sedan, proclamé la République. De la fenêtre de l'Hôtel-de-Ville, Gambetta le fit savoir au peuple.

On demanda à de Gaulle, en 1944, dans Paris libéré, de renouveler ce geste. La IIIe République avait été mise en sommeil, « catalepsiée » par le maréchal Pétain qui portait le titre de chef de l'État. Le général du 18 juin préféra tenir pour nul cet épisode. « La République ? dit-il, elle n'a jamais cessé d'exister. »

SAINT-PAUL

De Charles VI à Louis XI, tous les dauphins et fils de France étaient baptisés à l'église de Saint-Paul-des-Champs qui a donné son nom à la station du métro. Un hôtel royal entourait l'église, où avaient résidé Charles V et le roi fou, Charles VI. Mais il fut vendu à la criée par François Ier parce qu'il était devenu trop inconfortable : l'odeur de l'enceinte de Charles V, toute proche, et celle du grand égout de la rue Saint-Antoine avaient découragé le roi chevalier, autant que le mauvais souvenir du règne calamiteux de Charles VI.

Charles V avait cependant rendu le lieu célèbre en s'y enfermant, le 22 février 1358, toutes portes closes, pont-levis levé. On était au plus fort de la guerre de Cent Ans. Le roi Jean le Bon avait été fait prisonnier à la bataille de Poitiers. Il résidait à Londres, attendant sa rançon. Le dauphin Charles avait du mal à dominer les Parisiens, exaspérés par les levées d'impôt, la longueur de la guerre et la pénurie de vivres. Trois mille émeutiers entouraient ce jour-là l'hôtel Saint-Paul. Ils étaient conduits par le prévôt des marchands, Étienne Marcel, qui prétendait assurer, mieux que le roi, le bonheur du peuple.

Le dauphin était mal gardé : les solides bouchers (les Hercules du marché) eurent raison des gardes et forcèrent la porte de l'hôtel : les conseillers du dauphin, fort impopulaires, furent immédiatement égorgés : le sang de Robert de Clermont, maréchal de Normandie, celui de Jean de Conflans, maréchal de Champagne, éclaboussa la robe du jeune Charles. Étienne Marcel le protégea de son corps en lui disant : « Coiffez, Messire, le chaperon de la ville ! » Ce jour-là, le futur Charles V dut la vie au chaperon d'Étienne Marcel. Il devait peu après s'échapper dans une barque, descendre la Seine, avant de reprendre le pouvoir. Il faut croire qu'il ne garda pas un mauvais souvenir de l'hôtel Saint-Paul puisqu'il y habita longtemps quand il fut roi.

BASTILLE

Comme le Châtelet, la Bastille était une forteresse avant d'être une prison : elle avait été construite au croisement de la « route de Vincennes » et de l'enceinte de Charles V. Elle était une des portes fortifiées de Paris, au temps de la guerre de Cent Ans.

Désaffectée, transformée en prison, elle était devenue le symbole de l'Ancien Régime. Elle ne surveillait plus les envahisseurs anglais, mais les indociles Parisiens. Ici mourut, le 14 juillet 1789, la monarchie absolue. C'était pourtant une prison de luxe, habitée alors par une petite garnison, surveillant un tout petit nombre de captifs. Les prisonniers très spéciaux y étaient enfermés par la grâce du roi, sur lettre de cachet. Tous les rois en avaient usé, même le bon Henri IV qui y avait enfermé le maréchal de Gontaut, duc de Biron, et Charles de Valois, le demi-frère de sa chère Henriette d'Entragues. Il était chic d'être sorti de la Bastille. Un Bassompierre, au Grand Siècle, s'en flattait. Fouquet y était passé, comme Rohan ou Bussy-Rabutin. Ils y tenaient bonne table et recevaient des visites, avec l'agrément du gouverneur.

Il y avait tout de même de vrais délinquants, comme l'empoisonneuse Voisin qui subit un supplice si parisien que les fenêtres, le jour de son exécution, se louèrent à prix d'or. On n'avait pas si souvent l'occasion, sous Louis XIV, de voir une femme brûlée pour sorcellerie. Latude, le roi de l'évasion, fut un des hôtes de la Bastille. Ce garçon délicat avait expédié à la Pompadour, maîtresse royale, de manière anonyme, un paquet de poudre inoffensive. Il informait la dame, par lettre signée de sa main, qu'elle allait recevoir un paquet d'explosifs. Il avait laissé son adresse, pour la récompense. Mais le lieutenant de police s'était aperçu de la supercherie : à la Bastille, Latude !

Il s'en échappa en 1756, par une échelle de corde que l'on peut voir au musée Carnavalet. Il a vécu la démolition de la célèbre prison, étant mort seulement en 1805 à l'âge de quatre-vingt ans. Il était le fils naturel d'un chevalier de Saint Louis. Peut-être regrettait-il, au fond de lui-même, la destruction de la prison du roi. Monarchiste, Latude.

GARE-DE-LYON

On prend le train à la gare de Lyon depuis 1849, date du premier départ du Paris-Tonnerre. La gare est proche de la Seine : les ouvriers ont surélevé la voie de sept mètres pour qu'elle ne soit pas inondée. Le métro a pris les mêmes précautions pour éviter toute infiltration dans le tunnel.

Il n'était pas encore construit le 8 juillet 1887 quand la gare fut envahie par des manifestants. Ils accompagnaient le général Boulanger, ancien ministre de la Guerre nommé par Clemenceau et récemment révoqué. Beau cavalier, le général était l'idole des Parisiens qui le poussaient à renverser la République salie par des scandales. Mais les Jules Ferry et les Jules Grévy avaient de la poigne. Le mot « limoger » n'existait pas encore. On n'expédia pas le général à Limoges mais à Clermont-Ferrand.

Les Parisiens ne voulaient pas qu'il parte. La foule avait défoncé les portes de la gare, envahi les quais, pris possession des trains, grimpé sur le toit des wagons. Le général descend à contre-voie, guidé par un employé. Il veut rester dans la légalité, prendre son poste en Auvergne, en attendant les élections. Les manifestants grimpent sur la locomotive, hurlant des slogans : « À l'Élysée ! Vive Boulanger ! Arrêtons le train ! » Certains se couchent sur les rails. Ils se relèvent vite quand la machine se met en marche, Boulanger à son bord. Dans cet équipage, Boulanger descend à Charenton, premier arrêt. Pas de foule, la station est calme. Dans le bureau du chef de gare, l'idole de Paris se lave les mains. On lui demande ce qu'il pense de la gare de Lyon. L'homme n'a pas le sens des formules historiques. Il répond simplement.

« Ouf ! Il faisait chaud ! »

REUILLY-DIDEROT

Aucun rapport perceptible entre le vieux chemin de Reuilly, qui jadis conduisait le promeneur de l'abbaye Saint-Antoine jusqu'à la résidence champêtre des rois mérovingiens, et le philosophe de l'*Encyclopédie*. Le hameau de Reuilly avait depuis longtemps disparu au temps de Diderot, absorbé par les ateliers du faubourg Saint-Antoine.

Par contre, le boulevard Diderot a été ainsi baptisé par les républicains au pouvoir depuis 1879. Il s'appelait auparavant boulevard de Mazas. La célèbre prison Mazas (du nom d'un colonel de la Grande Armée) avait remplacé en 1850 l'ancienne prison de la Force et passait pour un établissement modèle : un prisonnier dans chaque cellule. Les cellules étaient construites en rayon pour que, du centre, on pût tout surveiller. Tous les prisonniers pouvaient assister, de leur cellule, à la messe du dimanche, célébrée au point de départ des rayons. Les républicains avaient été nombreux, sous l'Empire, à bénéficier des nouvelles cellules. Ils en avaient gardé le plus mauvais souvenir. Aussi, leurs successeurs avaient-ils applaudi en 1898 la destruction de la centrale, remplacée par la prison de Fresnes. Une grande fête populaire avait été donnée sur les ruines.

L'idée de remplacer le nom de Mazas par celui de Diderot était républicaine : le philosophe avait été emprisonné pour avoir publié des ouvrages antireligieux et douté de l'existence de Dieu. On l'avait envoyé réfléchir, non pas à la Force, mais au fort de Vincennes. Ainsi, la station de métro rend-elle hommage à l'une des victimes politiques du système pénitentiaire français. Mais elle n'a fait que se soumettre au changement de dénomination du boulevard. Diderot a de la chance : il est le seul philosophe des Lumières, avec Voltaire, à être présent dans le métro. Jean-Jacques Rousseau n'a pas eu cet honneur. Seule une petite rue du Ier arrondissement le commémore. Paris, dans son hommage aux révolutionnaires, préférait honorer les libéraux plutôt que les démocrates.

NATION

L'est parisien, de la Bastille à République, célèbre le nouveau régime proclamé en France le 4 septembre 1870. Pendant dix ans pourtant, l'ancienne place du Trône, où avait lieu la foire du Trône, avait conservé son nom. C'est que les républicains avaient mis longtemps pour investir la République. Ils avaient dû l'emporter aux élections sur les notables monarchistes qui souhaitaient une restauration de la royauté. À la sortie du métro Nation, on peut apercevoir, au centre de la place, la statue de Dalou, *Le Triomphe de la République*, qui fut inaugurée en 1899, à la fin de l'affaire Dreyfus (durant laquelle républicains et antirépublicains s'affrontèrent de nouveau, à propos d'un officier juif de l'armée que l'on avait envoyé à tort au bagne, sous prétexte d'espionnage).

La station de métro, si le parti monarchiste l'avait emporté, porterait toujours le nom de place du Trône en souvenir de la journée du 26 août 1660 : on y avait dressé un trône pour accueillir solennellement Louis XIV et la reine Marie-Thérèse qui revenaient du sacre de Reims. Il avait été prévu d'y construire un ensemble monumental, autour de la statue du grand roi. La Révolution avait immédiatement débaptisée le lieu : la guillotine avait été dressée place du « Trône-Renversé ». Plus de treize cents personnes y avaient été décapitées. Elles étaient transportées sur la charrette rouge jusqu'au cimetière de Picpus. Dès l'Empire, la place avait repris son ancien nom. Elle redevint le centre pacifique de la « foire aux pains d'épices » qui étalait ses tréteaux le long du cours de Vincennes. Les stations de métro Bastille et Nation sont noires de monde le jour des défilés populaires du Premier Mai :

c'est à la statue de la République que se dispersent les cortèges. Sur ce parcours ont toujours eu lieu les regroupements politiques de ceux qui ne souhaitent pas transformer la place de la Nation en « place de la République-Renversée ».

PORTE-DE-VINCENNES

Vincennes est la porte de la route d'Allemagne. À l'inverse, elle a toujours reçu en priorité les envahisseurs venus de l'est : le métro honore de sa station un champ de bataille prédestiné.

Le chasseur de Vincennes, placé à l'entrée de l'autoroute de l'Est, fait pendant au zouave du pont de l'Alma, posté en sentinelle contre les Prussiens, pendant le siège de 1870. En 1814, l'aile droite de l'armée des maréchaux protégeant Paris s'appuyait sur Vincennes. Une batterie de 28 pièces servies par les élèves de l'École polytechnique avait été réunie à la barrière du Trône pour se porter, au moindre signal, sur les points les plus menacés. Elles se déplacèrent sur ordre du commandant Evain vers Vincennes et furent aussitôt attaquées par les escadrons russes du comte Pahlen qui étaient installés entre le village de Vincennes et les rampes de Montreuil. À la lunette, Pahlen vit que les artilleurs français n'avaient pas de soutien de cavalerie, à peine un peloton de gendarmes à cheval. La batterie était une proie tentante. Les polytechniciens furent assaillis par les uhlans. Les charretiers ou cochers de voitures de place, engagés pour la manœuvre des pièces, s'étaient enfuis. Les jeunes polytechniciens étaient promis à une mort certaine quand ils furent dégagés par les chevau-légers français de Vincent et par les dragons du général Ordener. Les Russes furent sabrés sans merci, les pièces pour la plupart reprises. Une trentaine de jeunes gens avaient reçu des coups de lance ; pas un ne fut tué. L'un d'eux avait été conduit, prisonnier, devant le tsar. Il dit qu'il était volontaire pour la Sibérie où il voulait « donner des leçons de mathématiques ». Les Russes furent étonnés de trouver devant eux, à la porte de Vincennes, les meilleures têtes scientifiques de la France. Le tsar frémit à l'idée que ses uhlans aient pu, en quelques minutes, anéantir des jeunes gens d'une telle valeur.

SAINT-MANDÉ-TOURELLE

Mandé est un obscur ermite irlandais qui prêcha en Bretagne, aux environs de Tréguier. Par quel hasard des pérégrinations monastiques est-il honoré dans la forêt de Vincennes ? On ne sait. Les constructeurs de la ligne n° 1 prolongée de la porte au château de Vincennes ont imaginé cette station intermédiaire désignant non une artère, mais une ville nouvelle à l'est de Paris, avec sa mairie, son église neuve de Saint-Louis-de-Vincennes, construite dans les années vingt par Droz et Marrast. Le métro doublait ainsi la ligne de chemin de fer de la gare de la Bastille qui conduisait à Boissy-Saint-Léger. Cette ligne avait aussi une gare à Saint-Mandé.

La décoration de l'église neuve est en partie consacrée à Saint Louis que vénèrent les pauvres. La municipalité a sollicité les talents : le sculpteur Sarrabezolles et le délicat peintre de fresques Maurice Denis qui a pris pour thème huit Béatitudes. Il n'a pu esquiver la représentation de Saint Louis rendant la justice sous son chêne de Vincennes, rendue inévitable par le récit du chroniqueur Joinville. Saint-Mandé-Tourelle est déjà une station de la banlieue résidentielle de l'est parisien ; elle n'a d'autre histoire que celle des migrations de la population, au temps d'Haussmann, du centre vers la périphérie. Les ouvriers émigraient plutôt vers le nord et l'est, les bourgeois vers l'ouest. Il se trouve que la clientèle de Saint-Mandé, en raison de la proximité du bois et de l'hippodrome aménagés sous Napoléon III offre un aspect cossu, presque britannique, de villas individuelles et d'hôtels particuliers. Dans l'une de ces maisons mourut, en 1836, le journaliste Armand Carrel, l'un des organisateurs de la révolution de 1830. Ce démocrate fougueux s'était pris de querelle avec un autre journaliste, le futur créateur de la presse populaire à grand tirage, Émile de Girardin. Les querelles d'honneur se vidaient alors sur le pré, et volontiers sous les ombrages du bois de Vincennes.

BÉRAULT

Ce Michel Bérault était fort populaire dans le quartier. Vigneron de son état, il était représentatif de ces classes nouvelles, instruites et soucieuses de progrès, qui avaient préparé la Révolution et réalisé les doléances pour les États généraux. Adjoint au maire de la commune de Vincennes, il a laissé son nom dans la toponymie, seul représentant dans le métro du grand mouvement populaire d'émancipation du tiers état.

CHÂTEAU-DE-VINCENNES

Le château de Vincennes est le tombeau des rois. Louis VII y avait fait construire un pavillon de chasse, Philippe Auguste avait enclos le bois de murs, Saint Louis y avait bâti une chapelle. Charles V, surtout, aimait y résider. Trois rois déjà y étaient morts : Louis X dit le Hutin en 1316, Philippe V dit le Long en 1322 et Charles IV dit le Bel en 1328. Charles V y était né, il eut garde d'y mourir. Les Valois, pendant la guerre de Cent Ans, avaient avec acharnement érigé en ce lieu une forteresse réputée imprenable.

Le château était tombé entre les mains des Anglais. Le roi d'Angleterre Henri V y couchait dans la chambre de Charles V lorsqu'il fut brusquement atteint de dysenterie. À l'époque, ce mal épidémique ne pardonnait pas. Il expira à Vincennes. Charles IX y mourut aussi en 1574. Mazarin voulut-il y mourir ? Séduit par la beauté du lieu, et s'étant nommé lui-même gouverneur du château, il résolut de l'agrandir. On lui doit le pavillon de la Reine, où il résidait avec Anne d'Autriche, et le pavillon du Roi, également construit par Le Nôtre. La construction était à peine achevée quand Mazarin y mourut le 9 mars 1661.

Ce lieu était-il maudit ? Louis XIV décida de n'y plus paraître et de transformer le donjon en prison. Beaucoup d'hommes illustres eurent l'honneur d'y résider au XVIIIe siècle, notamment Diderot et le comte de Mirabeau. En 1791, les ouvriers du faubourg Saint-Antoine voulurent démolir la forteresse pierre par pierre, comme la Bastille. La Fayette, à grand-peine, les persuada de n'en rien faire. Cela permit à un général de Napoléon, Daumesnil, d'y prononcer une phrase célèbre quand il défendait la forteresse en 1814. L'homme avait perdu une jambe à la bataille de Wagram et portait une jambe de bois. Les envahisseurs lui demandaient de se rendre : « Les Autrichiens, répondit-il, m'ont enlevé une jambe, qu'ils me la rapportent ou qu'ils viennent me prendre l'autre. » Le général devait mourir à Vincennes, dans son lit. Cette bonne fortune fut quelquefois celle des généraux de Napoléon.

LES SABLONS

En avril 1937, la ligne n° 1 Vincennes-Neuilly fut prolongée jusqu'au pont de Neuilly. Alors fut ouverte la station Sablons, dans la plaine distinguée de Neuilly.

Une sablière, sur les bords de la Seine ? Une plaine aride en tout cas, où rien ne pousse. Pas l'ombre d'un grain de blé dans cet endroit presque désert au XVIIIe siècle. Le roi Louis XV y passe en revue les gardes suisses et les gardes-françaises, des soldats mercenaires de la garnison de Paris. Marie-Antoinette, galopant peut-être dans le bois de Boulogne, découvre la vaste plaine et décide d'y organiser des courses de chevaux. Elle aimait le sport hippique et l'on pariait ferme autour d'elle.

Louis XVI était un roi austère qui détestait le jeu et les distractions frivoles. Il ne se permettait que la chasse et la serrurerie. Il vint à son tour aux Sablons. Il n'y avait pas terre si aride où ne pût pousser la nouvelle plante découverte par M. Parmentier : la pomme de terre. Pourquoi ne pas tenter de l'acclimater à Neuilly ? Elle poussait bien dans les sables glacés de Prusse...

La pomme de terre avait mauvaise presse ; on l'accusait de rendre malades les hommes et le bétail : une invention du diable. Les paysans refusaient d'ensemencer. En 1787, le roi lui-même vint en carrosse, en grand équipage, pour impressionner les populations. Il est reçu aux Sablons par Parmentier. Le savant se désole : il craint qu'on n'arrache la nuit, par superstition, les précieux tubercules qui sortent déjà de terre. Il montre au roi sa future récolte, en décrit les bienfaits. En période de disette, la pomme de terre peut sauver des milliers d'affamés qui n'ont pas de pain.

Le roi a l'idée de faire garder la plantation par les gardes-françaises, de nuit, baïonnette au canon. Il veut montrer tout le prix qu'il y attache. Le message est reçu : des voleurs réussissent à dérober des patates germées, pour les faire pousser chez eux. Puisque le roi fait garder les pommes de terre, c'est qu'elles sont précieuses. Le roi paraît à Versailles, une petite fleur blanche à la boutonnière. La reine l'imite. La mode est lancée. Chacun plante des patates : c'est le miracle des Sablons.

PONT-DE-NEUILLY

En 1900, Neuilly était resté un village cossu peuplé d'hôtels chics. Le duc d'orléans y résidait en 1830 quand on vint le chercher pour le conduire place de l'Hôtel-de-Ville, où l'attendait le pouvoir. Il habitait alors à la campagne. En 1930, cent ans plus tard, des immeubles étaient partout sortis de terre. La mairie monumentale était en place, ainsi que les principales avenues. Il était de bon ton de vivre dans un hôtel particulier à Neuilly, ville boisée aux rues tranquilles bordées de hautes grilles. Les riches pouvaient à l'aise y remiser leurs limousines, y tenir des maisons nombreuses. L'Ouest parisien se développait en même temps que l'ouest de Londres, ou de New York. Les banquiers, généraux et agents de change qui habitaient Neuilly avaient-ils besoin du métro ? Certes, maîtres d'hôtel et dames de compagnies étaient las de marcher, pour regagner Paris, dans la boue des chantiers. La population des gens de maison était probablement à Neuilly l'une des plus nombreuses de la capitale. Mais le prolongement de la ligne n° 1 jusqu'à la Seine avait un autre objectif : permettre aux populations ouvrières qui se pressaient de l'autre côté du fleuve, à Puteaux, Courbevoie, Nanterre, de se rendre commodément à Paris, ou, à partir des quartiers populaires de la capitale, de gagner leur travail dans les nouvelles usines chimiques ou métallurgiques, dans les ateliers de mécanique qui s'étaient installés sur l'autre rive de la Seine, depuis 1918, entraînant la migration de dizaines de milliers d'ouvriers.

La station Pont-de-Neuilly est une sorte de bout du monde, où les voitures de luxe des propriétaires d'hôtels pouvaient apercevoir, quand ils circulaient à la pointe du jour, des files de travailleurs se rendant dans les usines, à la sortie du métro. Il suffisait de passer le pont pour accéder à la « banlieue rouge », celle des grévistes du Front populaire. Dans cette période d'affrontements sociaux, le pont de Neuilly mettait en contact deux mondes qui voulaient s'ignorer, et parfois amenés à se combattre. C'était au temps de la lutte des classes.

ESPLANADE-DE-LA-DÉFENSE

La station Esplanade est la première sur la prolongation de la ligne n° 1 réalisée en 1992 jusqu'à La Défense. En 1992, le but de l'opération n'est plus de desservir la ville ouvrière de Puteaux, pas plus que Courbevoie, bien que la station, à ses débuts, ait été appelée Puteaux-Courbevoie. La désignation d'Esplanade semble mieux appropriée à sa fonction réelle : elle donne accès à l'esplanade du Général-de-Gaulle, artère artificielle de béton qui trace le centre du nouveau quartier d'affaires de La Défense; plus d'usines d'automobiles ni d'ateliers d'aviation : des tours d'acier et de verre abritant la plupart des grandes compagnies internationales de banque, de pétrole, d'assurances. L'architecte Zehrfuss avait construit ce plan dès la fin de la guerre. La première réalisation, audacieuse pour l'époque, avait été le palais du C.N.I.T. Le nouveau quartier offrait un aspect futuriste, inspiré des réalisations américaines. Les immeubles portaient les noms de Manhattan et de Manhattan Square. La station de métro débouchait ainsi sur un quartier de New York.

Les employés, dans les cafés de l'Esplanade, remplaçaient les ouvriers. Les cadres se pressaient nombreux aux expositions qui se succédaient, aux séminaires qui s'organisaient. Des hôtels fonctionnels pour étrangers de passage jouxtaient les tours des multinationales. Les vieilles maisons de Puteaux, encore visibles dans les lointains, étaient vouées à disparaître. En ouvrant la station Esplanade, le métro entre de plain-pied dans le XXIe siècle dont le symbole est, dans les sous-sols, perdu au milieu des parkings : le monstre du sculpteur Moretti.

GRANDE-ARCHE-DE-LA-DÉFENSE

La station terminale de la ligne n° 1 juxtapose deux monuments qui symbolisent des époques fort opposées.

La première est une statue : *La Défense de Paris* en 1871, un groupe en bronze de Barrias. Contre les armées prussiennes, la capitale a dû soutenir un siège de cent trente-deux jours qui a pris fin par l'armistice du 28 janvier signé par Jules Favre au nom de la République.

Les Parisiens avaient beaucoup souffert. L'hiver était froid, ils n'avaient pas de moyens de chauffage. On débitait les arbres des bois de Vincennes et de Boulogne. Plus de cinq cent mille déshérités erraient dans les rues, à la recherche de quelque pitance. On mangeait les chevaux, les animaux du Jardin des Plantes. Victor Hugo se souvenait d'avoir goûté du cuissot d'antilope et du bifteck d'éléphant. On mangeait aussi les chiens, les chats, jusqu'aux moineaux. Un pain noir mêlé de riz et d'avoine était distribué avec parcimonie. La population ne comprenait pas pourquoi le général Trochu ne tentait pas de rompre l'encerclement, de se porter vers les armées de la Loire qu'avait levées Gambetta. Toutes les tentatives de sortie avaient échoué, en dépit des efforts héroïques des gardes mobiles de Paris et de province.

Pour symboliser les efforts des défenseurs et le courage de la population, on avait imaginé de placer à l'ouest de Paris, où s'étaient déroulés de furieux combats, le monument de la résistance. Il est toujours en place, mais il n'est plus à l'échelle du monument qui lui fait face : l'Arche des Droits de l'homme.

Ce dernier fut inauguré en 1989, pour le bicentenaire de la Révolution française. Cet irréprochable parallélépipède est chargé d'un tout autre symbole : la résistance de tous les citoyens du monde aux forces d'oppression, la volonté de paix des peuples. Ce gigantesque bloc d'acier et de verre diffuse tous azimuts son message d'entente et de respect humain, à partir de la capitale mondiale des révolutions qui réaffirme solennellement, deux cents ans plus tard, sa volonté de défendre les Droits de l'homme et du citoyen.

AUBER

Esprit Auber était compositeur de musique. Il mourut à Paris en 1871 avant l'inauguration du nouvel Opéra, après la faillite de l'Empire, à plus de quatre-vingt-neuf ans. Les Goncourt affirment qu'il poursuivait toujours, malgré son âge avancé, les trottins sur les trottoirs. L'auteur de *La Bergère châtelaine* et de *La Muette de Portici* a disparu avec son époque de mœurs faciles, de politiciens peu scrupuleux, de directeurs de théâtre et de journalistes engagés dans la « haute noce » du gai Paris dénoncée par Zola et les journalistes républicains. Bizarrement, le nom d'Auber est le seul qui ait été retenu, en raison de la topographie, par les constructeurs du R.E.R. qui double la ligne n° 1 sur l'axe est-ouest et entre en service le 9 décembre 1977.

Ce jour-là, le *Réseau express régional* (R.E.R.) décidé par le plan d'aménagement de la région parisienne en 1960 a véritablement vu le jour. La station Auber était construite sur trois niveaux, sur un véritable bloc de béton. Les travaux avaient commencé à ciel ouvert, à La Défense. Un « bouclier » spécial avait ensuite permis de creuser un tunnel dans le sol. En juin 1965, la Seine était atteinte. On posa sous le lit du fleuve des caissons préfabriqués en béton précontraint, en aval du pont de Neuilly. Depuis 1964 la machine à forer Robbins attaquait le sous-sol parisien, construisant une seconde ligne le long du tunnel Neuilly-Vincennes. En 1971 la station Auber était achevée. Restait à poursuivre les travaux de la gigantesque station Châtelet-Les Halles, la plus vaste du monde, à découvert dans le « trou des Halles » sur lequel, plus tard, s'élèverait le forum. Le rêve de Maurice Dekobra était réalisé. De la Défense à Vincennes, le métro express ne s'arrêtait qu'à cinq stations Étoile-Charles-de-Gaulle, Auber, Châtelet-Les Halles, Gare-de-Lyon et Nation. À l'ouest, le réseau fut prolongé par trois lignes (A1, A5 et A3) joignant Saint-Germain-en-Laye, Poissy et Cergy-Saint-Christophe. Il empruntait le tracé et les gares de la S.N.C.F. qui portent toutes des noms d'anciens villages ou de nouvelles agglomérations. Il n'est donc pas nécessaire de les citer car elles n'impliquent, de la part des responsables du réseau, aucun effort particulier de désignation. Il en va de même des lignes de l'est : A2 et A4 rejoignent Boissy-Saint-Léger et Marne-la-Vallée, avec une ultime prolongation jusqu'à Chessy (Euro-Disneyland).

M 2

PORTE-DAUPHINE – NATION

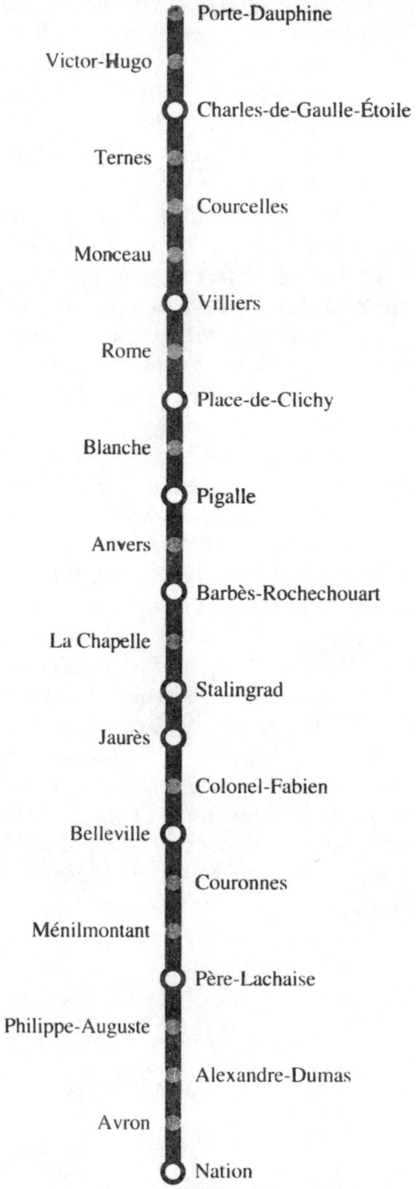

La deuxième ligne du métro fut terminée en avril 1903 seulement. Des difficultés techniques avaient retardé sa mise en service. La ligne fut réalisée en trois tronçons. Le premier, d'Étoile à Dauphine, avait été ouvert au public dès le mois de décembre 1900 : c'était le simple raccordement de la ligne n° 1 (Neuilly-Vincennes) avec le chemin de fer de ceinture, dont la gare de la place Dauphine pouvait accueillir les voyageurs du métropolitain. Ce tracé ne soulevait pas de problèmes particuliers.

Mais la conception de la ligne n° 2 était de suivre en souterrain le tracé des « boulevards extérieurs » qui entouraient le Paris de Louis-Philippe et de Napoléon III par Villiers, Clichy, Pigalle, Barbès et Belleville. Ce demi-cercle se complétait de son homologue au sud, par la ligne n° 6, de Nation à Étoile par la place d'Italie, Denfert-Rochereau, Montparnasse et La Motte-Picquet-Grenelle. La capitale serait ainsi entièrement desservie par un métro souterrain circulaire, courant sous les boulevards.

Au pied de Montmartre et à Belleville, on dut déchanter : les carrières de gypse avaient creusé dans le sous-sol des trous béants. Il était imprudent de s'y engager. Pour la première fois, le métro devenait aérien et jetait ses lourds tabliers métalliques sur des piliers dont les fondations pouvaient atteindre vingt mètres de profondeur. Il en fut ainsi de la station Anvers jusqu'à Colonel-Fabien. Louis Biette, spécialiste de la construction métallique, jeta autour de la rotonde de la Villette une arabesque de fonte. Jean-Camille Formigé fut chargé de dessiner les piles de fonte et de les décorer de motifs architecturaux. Le métro devenait œuvre d'art. Le 31 janvier 1903 s'ouvrit la station de Bagnolet, baptisée en 1970 Alexandre-Dumas. Enfin, le 2 avril 1903, la ligne n° 2 rejoignait la ligne n° 1 à la station Nation. Le premier demi-cercle était tracé, au nord de la capitale.

PORTE-DAUPHINE Partie de l'Étoile, la deuxième ligne du métro gagnait le bois de Boulogne par la porte Dauphine, ancienne porte Barbani, du nom déformé de l'ingénieur italien Balbani qui avait travaillé pour le compte d'Henri IV au château de Madrid. Elle n'ouvrait pas l'enceinte de Paris mais donnait accès, comme la porte Maillot, au bois fermé au public jusqu'au règne de Louis XVI.

À Dauphine, la ligne rejoignait le chemin de fer extérieur qui égrenait ses gares champêtres d'Auteuil jusqu'au pont Cardinet, dans la plaine des Batignolles. La dauphine Marie-Antoinette, qui avait donné son nom à cette porte avant d'être reine de France, quand elle résidait au château de la Muette, prévoyait-elle le développement du bois comme espace de loisirs pour les Parisiens ? Le comte d'Artois y avait fait construire une folie. Longchamp attirait les snobs. Mais on ne pouvait alors se douter de l'extension des quartiers ouest sous le Second Empire qui aboutit à l'ouverture de la plus large avenue de la capitale : cent vingt mètres sans compter les deux chaussées mitoyennes, les pelouses plantées d'arbres. Cette avenue du Bois anciennement avenue de l'Impératrice devint en 1929 avenue Foch après la mort du maréchal de la Grande Guerre.

Zola a décrit, dans *Les Rougon-Macquart*, la succession des calèches et des somptueux équipages qui se rendaient aux courses de Longchamp. Le point de passage obligé de ces phaétons armoriés était la porte Dauphine, où se pressait la foule des badauds qui croyaient reconnaître le duc de Morny ou la Castiglione. Haussmann avait réalisé là sa plus prestigieuse artère : celle qui attira les princes et les rois lors de l'Exposition universelle de 1867. Le tsar Alexandre était invité. Un révolutionnaire polonais, Berezowski, tira un coup de pistolet sur sa calèche, le manquant de peu. Ainsi l'avenue de l'Impératrice, le chemin de Longchamp, la porte Dauphine et l'allée du Bois devenaient-ils des noms familiers aux rédactions de la presse mondiale. La station Porte-Dauphine, qui desservait le bois, était la plus snob de la capitale. On en sortait, à l'automne, pour voir courir le prix du président de la République, en juillet pour y voir défiler l'armée française.

VICTOR-HUGO Pour donner son nom à l'avenue qui elle-même a donné son nom à la station de métro, on n'a pas hésité, en 1886, à déporter un nom de victoire. C'est dire quelle était, sous la IIIe République naissante, la gloire du poète : Victor Hugo a remplacé Eylau. Ce baptême n'était pas illégitime. Depuis 1881, Hugo habitait au 124 de l'avenue d'Eylau. Il devait y mourir le 22 mai 1885, dans une avenue qui portait déjà son nom. Un autre homme de lettres devait mourir dans la nouvelle avenue Victor-Hugo, en 1893, dans des circonstances tragiques. Guy de Maupassant, à quarante-trois ans, décédait dans la maison de santé du docteur Blanche.

Républicain, Hugo ? Il l'était devenu sur le tard, moins par amour de la République que par haine de l'Empire. Il était ardemment légitimiste à vingt ans. Louis-Philippe, en le nommant pair de France, avait récompensé un partisan de la Couronne. Pendant la révolution de 1848, Hugo avait refusé toute responsabilité au chef du gouvernement, le poète Lamartine. Il ne voulait pas être le ministre de l'Instruction publique d'un régime qu'il réprouvait, restant fidèle aux Orléans qui l'avaient couvert de bienfaits.

Il n'avait pas mal accueilli la candidature de Louis-Napoléon à la présidence de la République, en décembre 1848. Mais il était passé ensuite dans l'opposition à l'Empire, qu'il exécrait. Exilé à Bruxelles, puis dans l'île anglo-normande de Guernesey, il était un des phares de l'opposition. La République, en 1880, lui avait fait un triomphe. Il était encensé, adulé à l'égal de Pasteur. Le régime naissant cherchait ses références dans la littérature et la science positive : la République avait besoin de savants et de poètes pour ses manuels de lecture et d'instruction civique. La barbe de Hugo faisait merveille sur la couverture des ouvrages scolaires de la Librairie Hachette. Un éditeur bien-pensant, selon le goût républicain.

Les funérailles de Victor Hugo furent célébrées avec autant de pompe que le retour des cendres de Napoléon. Faut-il s'étonner qu'il ait, de surcroît, laissé son nom à une station du métropolitain ?

CHARLES-DE-GAULLE-ÉTOILE Voir p. 28.

TERNES

Voilà un nom de station qui ne brille pas de tous ses feux : c'est celui de la porte des Ternes. En fait, le village des Ternes, sur la route de Saint-Germain, avait dans l'ancien temps une connotation joyeuse, presque salubre. Quand on sort aujourd'hui du métro, on débouche sur les étalages luxuriants des fleuristes de la place. Jadis s'étendaient ici des jardins maraîchers.

Saint-Germain-en-Laye était surnommé encore au XVIIIe siècle la « Montagne du bon air ». Le village des Ternes partageait cette vocation écologique. Les médecins de Paris y expédiaient leurs malades quand ils avaient la mine trop pâle, assurant que l'air des Ternes revivifiait les peaux les plus parcheminées.

Une maison de santé y pratiquait, sous le Second Empire, l'hydrothérapie. La réputation du lieu était encore excellente. Il est vrai que les usines avaient fait leur apparition dans ce décor champêtre. Elles étaient aisément tolérées parce qu'elles fabriquaient du chocolat, des bibelots, des voiles de linon. Rien qui pût polluer l'air le plus sain de Paris. On pouvait s'amuser dans les jardins du château des Ternes, où l'on avait installé des attractions.

La folie de la construction vers l'ouest changea la donne : les Ternes furent pris par la fièvre haussmannienne. L'avenue Mac-Mahon et l'avenue Niel croisèrent bientôt l'avenue des Ternes qui avait gardé son nom d'origine mais aboutissait, vers l'ouest, au boulevard Pereire qui bordait le chemin de fer de ceinture... Pour les heureux propriétaires des nouveaux immeubles, un obstacle : le quartier n'avait pas d'église. Au temps de Louis-Philippe, on célébrait encore la messe dans un hangar. Le fils aîné du roi des barricades, Ferdinand, se tua dans le quartier : accident de voiture. On construisit alors, en souvenir de ce prince d'Orléans, une église qui porte son nom : Saint-Ferdinand-des-Ternes. Le quartier une fois intégré au nouveau Paris d'Haussmann avait donc son église ; il eut bientôt son métro. Mais il avait perdu l'air pur.

COURCELLES Courcelles est un nom de hameau, situé sur le chemin de Villiers et dépendant de la paroisse de Villiers-la-Garenne. La rue de Courcelles et le boulevard du même nom ont été baptisés au temps d'Haussmann, au cœur d'un quartier aristocratique habité par les plus illustres familles.

Napoléon III transforma en parc Monceau la « folie de Chartres » où se rendaient les Parisiens le dimanche. De ce terrain nu et aride, où l'on élevait du gibier pour la chasse, le duc d'Orléans Philippe, le futur Égalité, le constructeur du Palais-Royal, avait imaginé un parc inimaginable : il se ruina en reconstitution de temples grecs, de pagodes chinoises. Il traça des rivières serpentant au pied de tentes tartares, des fausses îles, des bassins aménagés, des arbres aux essences précieuses venus du bout du monde. On pouvait admirer des moulins sans meuniers, des obélisques et des pyramides, des faux tombeaux dans le goût antique et des ruines patiemment construites par les maçons. Le duc avait le goût éclectique et raffolait du mélange des styles et des civilisations. Ouvert au public, le parc avait été aménagé comme un lieu d'attractions permanentes : les belles se balançaient et les garçons ramaient dans les naumachies bariolées du grand étang.

La folie avait survécu à la Révolution, mais non à la fièvre immobilière du Second Empire. Les Orléans avaient récupéré leur bien, qui fut donné à la Ville de Paris. Napoléon III put ainsi y tracer son parc à l'anglaise en récupérant les restes des élucubrations de Philippe Égalité, prince sanglant de la Terreur. Le métro Courcelles donnait accès à ce quartier huppé où tenait salon la cousine de l'empereur, la princesse Mathilde, dans un somptueux hôtel acheté à la reine mère d'Espagne. À Courcelles vécut aussi le père du métro, l'ingénieur Fulgence Bienvenüe, qui mourut à quatre-vingt-quatre ans le 3 août 1936, au 112, boulevard de Courcelles.

MONCEAU Monceau, comme Courcelles, était un hameau. Il devint un village de milliardaires dont chaque pierre valait son pesant d'or.

Jadis les financiers habitaient le quartier dit de la

Nouvelle-Athènes, sur la pente de Montmartre, autour de la place Saint-Georges. L'urbanisation d'Haussmann avait déporté les hôtels luxueux vers l'ouest. Les banquiers, rois de la ville, voulaient tous, à l'exemple de Saccard dans la *Nana* de Zola, avoir leur hôtel à Monceau.

Le premier fut construit par Alphonse de Rothschild, habité plus tard par le baron Maurice, fils d'Edmond. Un autre hôtel, racheté par les héritiers du chocolat Meunier, fut construit par les banquiers Camondo. La mode était lancée : les maîtres de la finance voulaient habiter la plaine Monceau, abriter leur intimité derrière les grilles d'or qui éloignaient les promeneurs de cet espace privilégié. Les personnages du roman de Philippe Hériat, *Les Boussardel*, étaient en place : l'académicien Goncourt retraçait sans tendresse les aventures d'une famille huppée, mais soumise aux coups de Bourse, aux passions violentes inspirées par l'argent, aux rivalités entre pères et fils, frères et cousins. Les banquiers, au temps des Boussardel, ne voulaient pas éblouir la capitale par le luxe de leurs fêtes. Ils se repliaient discrètement dans l'ambiance ouatée de leurs boudoirs, de leurs fumoirs à billard, de leurs salons à hautes plantes vertes.

Le quartier réservé de l'aristocratie de la Bourse ne fréquentait guère les couloirs du métropolitain. Il n'y venait qu'en temps de grève : on vit ainsi, en 1919, un baron de la finance rendre la monnaie dans un autobus réquisitionné. Noblesse oblige.

VILLIERS

On ne demandait pas aux peintres, au début du siècle, de décorer le métro. Les murs de faïence intégralement blancs ne devaient se couvrir que de « réclames » vantant les bienfaits des marques d'apéritifs comme les bandes « Dubo, Dubon, Dubonnet ». Pourtant, les peintres prenaient le métro à la station Villiers. Le quartier du même nom était alors habité par des artistes connus, aujourd'hui oubliés, et par des banquiers cossus qui dressaient au sommet de leurs immeubles de curieuses coupoles ardoisées et zinguées, comme s'ils regardaient, le soir, les étoiles dans des lunettes astronomiques.

Dans l'ancien village de Villiers, ces peintres vivaient

heureux, pas trop loin de Montmartre où peignait Utrillo, qui n'avait pas les moyens de se loger dans les beaux quartiers. Les frères Mirabaud, banquiers-mécènes, n'entretenaient pas les anarchistes mais les peintres convenables, de facture académique.

Les artistes de Villiers sont aujourd'hui tombés dans l'oubli : qui se souvient encore du délicat Jacques Baugnies, dont la veuve épousa le sculpteur René de Saint-Marceaux ? Ou de Guillaume Dubufe, neveu de Charles Gounod ? L'un d'eux fut réputé pendant la Grande Guerre, non pour son héroïsme ou son génie éclatant, mais parce que ce Guirand de Scévola peignait au front de gigantesques décors pour tromper les observateurs allemands. Les camions, les tubes de canons, les villages en ruine sortaient de sa palette pour mystifier l'ennemi. On dit que les Allemands s'y trompaient : cela fit la célébrité passagère de Scévola.

Il avait pourtant son talent, comme Puvis de Chavannes, injustement décrié de nos jours, qui habitait aussi Villiers. Un talent triste. Il est vrai qu'il avait réussi à endormir la nouvelle Sorbonne en la décorant de ses fresques austères et pieuses, académiques, sans éclat. Par chance, on ne lui a pas demandé de décorer le métro. Il en eût fait une nécropole.

ROME

Pas trace d'Italiens rue de Rome. C'est seulement l'une des artères du nouveau quartier d'Europe, loti vers 1830 par des entrepreneurs avisés. Rien dans la rue de Rome, enfumée par les locomotives de l'embarcadère tout proche de Saint-Lazare, ne rappelle l'Italie, ses lauriers-roses et le « Pausilippe altier » du poète. Elle évoque plutôt, dans le bruit et la fumée, l'*Enfer* de Dante.

Pourtant la dénomination n'est pas innocente, puisqu'elle date de 1859. Cette année-là, la garde impériale franchissait sous les vivats la porte d'Italie pour livrer, dans la plaine du Pô, les batailles de Magenta et de Solferino. L'empereur, vainqueur de justesse, tolérait la constitution d'un royaume de l'Italie du Nord, mais non la réunion de toute la péninsule, avec Rome pour capitale : la ville du pape était alors le point d'interrogation de l'histoire européenne. Les Français lâcheraient-ils le Saint-Père ? L'empereur n'en avait pas les moyens politiques. La bataille pour Rome est aujourd'hui oubliée. Elle fut réglée par la force, quand l'armée du roi de Piémont envahit les États du pape, profitant des embarras des Français en 1870. Mais elle était alors vitale, et pour l'Italie et pour la France. Contraint de défendre par les armes le souverain « spirituel » de la « Ville éternelle », l'empereur n'était pas fâché d'adoucir par tous les moyens la douleur des Piémontais : une rue fut consacrée à Rome, qui représentait l'Italie dans la topographie parisienne, au même titre que Londres la Grande-Bretagne et Athènes la Grèce.

Le métro choisit pour sa station, sans autre raison que topographique, le nom de la rue. Il aurait pu l'appeler Mallarmé. Le professeur d'anglais au lycée Condorcet avait composé ses principales œuvres rue de Rome. Contrairement à Victor Hugo, il ne disposait dans Paris d'aucune rue ni ruelle à sa mort en 1898. On ne lui fit justice qu'en 1926 en donnant son nom à une obscure avenue du XVIIe arrondissement, proche de la place de la Porte-Champerret. C'était trop tard pour le métro !

PLACE-DE-CLICHY

De Clichy à Barbès-Rochechouart, le métro court sur le flanc de la butte Montmartre, à la recherche des peintres et des poètes, de la « crâneuse de Clichy » d'Apollinaire, des amis de Pablo Picasso. Ce quartier chaud de la capitale était alors plus « artiste » que commerçant, plus intellectuel que crapuleux.

La barrière de Clichy, dont la station de métro porte le nom, fut le lieu d'une mystification dans la nuit du 29 au 30 mars 1814 quand les soldats russes du traître français Langeron assiégeaient la capitale. Un tableau célèbre représente le maréchal de Moncey à cheval, conduisant au combat d'héroïques polytechniciens et gardes nationaux. En fait le maréchal avait des ordres. Alexandre, le tsar de Russie, craignait des troubles sociaux dans la capitale s'il y entrait sans déchirer une cartouche. Il savait que les maréchaux français avaient l'intention de capituler.

Mais le peuple risquait en ce cas, par réflexe patriotique, de tirer sur les envahisseurs dans les rues. Il tirerait peut-être aussi sur les bourgeois capitulards. Moncey savait que les Russes feraient semblant d'attaquer, et qu'il devait faire semblant de se défendre : le combat était un simulacre destiné à apaiser les scrupules patriotiques du peuple parisien. Pas question, jurait le maréchal, d'ouvrir aux cosaques la barrière de Clichy ! Il traita princièrement ses soldats, au cabaret du père Lathuile. Ce brave homme ouvrit sa cave et alluma ses fourneaux.

« Buvez mes enfants, disait-il. Il ne faut rien laisser à l'ennemi ! »

Le général-comte Langeron attendait, l'arme au pied, de l'autre côté de la barrière pendant que les Français s'empiffraient. Ils prirent le fusil au premier boulet russe. Il y eut quelques victimes. Et le tsar put faire son entrée pendant que le maréchal de Moncey attendait le moment de présenter ses devoirs à son nouveau souverain, Louis XVIII.

BLANCHE

Le *Moulin-Rouge* de la place Blanche hante les toiles du peintre Henri de Toulouse-Lautrec. Ses personnages favoris sont ceux du célèbre *Bal du Moulin-Rouge* qui succéda en 1889 au *Bal de la Reine-Blanche*. Le quadrille dansé par « la Goulue », « Rayon d'Or », « Grille d'Égout » et « Nini Patte en l'Air » avec « Valentin le Désossé » constituait une référence culturelle de premier ordre pour un quartier qui attirait déjà les visiteurs du « gai Paris » attirés par le french cancan qui devait faire fureur en Amérique, jusque dans les lointains saloons du Far West. Il est vrai qu'en 1903 le « quadrille naturaliste » n'était déjà plus qu'un souvenir. Les héros étaient morts. Le bal était devenu un simple music-hall où l'on jouait, par exemple *La Belle de New York*, avec plumes et paillettes. Les noctambules étaient encore nombreux : avaient-ils donné son nom à la place Blanche ?

La rue Blanche, qui monte à la place, était jadis un simple chemin qui portait déjà ce nom. Le mur des Fermiers-Généraux se dressait au XVIIIe siècle dans ce quartier, à hauteur de l'actuel boulevard de Clichy. À la barrière Blanche entraient dans la capitale les marchandises sur lesquelles des employés levaient l'octroi, la T.V.A. de l'époque.

Pourquoi pas la barrière Rouge, comme le Moulin-Rouge ? Parce que la rue Blanche conduisait aux carrières de plâtre de Montmartre. Les voitures chargées à ras bord de sacs de plâtre destinés à la construction, toujours active dans Paris, dévalaient la rue jusqu'à Saint-Lazare. On peut penser que trottoirs, façades et chaussées étaient blancs de poussières de plâtre, comme la rue de Rome était noire de la suie du chemin de fer.

La place Blanche n'était pas celle des noctambules, des danseurs de quadrille, des peintres réalistes et des amateurs de french cancan : elle était celle des plâtriers.

PIGALLE

Le célèbre sculpteur Jean-Baptiste Pigalle habita la rue qui porte son nom et qui s'appelait auparavant rue des Porcherons, puis rue des Dames. Il était mort en 1785, dans la rue de La Rochefoucauld toute proche. Il était normal que le métro fît l'hommage d'une station à l'auteur de l'*Enfant à la cage* ou de la *Fillette à l'oiseau*. Le protégé de la Pompadour, auteur du *Tombeau de Maurice de Saxe*, devint à son tour, sur la place au jet d'eau, le protecteur des artistes.

Ils y cherchaient encore des modèles, à l'époque où l'on creusait la station du métro, à la foire qui se tenait sur la place, où les plus belles filles se louaient aux plus grands peintres. Diaz de la Pene, peintre à succès de l'Empire, avait composé dans son atelier qui donnait sur la place sa *Nymphe tourmentée par l'amour*. Fromentin, Hugo d'Alesi, Isabey et Pils, Giovanni Bellini étaient les familiers des cafés de Pigalle, dont les plus célèbres avaient été *La Nouvelle Athènes* (fréquenté par Toulouse-Lautrec et Forain, mais aussi par Maupassant et Zola) ou *Le Rat Mort*, un cabaret où se réunissaient à la fin de l'Empire Gambetta et Rochefort, avec Courbet et Manet.

Dans un hôtel de la place habitait un peintre aujourd'hui inconnu Emmanuel Damoye. Son frère, comédien, poussa l'extravagance jusqu'à tapisser sa chambre d'une draperie noire parsemée de larmes d'argent. Emmanuel ne partageait pas la neurasthénie d'Eugène.

Il ne peignait pas, comme Puvis de Chavannes qui prenait pour modèle Suzanne Valadon, des nymphes blafardes destinées au *Bois sacré* de la Sorbonne. S'il n'était pas la vedette des Sablons, il était honorablement connu dans Paris, sans pouvoir toutefois s'offrir un équipage. Aussi prenait-il le métro, à la station Pigalle. On le retrouva mort sur le quai, en 1916. Avait-il voulu se suicider ? Le médecin fut formel. Il avait été frappé d'une embolie. Tant d'hommes trouvaient au front la mort que celle du peintre inconnu de Montmartre ne fit pas la une des journaux. Qui s'en souvient aujourd'hui à Pigalle ? Il est vrai que, depuis longtemps, les peintres ont cédé la place du pittoresque jet d'eau à la pitoyable industrie des nuits chaudes.

ANVERS

À Anvers le métro sort de terre, dans un grondement de bogies. Pourquoi Anvers ? Une place du IXe arrondissement a choisi ce nom, qui n'évoque le port flamand ni par affinité ni en signe d'amitié. Les édiles de 1877 ont remplacé le nom de Turgot qui désignait primitivement la place par celui d'une victoire française de 1832 : cette année-là, le roi Louis-Philippe, venant au secours des Belges indépendants, dépêchait ses soldats contre les Hollandais, anciens maîtres de la Belgique, et les chassait d'Anvers.

Louis-Philippe était intervenu d'autant plus volontiers au bénéfice du roi des Belges qu'il était son parent. Léopold était issu de la famille allemande des Saxe-Cobourg, mais il avait épousé une princesse française, la propre fille du roi des Français : Louise d'Orléans. L'intervention à Anvers était en quelque sorte la dot de la mariée. Elle fut fort appréciée en Belgique.

Les Belges et les Allemands étaient alors nombreux dans ce quartier nord de Paris. Les Allemands — des Badois — étaient éboueurs ; les Belges ouvraient des brasseries où ils débitaient leur bière. La clientèle, au Second Empire, ne manquait pas. Chevillards et conducteurs de troupeaux se pressaient le long des comptoirs, associés par leur rude travail et leur longue marche. L'ancien abattoir de Montmartre attirait les ouvriers par centaines. En 1867, on démolit les bâtiments. Les abattoirs généraux de La Villette avaient pris le relais.

La station d'Anvers est balayée par le vent du nord : la rue de Dunkerque relie le square étique qui a remplacé les abattoirs à la gare du Nord, en traversant la place de Roubaix, qui donne accès à la rue de Maubeuge. Le quartier évoque une région. Il n'en est pas de même de la gare Montparnasse dont les alentours ont été cependant colonisés par les Bretons. À Anvers, la bière belge continue de couler à flots sur les comptoirs, ce qui justifie amplement le nom de la station.

BARBÈS-ROCHECHOUART

L'alliance des deux noms est purement fortuite, ils n'ont rien de commun. Armand Barbès, né à la Guadeloupe en 1809, est un farouche républicain, ami de Blanqui qui essuie les plâtres des prisons de Louis-Philippe, est même condamné à mort à la suite de l'émeute de 1839. Sa peine est commuée en prison perpétuelle. Libéré par la révolution de 1848, il devient député d'extrême gauche et, comme tel, retourne en prison parce que les républicains modérés redoutent la subversion sociale. Il finit ses jours à La Haye, comme exilé volontaire.

Quant à Marguerite de Rochechouart de Montpipeau, elle était abbesse de Montmartre de 1717 à 1727 et n'avait rien d'une révolutionnaire. Sœur de Madame de Montespan, elle était célèbre pour un traité sur la Politesse que l'on distribuait aux jeunes filles du grand monde.

LA CHAPELLE

La Chapelle est un village, un hameau sur la route historique de Paris à Saint-Denis, qui se prolonge jusqu'à Calais. C'est la grande chaussée du Nord et tous les rois, empereurs et princes du Moyen Âge sont passés par La Chapelle pour faire leur entrée triomphale dans Paris. Ce village-rue applaudissait les grands de ce monde.

En sens inverse, la dépouille des rois traversait La Chapelle pour être inhumée dans la basilique de Saint-Denis. Rude et épuisant parcours ! On ne sait pourquoi Philippe le Hardi avait fait le vœu de porter la dépouille de son père Louis IX sur ses épaules. Les habitants de La Chapelle, à genoux le long du cortège, se signaient au passage du convoi du saint roi qui aurait guéri mieux qu'un autre les écrouelles, et dont la piété, la charité, le sens de la justice étaient connus de tous.

Charles VII, le petit roi de Bourges qui dut son sacre à Jeanne d'Arc, n'eut pas cette chance. Le passage par La Chapelle mesurait la popularité des rois morts. Les officiers de la couronne qui portaient le corps sur leurs épaules étaient irrités, épuisés, assoiffés. Ils refusèrent de poursuivre leur route, si leurs gages n'étaient pas augmentés : des grévistes, en quelque sorte. On donna satisfaction à leurs légitimes revendications et le roi, peu aimé du peuple qui lui reprochait ses dépenses exagérées et ses liaisons amoureuses, parvint enfin à bon port.

Les marches vers Paris des princes empanachés étaient plus joyeuses, mais quelquefois bizarres : Charles V traversait La Chapelle pour accompagner l'empereur du Saint Empire romain germanique qui devait faire son entrée solennelle dans la capitale.

« Prenez garde, Messire, dit à l'oreille du roi son grand sénéchal. L'empereur est atteint de goutte. »

Charles V pique des deux et lance son cheval de l'autre côté de la rue, abandonnant son hôte, au risque d'écraser les villageois de La Chapelle. On croyait sans doute que la goutte était une maladie contagieuse et les rois redoutaient les miasmes des épidémies autant que les poignards des assassins. On dut raisonner Charles V pour qu'il consentît à se rapprocher de l'empereur, sous les applaudissements des villageois de La Chapelle qui habitaient en somme l'antichambre de la capitale des rois de France.

STALINGRAD

1945. Dans Paris libéré, le nom de la bataille de Stalingrad, remportée par les Soviétiques, est officiellement donné au rond-point de La Villette.

En janvier 1943 — tournant de la guerre — le maréchal allemand Paulus capitulait dans Stalingrad, après trois mois de bataille. La ville russe de la Volga portait le nom de Staline, maître despotique de l'U.R.S.S. qui venait de vaincre, grâce à l'emploi de ses réserves stratégiques, l'armée allemande augmentée de contingents italiens, espagnols et roumains. Dans le monde entier, l'effet de la bataille de Stalingrad fut immense, autant qu'en 1916 la victoire française de Verdun. La progression de la Wehrmarcht en Russie était arrêtée. Il devenait clair que Hitler avait perdu la guerre.

Le sacrifice de centaines de milliers de Soviétiques avait rendu la victoire possible. Il paraissait alors légitime de saluer cet immense effort dans les capitales du monde entier : les Soviétiques étaient les alliés des Américains, des Anglais et des Français. À Berlin, le maréchal de Lattre de Tassigny avait été convié à signer en 1945 la capitulation allemande, aux côtés des maréchaux de l'Armée Rouge. Le Parti communiste français qui réunissait alors un quart de l'électorat possédait dans l'est de la capitale des bases solides. La municipalité du XIXe arrondissement donna le nom de Stalingrad au rond-point de La Villette, sans susciter la moindre opposition.

Depuis, les communistes ne dominent plus l'arrondissement et la Russie est sortie des ruines de l'U.R.S.S. C'est trop peu dire qu'elle s'est déstalinisée. A-t-elle pour autant oublié les efforts et les pertes immenses de la « grande guerre patriotique » ? Les fosses communes de Saint-Pétersbourg, l'ancienne Leningrad, où viennent toujours prier les familles des victimes du plus long siège, attestent du contraire. Qui aurait le courage de changer le nom d'une bataille, cinquante ans plus tard, où tant de braves gens sont morts pour que le nazisme disparaisse ? Le métro s'arrête toujours à Stalingrad.

JAURÈS

L'ancienne route d'Allemagne s'appelle, depuis 1914, avenue Jean-Jaurès. Jamais le leader socialiste n'y a vécu. Quand il rencontrait les socialistes allemands, il ne prenait pas la route d'Allemagne mais banalement le train de Bruxelles ou de Bâle. Si l'on a donné son nom à l'avenue et, par suite, à la station de métro, c'est qu'il fut assassiné peu avant la déclaration de guerre de l'Allemagne. Et qu'il était l'apôtre inlassable de la paix.

Fort connu pour ses articles quotidiens dans *L'Humanité* et pour ses discours de meetings à Paris et en province, Jean Jaurès n'est pas assassiné à La Villette mais rue Montmartre — le quartier de la presse — au *Café du Croissant*. Le 31 juillet, à 9 h 30, un exalté nationaliste, Raoul Villain, le tue de deux coups de revolver. Jaurès venait d'apprendre que la Russie avait mobilisé, que la loi martiale avait été proclamée en Allemagne. Il se préparait à écrire un article vengeur contre les fauteurs de guerre, pour obtenir un sursaut populaire, des deux côtés du Rhin, contre la tuerie qui se préparait.

La mort de Jaurès plongea Paris dans la stupeur. Décidément, la guerre approchait. Quelques jours plus tard, toutes les forces politiques se réunirent au Parlement pour proclamer l'Union sacrée : à Berlin, les socialistes avaient voté les crédits militaires.

Le propre fils de Jaurès, Louis, aspirant engagé à dix-huit ans au 3e bataillon de chasseurs, mourut au combat le 3 juin 1918. Jaurès, qui avait prophétisé la catastrophe et tout fait pour l'empêcher, avait disparu au seuil du drame. Il devint la référence de tous ceux qui pensaient, après 1918, que la paix devait être imposée aux gouvernements par l'union des masses populaires, et qu'elle était le premier des biens.

Dès 1914, le nom de Jaurès ouvrait la route d'Allemagne à La Villette. Comme un symbole de réconciliation future.

COLONEL-FABIEN

Tué au combat en 1944, le colonel Fabien (de son vrai nom Pierre Georges) était un résistant communiste des « bataillons armés de la jeunesse », constitués par le Parti après l'invasion de l'U.R.S.S. par les nazis, le 22 juin 1941.

L'état-major du P.C.F. avait alors décidé de passer à l'action et de former des corps spéciaux de saboteurs et de combattants de rue. Il voulait multiplier les attentats et les grèves révolutionnaires, pour engager progressivement la population dans la résistance armée. Le risque calculé des représailles ennemies faisait entrer la résistance communiste dans la guerre.

Les jeunes ouvriers de l'usine Molotov à Gorki avaient envoyé un message à leurs camarades parisiens qui travaillaient aux usines Renault : « Pas un camion, leur disaient-ils, pas un char pour l'armée allemande, sabotez, rendez la vie infernale aux fascistes. » La résistance armée devenait un devoir : place aux bataillons de jeunesse !

On récupérait des armes dans les stocks clandestins de l'armée, on volait de la dynamite dans les mines et les carrières. On apprenait aux jeunes les techniques du sabotage et le tir au revolver. Le premier attentat eut lieu dans le métro. Le 21 août 1941, Pierre Georges (le futur colonel Fabien) abattait un officier de la Kriegsmarine. Le Parti communiste français, par cet acte symbolique, venait d'entrer dans la guerre. Pierre Georges n'avait pas tiré sur le quai de la station qui porte aujourd'hui son nom, mais à Barbès-Rochechouart. Pouvait-on déposséder le grand révolutionnaire français Armand Barbès ? La station Combat était toute proche.

Pourquoi Combat ? Un journal clandestin, un réseau de la Résistance portaient ce nom. La station devait en fait son nom aux courses de taureaux qui attiraient de nombreux spectateurs au début du siècle dans ce quartier de Paris. On pouvait débaptiser Combat sans dommage. Ainsi naquit, en 1945, la station Colonel-Fabien.

BELLEVILLE

Au carrefour de la rue et du boulevard de Belleville, la station qui porte ce nom évoque le Paris des luttes ouvrières du XIXe siècle, et particulièrement la Commune de 1871. Déjà en 1830, en 1848 les ouvriers « descendaient » de Belleville en armes, pour imposer la République aux bourgeois. Floués en 1830, massacrés par le général Cavaignac en juin 1848, ils avaient été en 1871 les plus ardents défenseurs de la Commune insurrectionnelle de Paris, combattue par les troupes régulières rassemblées de Versailles par le gouvernement d'Adolphe Thiers.

La station est en bas de la rue de Belleville, au pied de l'un des points les plus élevés de la capitale (128 mètres d'altitude). L'état-major de la Commune, à la fin de la semaine sanglante de mai 1871, alors que les Versaillais entraient dans Paris et fusillaient les hommes et les femmes dont les mains sentaient la poudre, s'était réfugié en haut de la rue de Belleville, rue Haxo. A 18 heures, le samedi 27 mai, les légionnaires du 1er régiment étranger avaient donné l'assaut aux « carrières d'Amérique » des Buttes-Chaumont où se cachaient jadis les émigrants clandestins venus d'Allemagne qui gagnaient ensuite Le Havre et embarquaient pour les États-Unis. Les Buttes étaient conquises. Le dimanche 28, ce fut l'assaut de Ménilmontant. Avant 11 heures, le quartier de Belleville était cerné, assailli : les derniers combattants s'étaient retranchés dans la rue Ramponeau, au carrefour de la rue de Belleville. On apercevait, sur les barricades, les chefs de la Commune, Camélinat, Jules Vallès, Varlin, Ferré, Gambon. La barricade de la rue Ramponeau fut la dernière à être prise. À 15 heures, toute résistance avait cessé dans Paris. Les Versaillais n'avaient plus qu'à fusiller ou à déporter leurs adversaires.

La station Belleville rappelle cet épisode sanglant de la guerre civile parisienne, au cœur du quartier ouvrier le plus sensible de la capitale.

COURONNES

La station Couronnes tire son nom d'un lieu-dit : le hameau de Couronnes-sous-Savies, jadis intégré au village de Belleville. On y avait arrêté, au XVIIIe siècle, le bandit Cartouche au cabaret *Le Pistolet*.

La station est un mauvais souvenir pour le métro : elle fut le lieu d'un accident grave au début de l'exploitation de la ligne n° 2. Le 10 août 1903, alors que les rames circulaient depuis quelques mois seulement (2 avril), le feu avait pris aux voitures du convoi, qui étaient alors construites en bois. L'origine du sinistre provenait des fils électriques qui couraient imprudemment sous les wagons. Un court-circuit avait mis le feu, provoquant la panique des voyageurs.

Ils s'étaient précipités sur le quai de la station Couronnes, dans une gigantesque bousculade. Dans la rame, les parois des voitures, les sièges de bois brûlaient. La fumée âcre, épaisse, rendait l'air irrespirable. On étouffait, même sur le quai. Les femmes hurlaient, serrant les enfants dans leurs bras. On n'apercevait pas la sortie. Quelqu'un s'engagea dans un couloir, suivi aussitôt par la foule des voyageurs désemparés. Pas de lumière, l'éclairage était défaillant. Dans le noir, les gens couraient à tâtons pour arriver plus vite à la sortie : pas de sortie ! Le couloir était sans issue. La bousculade fut telle que plusieurs personnes périrent écrasées contre la paroi. On dénombra soixante-dix-sept victimes.

Depuis lors, on décida d'indiquer les sorties par des éclairages indépendants, de supprimer les fils électriques sous les wagons, d'arrimer solidement aux murs les bancs des quais. Le premier moment de stupeur passé, les usagers comprirent les raisons de l'accident, dûment exposées dans la presse. Ils reprirent en confiance le chemin du métro, qui était déjà, quelques semaines après son inauguration, largement entré dans les mœurs.

MÉNILMONTANT

Si Fulgence Bienvenüe n'avait écouté que son cœur, il aurait appelé la station Ménilmontant Saint-Simon, en hommage (qui n'aurait pas surpris) du père du métro au père de l'école saint-simonienne qui devait inspirer plus d'un ingénieur sorti de Polytechnique. Le comte publiait des ouvrages et des articles sur les miracles de la technique et des sciences qui devaient permettre de « rectifier la géographie », de rapprocher tous les hommes de la terre et d'en finir avec la domination anachronique des castes militaires, politiques ou religieuses.

Car les saint-simoniens habitaient Ménilmontant. Une étrange maison, propriété du banquier Barthélemy Enfantin qui avait permis à son fils, le jeune polytechnicien Prosper, d'y inviter ses quarante amis, garçons et filles, tous décidés à changer la société et, selon la parabole du maître, de placer au sommet de l'État les vraies valeurs, les hommes de science et de connaissance. La petite communauté se fit une réputation de bizarrerie : les filles nouaient par-derrière le gilet blanc des garçons qui portaient une tunique violette et un béret rouge. Le mariage était aboli. On changeait de partenaire selon ses convenances, en toute liberté. On partageait talents et profits. Le Père Enfantin répandait la parole du maître en compagnie du Père Bazard et recommandait la liberté complète. La police en prit ombrage. Ces jeunes gens qui, trente ans plus tard, seraient tous ministres ou directeurs d'entreprises, furent jugés, condamnés, expulsés, emprisonnés. Leur doctrine « à chacun selon ses mérites » en dérangeait plus d'un. On le leur fit savoir.

Fulgence Bienvenüe y songeait-il, quand il passait par la station Ménilmontant ? Il pouvait les saluer en tout cas. Il aurait pu être des leurs. Le métro, à défaut de réunir les peuples, fondait en un seul ensemble les quartiers de Paris, rapprochait du centre la périphérie, provoquait l'amalgame social. C'était un chef-d'œuvre saint-simonien.

PÈRE-LACHAISE

On s'arrête ici pour rendre hommage aux morts, mais aussi pour visiter le cimetière le plus parisien de Paris. On l'appelle Père-Lachaise en souvenir d'un célèbre jésuite, confesseur du roi Louis XIV : il possédait une résidence tout près d'une maison qui servait de lieu de retraite ou de lieu de convalescence aux pères de la célèbre Compagnie, qui devait être expulsée de France sous Louis XV. Le roi Louis XIV avait lui-même rendu visite à son confesseur. Ayant expulsé les protestants, il s'appuyait sur les soldats du pape, les disciples d'Ignace de Loyola qui devaient obéir au Saint-Père en toute circonstance, *perinde ac cadaver*.

Le domaine, après l'expulsion des pères, revint à la Ville de Paris. Le préfet de Napoléon, Frochot, y ouvrit en 1804 le cimetière du Père-Lachaise. Les catholiques ne furent pas les seuls à y être inhumés. On y compta deux enclos juifs. Les musulmans obtinrent de Napoléon III, par l'intermédiaire de l'ambassadeur de la Sublime Porte, de faire figurer le croissant de l'islam sur leurs tombes.

Un million de défunts ont été enterrés dans ce lieu. La plupart sont obscurs. Mais les célébrités ont conservé des tombes quelquefois monumentales. Jean-Baptiste Clément, l'auteur de la chanson *Le Temps des cerises* qui évoque le drame de la Commune de Paris, y repose aux côtés des fédérés qui trouvèrent la mort dans le cimetière. Les chanteurs contemporains s'y regroupent, dans un grand cortège de foule, non loin des gloires de la politique et de la littérature : Apollinaire et La Fontaine, Molière et Courteline y font bon ménage, ainsi que Michelet, et Beaumarchais. Les hôtes les plus anciens sont Abélard et Héloïse. On y enterrait, au XIXe siècle déjà, les comédiennes et les chanteuses d'opéra : Sarah Bernhardt, la tragédienne Rachel, Mademoiselle Mars et Mademoiselle George y ont leur place. On est loin du temps où les gens de théâtre ne pouvaient recevoir de sépulture chrétienne. Au Père-Lachaise, le plus encombré des cimetières parisiens, il y a toujours une place pour les célébrités.

PHILIPPE-AUGUSTE

Le Capétien est le seul roi de France qui ait donné son nom à une station de métro. L'hommage rendu au souverain date de 1864 seulement, quand on a tracé l'avenue Philippe-Auguste dans le cadre de l'aménagement de l'est parisien réalisé par le baron Haussmann.

On retrouve le vainqueur de Bouvines dans beaucoup de quartiers de Paris pour une raison simple : il avait entouré la capitale d'une enceinte dont on a découvert des vestiges au Quartier latin, non loin du lycée Charlemagne dans le Marais, à Étienne-Marcel, rue Saint-Denis et même à Montmartre. Mais le quartier Nation était en dehors de cette enceinte.

En 1845, sous le règne de Louis-Philippe, la statue de l'adversaire de Richard Cœur de Lion avait été érigée place du Trône (actuelle place de la Nation) sur un des piliers construits au XVIIIe siècle par l'architecte Ledoux. À cette époque, les historiens commençaient à redécouvrir l'histoire de la France. Le roi des barricades, dans la Galerie des Glaces de Versailles, avait rassemblé les tableaux des grandes batailles constitutives de la nation française. Bouvines était de celles-là : Philippe II Auguste avait, en 1214, fermé la route de Paris aux Allemands.

Ce rappel d'une victoire décisive n'était sans doute pas pour déplaire aux conseillers municipaux radicaux qui avaient en 1903, à l'exemple de Clemenceau et jadis de Gambetta, l'œil fixé « sur la ligne bleue des Vosges ». L'historien républicain Lavisse réhabilitait les rois de France, premiers rassembleurs du « pré carré ». Bouvines est au nord, et non dans les Vosges. Otton IV, le souverain du Saint Empire romain germanique avait pour allié le comte de Flandre Ferrand et le roi d'Angleterre Jean sans Terre. Philippe Auguste (ce que soulignaient les historiens républicains) avait été sauvé par les fantassins des milices communales venus des villes du Nord. Ainsi Bouvines était également une victoire populaire : le roi Philippe Auguste avait décidément sa place dans le métro.

ALEXANDRE-DUMAS

Parmi les responsables du métro, quel lecteur des *Trois Mousquetaires* s'est soudain avisé que le grand Alexandre n'avait pas son nom sur les plaques émaillées d'une station ? Pourquoi ne pas l'inscrire à Bagnolet ? Depuis 1970, l'oubli est réparé. Dumas n'a eu ni l'Académie française ni le Panthéon, mais il a le métro.

Il n'y avait aucune raison de le déporter à Bagnolet : le plus Parisien des feuilletonistes du Second Empire ignorait ce lointain village. Le viveur sympathique, buveur de chopes, trousseur de jupons, collectionneur de « nègres » fréquentait les boulevards, le quartier des théâtres, des cafés, des restaurants... et des banques où ses comptes étaient toujours à découvert.

Il mourut en 1870, à peu près ruiné. Il avait passé sa vie à faire face, comme Balzac, à ses créanciers. Son père avait commandé la cavalerie de Bonaparte en Italie et en Égypte. Son fils, l'auteur de *La Dame aux camélias*, n'eut d'autre héritage qu'une partie de son talent. Ni le fils ni le père — génial Gargantua du roman populaire — n'avaient de rue dans Paris. On s'en indigna au conseil municipal, en 1875. Quelqu'un fit observer qu'une rue obscure, à la croisée du boulevard de Charonne, n'avait pas de nom : elle prit celui du créateur de Porthos, d'Athos et d'Aramis.

Le fils attend toujours : pourquoi racontait-il, aussi, des histoires lugubres d'anciennes prostituées tuberculeuses ? Le père flattait l'amour-propre national, l'esprit de débrouillardise mais aussi le panache des Français. Un autre auteur devait écrire plus tard, dans le même esprit, *Cyrano de Bergerac* avec le même bonheur. Il eut tout de suite une place dans Paris, à défaut d'une station de métro : il s'appelait Edmond Rostand.

AVRON

La rue d'Avron conduit à Montreuil. Le plateau d'Avron est en dehors des limites de la capitale : il s'étend sur une butte de la rive droite de la Marne en amont de son confluent avec la Seine. Lors du siège de Paris en 1870, ce lieu connut une rude bataille : défendu par l'amiral Saisset, il dut être évacué sous le feu des batteries prussiennes.

Le 20 décembre, le général Trochu, commandant de l'armée de Paris, avait pris la décision de tenter une sortie : la population ne supportait plus le siège. Il avait lancé ses troupes à la fois au nord vers Le Bourget et à l'est vers Ville-Évrard. Ducrot avait pris Drancy, mais il avait été tenu en échec devant Le Bourget. L'hiver était rude, les soldats héroïques. Mais l'ennemi disposait d'une artillerie supérieure. Ducrot avait dû se résigner, devant les pertes qu'il subissait, à faire reculer ses troupes. Son retrait avait engagé l'amiral à abandonner quelques jours plus tard, après des combats sans merci, le plateau d'Avron.

La population prit très mal cette double retraite. On accusait désormais Trochu d'abandonner tout espoir de victoire.

Victor Hugo disait de lui qu'il n'était que « le participe passé du verbe trop choir ». Les Prussiens s'avançaient sur le plateau d'Avron, menaçant d'entrer par la porte de Montreuil dans la capitale. Les canonniers des pièces de marine firent alors merveille pour interdire à l'ennemi, par un bombardement continu, l'accès du plateau. La rue d'Avron rappelle ce souvenir de bataille. Il fut à la fois l'espoir déçu et la fierté des Parisiens excédés par un long siège, abandonnés par le pouvoir politique républicain dont les armées, constituées à Tours, n'avaient pas réussi à dégager la capitale. La station du plateau d'Avron n'est pas loin de Buzenval, autre bataille du siège de 1870. Si le métro rappelle avec insistance cette histoire, c'est qu'elle s'est imposée, sous une forme brutale et traumatisante, aux Parisiens encore anesthésiés par la longue paix de l'Empire.

NATION Voir p. 41.

PORTE-DE-CHAMPERRET – PORTE-DES-LILAS

Pont-de-Levallois-Bécon – Gallieni

Ouverte sur le parcours Villiers-Père-Lachaise dès 1904 et Villiers-Gambetta l'année suivante, elle avait un parcours parallèle à celui de la ligne n° 1 Vincennes—Neuilly, mais sensiblement plus au nord. Relativement aisée à construire dans sa partie centrale, qui ne présentait pas d'obstacles particuliers ni de franchissement du fleuve, elle butait à ses deux extrémités contre des difficultés majeures : les hauteurs de Ménilmontant à l'est, la traversée de la ville industrielle de Levallois à l'ouest, fort encombrée d'usines et d'entreprises.

La ligne avait l'intérêt de mettre en relations les centres ouvriers de l'est et de l'ouest avec les quartiers de divertissement : du boulevard des Capucines à la station Opéra, de la gare Saint-Lazare à la Bourse, de l'école des Arts-et-Métiers à la place de la République, l'itinéraire permettait d'atteindre certains centres de la vie parisienne, des affaires comme du spectacle. Dès 1905, l'essentiel de la ligne était construit. En 1910 fut réalisée la liaison Villiers-Pereire, en 1911 Pereire-Porte-de-Champerret. On attendit 1921 pour prolonger la ligne vers l'est, de Gambetta à Porte-des-Lilas, et 1971 pour la doubler : la 3 gagnait Bagnolet tandis que la 3b organisait une navette entre Gambetta et Porte-des-Lilas.

PONT-DE-LEVALLOIS-BÉCON

Levallois n'est pas dans Paris, c'est encore une municipalité indépendante. Elle ne porte pas, comme la Muette, les Ternes ou Passy, le nom d'un village, mais celui d'un homme, l'industriel Levallois.

Nicolas Eugène Levallois a créé l'agglomération sous Louis-Philippe, en 1845 : les rues à angle droit devaient abriter aussi bien des ateliers (plus tard des usines) que des immeubles. Très vite, l'automobile devint maîtresse de Levallois : les fabriques de pièces détachées, les fonderies au zinc, les tôleries, les chaudronneries prirent bruyamment possession des quartiers. Les mécanos parisiens, attirés par les industries nouvelles, prenaient le métro pour aller travailler, venant parfois de Belleville ou de Levallois. Ils traversaient aussi le pont sur la Seine quand ils habitaient Suresnes. L'autre rive du fleuve s'était à son tour couverte d'usines et le pont devint une artère vitale, encombrée de camions : Monsieur Levallois avait vu grand.

ANATOLE-FRANCE

On a peine à comprendre pourquoi la station qui porte le nom d'Anatole France débouche sur l'ancienne ville industrielle de Levallois. L'aimable auteur du *Lys rouge*, de *La Rôtisserie de la reine Pédauque* a son quai dans la capitale, proche de l'Institut. Il y est plus à sa place que dans les fabriques de canalisations et de carrosseries d'autobus.

C'est oublier qu'Anatole France a un passé de militant. Il écrivait dans *L'Humanité*, le journal de Jaurès. Anatole François Thibault, dit Anatole France, devait recevoir en 1921 le prix Nobel de littérature. Sa rue, dans Levallois, était proche de celle d'Aristide Briand, apôtre de la paix à la Société des Nations, et de Woodrow Wilson, le président américain créateur de cette Société qui siégeait à Genève depuis 1919 pour assurer la paix dans le monde. Anatole France partageait pleinement ces idées pacifistes, qui étaient alors celles de la gauche. Quand il mourut en 1924, la gauche venait précisément d'obtenir une large victoire aux élections législatives. Herriot et

Blum, les vainqueurs, avaient alors demandé au président de la République Alexandre Millerand de démissionner. Et Millerand était parti. À l'enterrement d'Anatole France, les militants de gauche lui faisaient cortège, l'œillet rouge à la boutonnière. Ils honoraient l'académicien qui s'était engagé pour la paix, pour la réconciliation avec l'Allemagne, pour la bonne entente avec la nouvelle République des soviets. Voilà pourquoi le nom de France n'avait rien de saugrenu dans la petite ville industrielle de Levallois, où travaillaient nombre de militants.

LOUISE-MICHEL

Décidément, Levallois est à gauche : on attendait Louise Michel du côté de Belleville et de Ménilmontant, où s'étaient illustrés, en 1871, ses amis communalistes. Elle avait elle-même pris part à la guerre civile parisienne.

Il ne fut pas question d'installer la « pétroleuse » dans ces régions sensibles. Le souvenir de la Commune glaçait les Parisiens même de gauche, même Clemenceau qui avait été, pendant les événements, maire du XVIIIe arrondissement, même les radicaux du conseil municipal des années 1880-1890. Pas question d'honorer Louise Michel, déportée au bagne de la Nouvelle-Calédonie. Elle sentait le soufre.

À Levallois, tout est possible en 1937, après la victoire du Front populaire. Alors, la ligne de la Porte-de-Champerret est prolongée jusqu'au pont de Levallois. La ville ouvrière, après la Première Guerre mondiale, avait donné des noms de rue à des héros de la cause révolutionnaire. Louise Michel avait été choisie au même titre qu'Henri Barbusse, le prix Goncourt du *Feu*, un roman qui décrivait les horreurs de 1914-1918. Il n'y a plus guère aujourd'hui de mécanos à Levallois. Mais Louise Michel y garde sa plaque dans le métro, qui célèbre la Rosa Luxemburg française, l'héroïne d'une révolution manquée.

PORTE-DE-CHAMPERRET

Les boulevards extérieurs construits sur les anciennes fortifications portent les noms des maréchaux d'Empire : Gouvion Saint-Cyr et Berthier entourent ainsi la porte de Champerret, qui donnait jadis accès à un village. Haussmann, sous le Second Empire, avait rasé la porte et les murailles construites sous Louis-Philippe par Adolphe Thiers.

Sur le boulevard Berthier, à l'époque où l'on hésitait entre plusieurs choix techniques pour moderniser les transports parisiens, les édiles de 1874 avaient accepté l'idée d'un tramway à vapeur, à condition qu'on fasse des essais. L'engin circulerait sur un seul rail, qui fut construit boulevard Berthier, près de la porte de Champerret. La municipalité parisienne n'était pas encore entièrement ralliée à l'usage industriel de l'électricité, pas même pour l'éclairage urbain. Les partisans du gaz gardaient des positions d'autant plus solides que les techniques d'éclairage au gaz avaient réalisé des progrès sensibles.

L'essai du tramway à vapeur ne donna pas satisfaction. La construction du métropolitain, quelque vingt ans plus tard, devait faire apparaître ces recherches comme dérisoires.

PEREIRE

Deux stations sont jumelées à Pereire : celle de la ligne n° 3 et celle du nouveau R.E.R. C1. Cela permet au vainqueur de la campagne d'Italie, le général Alphonse Juin, membre de l'Académie française, de rejoindre pour un temps les frères Pereire, illustres banquiers saint-simoniens du Second Empire. Les Pereire avaient aussi plus d'un titre à figurer dans les annales de l'Histoire.

Ces disciples du comte de Saint-Simon avaient fait leurs classes, pendant la monarchie de Louis-Philippe, dans les bureaux du baron James de Rothschild, le pionnier du chemin de fer du Nord. Leur heure avait sonné sous le Second Empire. Encouragés par Napoléon III, ils voulaient attirer à la Bourse une foule de petits porteurs, associer les épargnants modestes aux profits de l'investissement, réaliser le « suffrage universel des capitaux » et lancer la révolution industrielle en vidant le bas de laine des Français. Au lieu de financer par l'impôt des guerres inutiles, ils suggéraient de faire appel à l'épargne pour construire les chemins de fer et les ports, les villes et les lignes maritimes dont la France avait le plus urgent besoin. Ils participèrent pleinement à la construction du nouveau Paris du baron Haussmann. Ils furent vaincus par l'étendue de leur succès et par le coup d'arrêt porté à l'expansion par les banquiers traditionnels (dont James de Rothschild), inquiets de la pernicieuse influence que pourrait avoir sur la monnaie l'extension excessive du crédit. On luttait déjà contre l'inflation. Les Pereire, qui avaient changé Paris et la France, étaient les premières victimes. Le métro ne les a pas oubliés.

WAGRAM

On retrouve les noms de quelques batailles de l'Empire sur les murs du métropolitain. Celle de Wagram a été gagnée en 1809 contre les Autrichiens par Napoléon et ses vaillants généraux, dont le major général de la Grande Armée Berthier et le cavalier fumeur de pipe Lassalle qui avait coutume de dire :

« Un hussard qui n'est pas mort à trente ans est un jean-foutre. »

La station Wagram était surtout célèbre par la salle du même nom où l'on assistait à des matchs de boxe ou à des réunions politiques : l'ancien *Bal Dourlans* avait d'abord donné des spectacles de café-concert avant de subir de profondes modifications. Le ring de la politique n'était pas moins cruel que celui de la boxe. Les deux Édouard — Daladier, le « taureau du Vaucluse » et le fumeur de pipe Herriot, maire de Lyon — s'y déchiraient en combats singuliers au sein du parti radical. De 1902 à 1939, dans ce parti dominant, les affrontements ne se livraient pas avec les partis concurrents mais entre les différentes fractions qui constituaient la famille radicale. Les militants débarquaient du métro tout proche avec le désir de participer aux luttes homériques, aux changements de majorité, aux motions-surprise et aux discours réconciliateurs, où excellait le normalien Édouard Herriot dont la bonhomie imagée et la rhétorique balancée faisaient les délices des instituteurs.

MALESHERBES Guillaume de Lamoignon de Malesherbes était un honnête homme et un homme d'État. Il avait été en 1750 directeur de la librairie et par là chargé de la censure. Il s'était fait connaître par sa tolérance, en particulier envers les idées nouvelles des philosophes de l'*Encyclopédie*. Il était de la lignée des grands réformateurs, des Turgot, des Necker. Secrétaire d'État à la maison du roi en 1775, il avait amélioré le régime des prisons et dénoncé l'usage pernicieux des lettres de cachet qui permettaient d'embastiller n'importe qui. Il avait contribué à la lutte pour l'égalité civile qui fut accordée enfin aux protestants en 1787. Ministre d'État en 1788, il avait considéré comme une divine surprise la prise de la Bastille qui avait obligé le roi à accepter une constitution raisonnable, écrite par des gens sensés. Il adhérait pleinement à la Déclaration des Droits de l'homme et du citoyen.

Mais la guerre et la Terreur avaient changé ces perspectives. Malesherbes n'était rentré de l'émigration que pour défendre le roi qui passait en jugement ! Sa plaidoirie fut émouvante et juste. Mais nul ne pouvait sauver Louis XVI.

Guillaume de Lamoignon de Malesherbes ne survécut que quelques mois à son souverain. Il fut lui-même arrêté comme suspect et condamné à la guillotine. Il est l'un des rares guillotinés du métro, avec Robespierre. Ni Danton ni Saint-Just n'ont eu cet honneur.

VILLIERS Voir p. 57.

EUROPE La station Europe est loin des abattoirs de la Villette et pourtant l'on assure que la fille de Phoenix fut enlevée par Jupiter transformé en taureau. Le quartier de l'Europe, au-dessus de la gare Saint-Lazare, est un lotissement constitué sous Louis XVIII, règne fort corrompu du point de vue de l'immobilier parisien. Trois malins achètent les terrains vagues au nord du quartier de la Petite-Pologne et les découpent en parcelles constructibles. Les entrepreneurs élèvent des immeubles aussitôt loués à prix d'or. Car au temps de Grandet et de Rastignac, on n'achète pas pour s'agrandir, par désir de gloriole, mais pour louer le plus cher possible et obtenir un rapport élevé de l'argent. Le quartier de l'Europe est l'œuvre de ces usuriers spéculateurs.

On lui donna les noms des grandes cités du continent. Édimbourg et Bucarest, Amsterdam et Rome, Moscou, Turin, Berne, Saint-Pétersbourg devenu Leningrad, Florence, Constantinople et Copenhague.

Au XVIe siècle, le duc d'Anjou, roi de Pologne, par le hasard des élections (le roi de Pologne était élu par la diète polonaise) avait donné son nom au quartier de la Petite-Pologne, sis sur un domaine lui appartenant. Il n'y a pourtant pas de rue de Varsovie dans le lotissement de l'Europe. Parce que Varsovie n'est pas libre. Elle est sous la botte du tsar. Personne n'irait habiter rue de Varsovie. Autant habiter à la prison pour dettes de Clichy ! On a bien ouvert une rue de Varsovie, mais ailleurs, et plus tard. Aucune station de métro ne porte ce nom, en dépit de l'amour de la gauche parisienne du XIXe siècle pour la Pologne.

SAINT-LAZARE

L'actuelle gare Saint-Lazare date de 1889. Le métro peut s'y arrêter de confiance : ceux qui ont conçu la nouvelle gare ont été aussi les premiers à l'éclairer à l'électricité quand la politique officielle des édiles parisiens était encore entre les mains des gaziers.

La première gare, baptisée embarcadère, était sise plus haut, dans le quartier de l'Europe, en bordure de la rue de Londres. Le chemin de fer faisait alors peur à tout le monde et le roi Louis-Philippe n'était pas réputé pour son courage. Adolphe Thiers avait dû inaugurer, à l'aube, le nouvel Arc de Triomphe de l'Étoile parce que le roi craignait d'y affronter les manifestants républicains.

Le train devait partir pour la première fois en direction du Pecq. La musique de la Garde nationale était en place. On attendait le roi. Le Pecq n'était pas l'Amérique : on n'avait encore réalisé que quelques kilomètres du parcours de Paris-Saint-Germain. Un premier tronçon devait être inauguré par Sa Majesté le roi des barricades. Le 26 août 1837, les Parisiens regardent, attendent, s'exaspèrent. Que fait le roi ? Il ne vient pas. Marie-Amélie, son épouse, le représente ; elle serre dans ses bras deux de ses filles, Louise et Clémentine. Le roi n'a pas pu venir, dit-elle pour l'excuser. Les ministres ne l'ont pas laissé partir.

On assure qu'elles firent un bon voyage et qu'elles ne prirent aucun rhume sous les tunnels pendant les vingt-cinq minutes du trajet. On prétendait alors que le chemin de fer tuait. La reine venait de faire courageusement la preuve qu'il n'en était rien.

HAVRE-CAUMARTIN Le marquis de Saint-Ange, François Le Fèvre de Caumartin, n'était pas du Havre : ce prévôt des marchands de Paris sous Louis XVI avait seulement tracé une partie de la rue qui porte son nom.

Au temps d'Haussmann, la ville du Havre était à la mode parce qu'elle était la tête de ligne des paquebots partant pour l'Amérique, qui commençaient à embarquer des émigrants venus de toute l'Europe et notamment d'Allemagne. Les grands navires à vapeur attendaient les passagers des trains qui venaient de la gare Saint-Lazare : des hommes d'affaires, des voyageurs, on ne disait pas encore des touristes. Les paquebots de la Compagnie générale transatlantique attendaient à quai. En 1950, le *Liberté* conduisait encore ses passagers en cinq jours de mer à New York. Mais le paquebot le plus extraordinaire de la ligne Amérique, en 1939, s'appelait *Normandie*. Le raffinement des meubles, de l'aménagement intérieur, la délicatesse de la cuisine et la qualité des spectacles faisaient de la traversée sur *Normandie* un enchantement. Tous les enfants de France le construisaient en maquettes, qu'ils achetaient dans les magasins spécialisés du passage du Havre. Le bateau finit misérablement sur les docks de New York, incendié. Les Américains le transformèrent pour en faire un transport de troupes. On ne prend plus le train pour l'Amérique, à la gare Saint-Lazare. Il n'y a plus de transatlantique français. Mais la station Havre abrite toujours les rames du métro. Témoin d'un temps glorieux où les géants des mers français et britanniques rivalisaient de luxe et de vitesse sur la ligne de New York, concourant pour le « ruban bleu ».

OPÉRA Auber eût été aux anges : on joua *La Muette de Portici* pour l'inauguration de l'opéra Garnier le 5 janvier 1875. On y joua aussi Gounod et Meyerbeer. Le maréchal de Mac-Mahon montrait son profil marmoréen dans la loge officielle, celle du chef de l'État. Du beau monde dans les loges : le roi d'Espagne Alphonse XII et sa mère Isabelle, le Lord-Maire de Londres et le bourgmestre d'Amsterdam. L'architecte créateur de l'édifice, Charles Garnier, avait dû payer sa place, dans une deuxième loge. Ce chouchou de l'empereur Napoléon III et du baron Haussmann était mal vu. On avait posé la première pierre de l'opéra Garnier le 21 juillet 1862. On reprochait à l'architecte la lenteur des travaux et le coût élevé de l'opération.

Était-ce la faute de Garnier si un ancien bras de la Seine passait sous les fondations du monument ? L'eau s'infiltrait sans arrêt. Huit pompes à vapeur travaillèrent pendant huit mois pour assainir le terrain. Il fallut construire, à huit mètres sous terre, un lac souterrain dans une cuve étanche, pour recueillir les eaux.

On doit pouvoir, dans ces conditions, se rendre à l'Opéra en barque, en empruntant les canaux des égouts. Il est tout de même plus simple de prendre le métro.

QUATRE-SEPTEMBRE Le 4 septembre 1870 succède sur la plaque d'une rue qui portait auparavant la date du 10 décembre 1848. C'est dans l'ordre des choses. Ouverte par le baron Haussmann, la rue commémorait l'élection du prince Louis-Napoléon Bonaparte à la présidence de la IIe République. Devenu empereur, il avait perdu la guerre de 1870 contre la Prusse et ses alliés, les princes allemands. Après le désastre de Sedan, l'empereur était prisonnier, l'armée vaincue, le pays envahi. Un cortège de barbus s'était rendu du Palais-Bourbon à l'Hôtel-de-Ville. En tête marchaient les avocats républicains Jules Favre et Léon Gambetta. Devant la foule des Parisiens rassemblés en cette journée du 4 septembre, devant les ouvriers en blouse descendus de Belleville et de Ménilmontant, Gambetta avait proclamé la République avec des accents qui rappelaient 1792 et le temps de la « patrie en danger ». Les républicains ne voulaient pas s'agenouiller devant le roi de Prusse. La République continuerait le combat.

En souvenir de ces temps héroïques, les employés de la Ville de Paris avaient démonté les plaques « rue du 10-Décembre » pour leur substituer « rue du Quatre-Septembre ». Tous les Parisiens qui prenaient le métro à cette station, en 1904, savaient encore ce que la plaque voulait dire. Peut-être l'ont-ils oublié depuis. Il est vrai que deux autres Républiques sont passées par là.

BOURSE

Place de la Bourse. Novembre 1898. La station de métro n'est pas encore construite. Au restaurant *Champeaux*, c'est le coup de feu. Les garçons s'affairent car les commis de la Bourse veulent manger rapidement : la corbeille n'attend pas. Les affaires sont fructueuses. La rente d'État se maintient, le Napoléon est au-dessus de tout mouvement spéculatif, bien qu'on soit en pleine année électorale et au cœur de l'affaire Dreyfus. Les colonies alimentent un mouvement de hausse des valeurs nouvelles émises par les banques et les compagnies de navigation.

La Bourse est un local prestigieux. Un temple grec. C'est le Parthénon de l'argent. L'architecte Brongniart avait voulu qu'un véritable palais fût construit sur le terrain du couvent des Filles-Saint-Thomas. Il avait vu grand, trop grand : il mourut en 1813 sans que la Bourse fût achevée. Elle fut inaugurée longtemps plus tard, en 1826, par le préfet Chabrol.

Le service bat son plein au restaurant *Champeaux*. Une formidable explosion retentit. Un attentat anarchiste ? Ils sont alors fréquents dans Paris. Mais non, il s'agit d'un simple accident. Une fuite de gaz dans les caves a fait exploser un fût plein d'alcool. On relève un mort et six blessés.

Il n'y eut jamais d'attentat à la Bourse. L'ouverture du métro, en 1904, rendait les commis joyeux. Les actions de la Compagnie du métropolitain étaient des valeurs sûres. Pour les « gogos » qui se ruinaient en fonds russes et mexicains, combien misaient sur le métro ? Assez pour que la Compagnie ne manquât jamais d'argent. Les centaines de milliers de Parisiens qui s'engouffraient tous les jours dans les portes des voitures valaient tous les actionnaires de la Bourse.

SENTIER

Le Sentier est un sentier. On dit qu'un loup affamé entra dans Paris, trompant la vigilance des gardes pendant le dur hiver de 1612. Aurait-il emprunté le sentier ? On n'est pas sûr de cette origine de la rue du Sentier. Le sentier aurait bien pu desservir un chantier.

C'est la rue où l'on se perd, où l'on se cache. Mozart jeune y perdit sa mère, alors qu'il passait par Paris. Le Normant d'Étiolles y trouva refuge pour y cacher sa disgrâce : sa femme indigne avait changé de nom pour être présentée à la Cour. Elle s'appela la Pompadour. Le roi n'avait d'yeux que pour elle et, naturellement, il lui répugnait de voir son mari. Elle voulut le faire nommer ambassadeur à Constantinople pour qu'il disparût chez les Turcs. Mais Le Normant d'Étiolles, habitant du Sentier, s'était consolé. Il avait jeté son dévolu sur une ravissante danseuse de l'Opéra, mademoiselle Reine. Si Louis XV ne voulait pas quitter la Pompadour, Le Normant d'Étiolles ne voulait pas abandonner sa reine.

Il ne manquait pas de lucidité quand il évoquait ses deux femmes, la danseuse passant pour légère : « Si mes premières noces, disait-il, m'avaient donné une honnête femme devenue une catin, le contraire s'est produit avec mes secondes noces. » Ainsi, l'on peut trouver l'amour dans le Sentier. À condition de s'y bien cacher.

RÉAUMUR-SÉBASTOPOL

Quelles noces étranges ! Monsieur de Réaumur a-t-il épousé une demoiselle de Sébastopol ? Le métro est coutumier de ces associations. Il est clair que le savant Réaumur, qui avait réalisé vers 1730 le premier thermomètre à alcool, ignorait la guerre de Crimée. Fort intéressé par les mollusques, les crustacés et les insectes, il n'avait aucune connaissance en art militaire. Un siècle après sa mort, survenue en 1757, l'empereur Napoléon III donnait son nom à une rue de Paris. On avait éventré tout un quartier pittoresque pour construire les Halles de Baltard. Le nom d'un savant qui avait appris à transformer la fonte en acier et lancé l'étude industrielle des métaux devait plaire à Baltard et au baron Haussmann. L'époque était au respect de la science et de la technique.

Quant à Sébastopol, c'était le port de guerre du tsar, en Crimée. Les Franco-Britanniques, après un long siège, s'étaient emparés de la place. Beaucoup de boulevards portaient alors dans Paris les noms des maréchaux et des victoires du Premier Empire. Pourquoi ne pas célébrer aussi celles, plus rares, du Second ? Comme il y aurait une station Gare-d'Austerlitz, il y avait déjà, en 1904, une station Sébastopol en souvenir de tous les braves qui avaient laissé leur vie en Crimée, sans qu'on sût très bien pourquoi.

ARTS-ET-MÉTIERS

Le musée des Arts-et-Métiers — véritable Bibliothèque nationale des inventeurs — fut créé pendant la Révolution sur proposition de l'abbé Grégoire : « Les originaux des instruments et machines inventés et perfectionnés devaient y être déposés et des conférences organisées pour en expliquer l'intérêt et l'utilité. » On avait choisi l'ancien prieuré de Saint-Martin-des-Champs pour y installer la machine à calculer de Pascal, les appareils de chimie de Lavoisier, plus tard ceux de Foucault, du général Ferrié et de Branly. Une haute école devait ensuite y être installée permettant à tous les auditeurs de suivre les cours, quel que fût leur âge. L'École centrale des Arts-et-Manufactures formait des ingénieurs pour l'industrie. De 1845 à 1896, Léon Vaudoyer et Ancelet, hommes savants et de bonne volonté, constituèrent patiemment le palais des arts mécaniques et des inventions industrielles.

Ceux qui descendent à la station Arts-et-Métiers, à la tombée du jour, ne sont pas des malandrins mais des curieux venus de tous les quartiers de Paris, autodidactes des sciences et des techniques, qui ont au Conservatoire tous les moyens de s'initier à l'histoire des découvertes. Le métro, en nommant les Arts-et-Métiers, a rendu un hommage indirect à l'abbé Grégoire, qui n'a pas eu droit à une station : le saint évêque, excommunié par le pape pour avoir juré fidélité à la Constitution révolutionnaire, a fait œuvre pie.

TEMPLE C'est un lieu de sinistre mémoire, une forteresse dont il ne reste rien. La Tour qui subsistait de l'ancienne bâtisse des Templiers a été démolie pierre par pierre en 1811. Elle se dressait à l'emplacement de l'aile droite de l'actuelle mairie du IIIe arrondissement. Louis XVI et sa famille y avaient été incarcérés après la journée du 10 août 1792, quand les volontaires de Brest et de Marseille avaient, avec les sectionnaires parisiens, pris les Tuileries. Le jeune dauphin proclamé Louis XVII après l'exécution de son père (le 21 janvier 1793) devait y mourir. Marie-Antoinette l'avait quitté pour l'échafaud. On comprend que Napoléon n'ait pas voulu conserver ce lieu sinistre, dangereux pour les têtes couronnées.

RÉPUBLIQUE Après le 4 septembre, la station République donne décidément au réseau du métropolitain un sang « bleu ». La Ire République n'avait jamais eu de rue dans Paris. La IIe n'avait pas eu le temps de songer à la décoration des places : installée en février 1848, elle était confisquée en juin par les réactionnaires, massacrée en décembre par le Prince-Président.

La IIIe République, proclamée le 4 septembre 1870 à l'Hôtel-de-Ville, avait dû attendre dix ans avant de s'imposer aux partis royaliste et bonapartiste longtemps majoritaires à la Chambre. Quand elle eut enfin réussi à mettre le nez à la fenêtre, elle ne voulut pas effrayer et prétendit réconcilier les Français autour de son image de femme généreuse et laborieuse. *La Marseillaise* était devenue l'hymne national presque subrepticement. La Constitution républicaine avait été votée à une voix de majorité. Il fallut attendre le 14 juillet 1884 pour que le président jurassien Jules Grévy inaugurât la statue monumentale de la place de la République.

Désormais cette place devint le lieu de rassemblement des républicains. Lors de la formation de la Ve République, de Gaulle et Malraux choisirent ce lieu pour convier les Parisiens à la naissance du nouveau régime. Ils sortirent du métro pour se rassembler sur l'immense place et entendre le ministre de la Culture affirmer sa foi dans la démocratie. Le choix du lieu était symbolique : de Gaulle était républicain.

PARMENTIER Le métro Parmentier tire son nom d'une avenue consacrée à l'inventeur de la pomme de terre en 1818. Seule l'estime du roi et des notables de la Restauration explique l'attribution d'une rue de ce quartier à Parmentier qui n'y a sans doute jamais mis les pieds : il était apothicaire aux Invalides.

Ce pharmacien militaire avait fait carrière dans l'armée. En campagne en Allemagne, il avait vu des paysans donner leurs pommes de terre à manger à des porcs. Il en avait conçu une grande irritation. Nommé aux Invalides, il plantait clandestinement ses tubercules dans la terre du cimetière, parce que la plante était réputée nocive et de nature à propager des maladies. Il fut au reste dénoncé par les sœurs soignantes et passa pour un alchimiste, voire un sorcier inspiré par le diable.

La Cour comptait heureusement nombre d'esprits éclairés et l'on n'était plus au temps des bûchers. On avait signalé au roi l'importance de la nouvelle plante que déjà son frère Louis XVI avait reconnue, ainsi que les malheurs de l'apothicaire Parmentier, un homme de recherche qui avait établi scientifiquement la valeur nutritive et totalement inoffensive de la pomme de terre. Ainsi le roi put-il distinguer et honorer Parmentier, confirmer en 1818 sa gloire, alors qu'il était mort cinq ans plus tôt.

SAINT-MAUR Saint Maur est un personnage mystérieux, évêque en Anjou, connu pour avoir introduit en France les monastères bénédictins. La congrégation parisienne avait été installée au monastère des Blancs-Manteaux en 1618 sous l'autorité du père dom Tarrisse. La réforme, mise en avant par les bénédictins, avait progressé pendant tout le XVIIe siècle jusqu'à réunir en France cent quatre-vingt-onze monastères dépendant tous de la maison mère de Saint-Maur. Les mauristes dirigeaient alors dans Paris un grand nombre d'écoles ainsi que des collèges. Le métro Saint-Maur ouvre donc sur le Paris religieux du Grand Siècle.

Le Second Empire renoua avec cette tradition. Puisque le quartier, au temps d'Haussmann, avait perdu ses monastères et ses couvents, il importait d'offrir aux ouvriers qui s'y étaient installés une église moderne, base de la reconquête des âmes : l'architecte Ballu en fut chargé. Il la construisit en acier et en fonte, surmontée d'une flèche de soixante mètres de haut que l'on aperçoit en sortant du métro. Inévitablement, cette église, où les gendarmes pénétraient en uniforme le jour de la procession de la Fête-Dieu, devint pour les républicains le symbole de la tyrannie impériale. Lors des troubles civils de 1899, date de la fin de l'affaire Dreyfus, l'église fut pillée et saccagée par des anticléricaux forcenés. Dans sa grande majorité, le clergé avait pris parti contre Dreyfus et les comités de vigilance républicains, radicaux et socialistes animés par Jean Jaurès militaient pour la défense de la République. Mais jamais Jaurès n'avait recommandé de piller les églises. Les anarchistes, par contre, haïssaient les religieux, constatant avec dérision que les cloches de l'église de Saint-Maur avaient été bénies par l'épouse du maréchal de Mac-Mahon, qui voulait confisquer la République. L'implantation d'une église militante dans ce quartier ouvrier de Saint-Maur avait abouti à un drame inqualifiable, que les plus avancés des socialistes réprouvaient : « Vous avez interrompu, lançait aux radicaux anticléricaux Jean Jaurès, la vieille chanson qui berçait la misère humaine, et la misère humaine s'est réveillée avec des cris. »

PÈRE-LACHAISE Voir p. 70.

GAMBETTA Gambetta était député de Belleville, non de Ménilmontant, mais il est vrai que la mairie du XXe arrondissement couvrait l'essentiel des deux villages, tous peuplés d'ouvriers. Cette mairie avait été construite sous l'Empire, dans un style Renaissance un peu froid. Les républicains l'investirent. En 1893, l'avenue et la place reçurent le nom du fondateur de la République, l'avocat Léon Gambetta.

Le patriote de 1870, le « tombeur » de l'Empire, n'était nullement un extrémiste mais un modéré. Il pensait, comme Thiers, que la République devait être conservatrice. Il voulait changer en profondeur la société civile en assurant par l'instruction la promotion des classes moyennes, en favorisant l'accès à la propriété, en instruisant les ouvriers pour que leurs enfants devinssent des cadres de l'industrie et du commerce. Il n'avait rien en commun, sinon l'amour de la République, avec les ouvriers exaltés qui habitaient les collines de l'est de la capitale. Il avait dû affronter leurs candidats socialistes aux élections de 1869. En donnant en 1893 le nom de Gambetta à une place située devant la mairie du XXe arrondissement, les républicains modérés de l'époque désignaient un père fondateur du régime désireux d'imposer l'entente et la paix sociale.

PORTE-DE-BAGNOLET Comme Montreuil, Bagnolet était un village de maraîchers, bientôt peuplé d'ouvriers travaillant dans les ateliers des collines de l'est. Grâce à la station de métro qui s'ouvrit en 1971 seulement, les hommes et les femmes du quartier pouvaient travailler commodément dans tout Paris et jusque dans les banlieues industrielles de l'ouest, les entreprises de Ménilmontant et de Belleville fermant leurs portes. En 1930, Bagnolet était encore une campagne. La « zone » qui bordait les H.L.M. et les H.B.M. du boulevard Mortier n'était pas lotie pour des raisons mystérieuses, militaires : il était interdit de construire sur les anciennes fortifications qui avaient été rasées. Mais audelà de la « zone », où croupissait une population misérable vivant dans des abris de fortune, les pavillons de Bagnolet avaient encore leurs jardinets.

En septembre 1914, pour la dernière fois, on avait songé à se battre sous les murs de Paris. Le général Gallieni, responsable du « camp retranché », avait donné des ordres pour creuser tranchées et abris dans la « zone » : comme en 1870, on y attendait les Allemands. Comme en 1814. Ils furent arrêtés sur la Marne.

GALLIENI

On est surpris de trouver le nom du maréchal Gallieni sur une station de métro de l'ancien village de Bagnolet, alors qu'il possède un boulevard dans le VIIe arrondissement. Mais les gens de Bagnolet, quand ils ont inauguré cette plaque en 1930, ont montré qu'ils avaient de la mémoire. Au total, l'endroit n'est pas mal choisi.

On se rappelle en effet qu'au début de septembre 1914, le gouverneur militaire de Paris, Gallieni, ne reste pas inactif, alors que l'avance de trois armées allemandes sur la capitale semble irrésistible. Des observations d'aviation lui ont appris qu'au lieu de poursuivre leur avance vers le sud, les généraux allemands infléchissaient leur marche vers l'est pour saisir les armées françaises dans une gigantesque nasse. Gallieni avertit aussitôt Joffre. Celui-ci prit les mesures nécessaires et Gallieni sut tout mettre en œuvre pour avancer les troupes de la garnison dans le flanc des colonnes allemandes. Pour aller plus vite, il fit charger les fantassins par les taxis parisiens, offrant de payer la course. Les taxis s'ébranlèrent en une longue file qui traversait les communes de l'est, roulant vers la Marne. Bagnolet était sur le parcours. Voilà pourquoi Bagnolet et le métropolitain se sont souvenus du maréchal Gallieni.

Ⓜ ③BIS

PELLEPORT

Une bretelle de la ligne n° 3 a été installée en 1921 sur le parcours Gambetta-Porte-des-Lilas, pour permettre aux nombreux ouvriers du quartier de prendre le métro sans effort. Pourquoi avoir donné le nom du général Pierre de Pelleport à une station ? Qui se souvient encore de ce soldat de l'Empire ? Qui s'en souvenait en 1921 ? Une rue portait son nom, et cela suffit à rappeler son souvenir dans les couloirs du métro.

Le Second Empire voulait illustrer les militaires du Premier. Pierre de Pelleport, volontaire de l'an II, avait servi la République dans les Pyrénées-Orientales puis le général Bonaparte en Italie et en Égypte. Il fut ensuite de toutes les batailles du Premier Empire, et reçut notamment trente coups de sabre à Eylau et cinq coups de baïonnette. Ce trompe-la-mort avait été nommé colonel à Essling, général de brigade pendant la retraite de Russie, qu'il avait faite aux côtés de Ney. S'étant tenu à l'écart pendant les Cent-Jours, cela lui valut d'être nommé vicomte par Louis XVIII. Il mourut retraité à Bordeaux. La fin de sa carrière ne le désignait pas aux suffrages des puristes du camp bonapartiste. Il avait aussi fait carrière sous la Restauration et même fait campagne pour Louis XVIII en Espagne. Louis-Philippe lui avait donné le commandement de la Garde nationale de Bordeaux. Il y mourut en 1855. Napoléon III tenait de bonne politique de célébrer les héros qui s'étaient distingués sous son oncle. Le général de Pelleport était un héros authentique. Cela suffisait pour qu'il eût une rue dans Paris. Pas un boulevard. Ils étaient réservés aux maréchaux.

SAINT-FARGEAU

De puissants seigneurs, les Le Peletier, sont propriétaires du château, du parc, du domaine qui portent leur nom sur la butte de Ménilmontant. Ce domaine est aussi appelé Saint-Fargeau parce que les Le Peletier possédaient une seigneurie de ce nom dans l'Yonne.

Ils étaient depuis Louis XIV dans la finance et la haute administration royale. Prévôt des marchands de Paris, contrôleur général des Finances, intendant de finances, président à mortier au Parlement de Paris, tels sont les titres de cette illustre famille de noblesse de robe. Louis Michel Le Peletier de Saint-Fargeau est, en 1789, riche de 600 000 livres de rente. Son château de Ménilmontant est plus vaste que le cimetière du Père-Lachaise.

Paradoxalement, ce richissime vieillard va devenir l'idole de l'extrême gauche révolutionnaire. Représentant de la noblesse aux États généraux de mai 1789, il est réélu à la Convention nationale. Les gardes du corps du roi n'aimaient pas les députés nobles. L'un d'eux, du nom de Pâris, assassina Le Peletier de Saint-Fargeau au Palais-Royal, le 20 janvier 1793, veille de la mort de Louis XVI. Il tuait un député félon, vengeant par avance la mort du roi.

Marat, Robespierre, Danton rendirent un véritable culte au noble président à mortier qui devint l'un des héros de la Révolution. Son nom ne choque pas sur la ligne du métro, et le tyrannoctone Pâris a fait oublier les 600 000 livres de rente du député de la noblesse.

PORTE-DES-LILAS

Les communes des Lilas et du Pré-Saint-Gervais ne furent réunies à la capitale qu'en 1930. Il existait, dans l'ancienne enceinte fortifiée de Thiers, une porte des Lilas dont la station de métro tire son nom.

Les lilas fleurissant à la terrasse des cabarets et des guinguettes où les Parisiens venaient se distraire le dimanche ont donné son nom au lieu. Les bals de barrière crapuleux étaient fort à la mode pendant le Second Empire. On y rencontrait des mauvais garçons dans leur rôle de composition. La criminalité n'y était pourtant pas plus élevée qu'ailleurs. On y relevait quand même des affaires de mœurs, des règlements de comptes sur les terrains vagues, des assassinats, des drames passionnels de toute sorte y compris des cas dramatiques de couples homosexuels féminins désunis. Les Goncourt ne dédaignaient pas fréquenter les Lilas, prétextant le besoin d'éprouver le grand frisson des barrières pour écrire des romans réalistes. Il est vrai que les Goncourt se montraient peu soucieux de morale, Edmond et Jules partageant les faveurs, réparties selon les jours de la semaine, de leur gouvernante commune.

M 4

Porte-d'Orléans – Porte-de-Clignancourt

- Porte-d'Orléans
- Alésia
- Mouton-Duvernet
- Denfert-Rochereau
- Raspail
- Vavin
- Montparnasse-Bienvenüe
- Saint-Placide
- Saint-Sulpice
- Saint-Germain-des-Prés
- Odéon
- Saint-Michel
- Cité
- Châtelet
- Les Halles
- Étienne-Marcel
- Réaumur-Sébastopol
- Strasbourg-Saint-Denis
- Château-d'Eau
- Gare-de-l'Est
- Gare-du-Nord
- Barbès-Rochechouart
- Château-Rouge
- Marcadet-Poissonniers
- Simplon
- Porte-de-Clignancourt

C'est la première ligne nord-sud traversant Paris de part en part. Pour la première fois, le 9 janvier 1910, une ligne passa sous la Seine. Ce jour-là fut inauguré le tronçon le plus difficile, Raspail-Châtelet alors que Raspail-Porte-d'Orléans était ouvert depuis le 30 octobre 1909 et Châtelet-Clignancourt depuis le 21 avril 1908.

Les travaux engagés place Saint-Michel et dans l'île de la Cité avaient commencé en août 1905. On avait construit des tunnels sous-fluviaux mis en place par le nouveau procédé « du fonçage » à l'air comprimé. Les caissons étaient alignés, les uns après les autres. Le point de passage avait été choisi de telle sorte que le métro ne devait pas perturber en surface la quiétude des membres de l'Institut. Il devait également éviter les fondations des ponts, du palais de Justice et du tribunal de commerce. On dut congeler les terrains, selon des techniques révolutionnaires (des tubes remplis d'une solution de chlorure de calcium refroidie à – 24°) pour permettre la construction des tunnels. On redoutait constamment les infiltrations de la rivière : les plus grandes précautions furent prises pour interdire tout ruissellement à l'intérieur des tunnels. Ces travaux titanesques constituèrent, pendant cinq ans, l'attraction des Parisiens. Dix ans après l'inauguration du premier métro, les progrès de la technologie du béton avaient enfin permis le franchissement du fleuve par la ligne n° 4, qui desservait du nord au sud tous les quartiers de Paris situés dans l'axe central, de la porte d'Orléans à la porte de Clignancourt.

PORTE-D'ORLÉANS La porte conduit à la route, au chemin médiéval d'Orléans, à la plaine de Beauce. C'est la plus riche terre à blé du royaume de France. Jadis, les moulins à vent ponctuaient ce parcours. Les meuniers moulaient le grain des pays de Chartres. On y buvait frais le dimanche dans des guinguettes appelées *Moulin-Sans-Souci*, *Moulin-Vert* ou *Moulin-des-Perrousets.*

Les soldats de la deuxième division blindée, commandée par le général Leclerc, suivirent, pour libérer Paris en août 1944, la route des moulins. Ils avaient combattu pour forcer les défenses de la capitale du côté de Bourg-la-Reine et de la vallée de Chevreuse. Les Dronne et les Billotte avaient hâte de pousser leurs chars vers le nord, vers l'Hôtel-de-Ville. Pas question de prendre le métro. En avaient-ils cependant rêvé, de l'odeur du métro, dans les sables du Tchad pour les plus anciens, les ports marocains ou les villages anglais pour les nouveaux. Ils auraient tout le temps de faire poinçonner leurs tickets, quand von Choltitz aurait capitulé.

Par la porte d'Orléans, les chars Sherman fonçaient déjà vers le Sénat où étaient embusqués ceux des Allemands, les redoutables «Tigres» et les «Panthères». Deux d'entre eux, capturés par la division, seront longtemps exposés à l'entrée des Invalides après la victoire.

À la porte d'Orléans, Leclerc veille. Il a libéré Paris, plus tard Strasbourg. Il a tenu le serment fait à Koufra de faire flotter le drapeau français sur la cathédrale. Il est là, canne en main, à l'entrée de Paris. Il y restera longtemps : sa statue est en bronze.

ALÉSIA Pourquoi la forteresse d'Alésia a-t-elle trouvé sa place dans le métro ? Ce n'est pas le nom d'une victoire mais d'une défaite gauloise de la guerre des Gaules. Pourquoi la direction du métropolitain a-t-elle jugé bon, en 1910, d'humilier le meilleur des guerriers, l'Arverne Vercingétorix ?

Parce que l'empereur Napoléon III — dont le père fut roi de Hollande et la mère (la reine Hortense) originaire des îles —, qui était colonel de l'armée suisse et avait reçu l'éducation d'un dandy londonien, s'était pris de passion pour l'archéologie gauloise.

Préparant avec le professeur Victor Duruy (dont il devait faire son ministre de l'Instruction publique) un ouvrage sur Jules César qui ne vit jamais le jour, il s'était rendu en personne à Gergovie, puis à Alise-Sainte-Reine où l'on situait avec quelque vraisemblance le lieu de la bataille de l'an 52 avant Jésus-Christ.

Pour faire plaisir à l'empereur, on donna le nom d'Alésia à une rue longue et sinueuse qui s'appelait jadis le chemin des Bœufs. Fut-il sensible à l'hommage? Pourquoi n'avoir pas baptisé Gergovie cette rue de la capitale? À l'évidence, le modèle de l'empereur était bien César. N'était-il pas lui-même un César ? Peu lui importait que les Gaulois eussent été vaincus. Ne pouvant inaugurer sans ridicule une place Jules-César dans la capitale, il aimait que son modèle fût honoré par un exploit. Voilà pourquoi la station de métro Alésia célèbre une défaite aussi cuisante que celle de Waterloo. Waterloo aussi a sa plaque dans une gare. Mais c'est à Londres.

MOUTON-DUVERNET

Régis Barthélemy Mouton-Duvernet était né au Puy en 1769. Volontaire des guerres de la Révolution, il s'était conduit bravement dans les batailles de l'Empire, gagnant ses galons au feu. Devenu riche et baron d'Empire, il était de ces généraux, de ces maréchaux, à qui pesait la quarantaine de la réussite sociale. Il montait moins volontiers à cheval depuis les revers de l'empereur en Russie. Il souhaitait la paix et, comme Marmont, la capitulation et l'abdication de l'empereur en 1814.

Il avait ainsi réussi à conserver ses graines d'épinard sur ses épaulettes quand les Bourbons étaient rentrés dans Paris. Rallié, comme le maréchal Ney, il avait obtenu le titre de gouverneur de la ville de Valence, dans la vallée du Rhône. Il occupait son poste lors du « vol de l'Aigle » en 1815. Comment aurait-il pu refuser de se joindre au cortège de Napoléon échappé de l'île d'Elbe, qui remontait jusqu'à Grenoble la route des Alpes. Comme Ney, Mouton-Duvernet se rallia. Comme Ney, il fut de la dernière campagne.

Napoléon lui pardonna sa trahison, mais non Louis XVIII. Après Waterloo, lors du deuxième retour des Bourbons, la Terreur blanche battait son plein. Les royalistes tuaient dans les rues, dans les campagnes tous ceux qui s'étaient illustrés au service de la Révolution ou de « l'ogre de Corse ». Ney fut ignominieusement fusillé. Mouton-Duvernet aussi, par les Lyonnais.

Sous Napoléon III, on honora sa mémoire en lui donnant une rue dans Paris. Aussi figure-t-il comme témoin de l'infamie de la politique en France, sur le mur d'une station de métro. Il y avait, avec Robespierre et Malesherbes, deux guillotinés. Le fusillé de la Terreur blanche est, somme toute, en bonne compagnie.

DENFERT-ROCHEREAU Le lion de bronze qui trône sur la place, à la sortie du métro Denfert-Rochereau, n'est pas une œuvre originale. C'est la copie d'un lion géant, sculpté par Bartholdi (l'auteur de la statue de la Liberté qui éclaire l'entrée du port de New York) pour la ville de Belfort. Il symbolise la résistance du colonel Denfert-Rochereau, un officier de l'armée française qui défendit férocement la place forte, alors que Metz et Strasbourg s'étaient rendues. Pendant la guerre de 1870, les Wurtembergeois, Badois, Bavarois, Hessois suivaient les Prussiens de Bismarck et de von Moltke dans l'invasion du territoire français. Après la défaite de Sedan, les places de l'Est devaient poursuivre longtemps leur résistance, surtout Belfort. Un petit officier né à Saint-Maixent narguait Bismarck.

L'humiliation de la défaite était immense. Quand les Républicains prirent le pouvoir, en 1879, ils tinrent à honorer les héros de la résistance, les chefs de partisans, les commandants des armées de la Loire levées par Gambetta et surtout le colonel Denfert-Rochereau. On jugea utile de faire don aux Parisiens, qui s'étaient eux-mêmes conduits bravement pendant le siège, d'une réplique du lion de Belfort, hissé à cet endroit à grands renforts de grues.

Qu'est devenu le colonel? Cet ancien polytechnicien s'était illustré pendant les guerres de l'Empire, de la Crimée à l'Algérie où il avait été engagé lors de la révolte kabyle. Sa résistance dans Belfort avait permis à la ville de rester française de 1871 à 1914 au lieu d'être annexée, comme Metz et Strasbourg, à l'Allemagne. Son nom, pour les républicains, était un symbole. Il fut élu député de Paris en 1876 et soutint jusqu'à sa mort, en 1878, la politique de Gambetta. Ainsi, comme son idole, fut-il honoré dans le métro.

RASPAIL

Qui était Raspail ? Balzac a une rue dans Paris et Raspail un boulevard. Balzac a sa statue boulevard Raspail. Mais il n'a pas de station de métro. Personne ne se souvient plus de Raspail. Ainsi va le temps. La gloire des lettres est-elle seule immortelle ? Pourvu qu'on ne soit pas membre de l'Académie, pourquoi pas ? Ni Zola ni Flaubert ni Stendhal — les plus grands romanciers français — n'ont eu leur fauteuil à l'Académie pas plus qu'une plaque dans le métro. Assurément les deux sont liés.

Raspail, ce chimiste né à Carpentras, ne devait pas révolutionner la chimie. Si l'on avait voulu honorer un grand chimiste, il y aurait une station Gay-Lussac ou Berthollet. Les travaux scientifiques de Raspail ne lui ont pas valu la gloire : son nom est par contre mêlé aux révolutions du XIXe siècle. Blessé en 1830, déçu par Louis-Philippe, il fonde des sociétés secrètes républicaines : *Amis du peuple* et *Droits de l'homme*. Arrêté et condamné, il passe de nombreuses années en prison ou en exil. Il proclame, le premier, la République en 1848. Il est de nouveau arrêté après la répression de l'émeute du 15 mai 1848 où les ouvriers parisiens manifestaient pour la liberté de la Pologne. Candidat des socialistes révolutionnaires aux élections présidentielles de décembre, il n'obtient que 36 000 voix et doit partir pour l'exil à Bruxelles. Amnistié par Napoléon III, il est candidat républicain à toutes les élections et milite constamment, après 1871, pour la victoire de son parti dans la République. Il meurt en 1878 avant d'avoir assisté au triomphe de ses amis. Pour garder la mémoire de ce militant inlassable, Poincaré, président de la République en 1913, lui donne le nom d'un nouveau boulevard. Poincaré, cet homme de droite, honorait un républicain de gauche. Ainsi va la République, au centre. Comme le métro, elle roule tant bien que mal entre les obstacles, dans un tunnel sans fin.

VAVIN

Cet homme obscur, cet oublié de l'Histoire, méritait-il la gloire d'une station de métro ? La seule justification qu'il puisse avancer est qu'il a jadis formé, près des jardins du Luxembourg, une rue plantée de tilleuls, sobre et tranquille. Vavin était le maire de l'arrondissement, député en 1831. Un notable tranquille qui ne pensait qu'au bien public.

La rue Vavin est devenue le rendez-vous des artistes dès la fin du Second Empire ; à la brasserie de la mère Mayer, les peintres, les sculpteurs, les avocats sans cause et les gens de lettres sans éditeurs vidaient des chopes et chantaient bruyamment des hymnes et des chansons brocardant le pouvoir. Plus tard, sous la République, dans les années de la création du métro, les peintres « Montparno » avaient élu domicile dans le quartier. Les Martiniquais des années vingt allaient danser à la *Boule blanche* au temps de l'art nègre et du jazz. La rue du tranquille administrateur Vavin résonnait des éclats du saxophone et de la trépidation des batteries et tambourins. La Grande Guerre était passée par là : personne ne penserait plus jamais que Paris, la France et le monde pouvaient vivre tranquilles, même dans la rue Vavin.

MONTPARNASSE-BIENVENÜE

Le nom de la station ne signifie pas bienvenue à Montparnasse : le tréma sur le u signale la présence discrète, à la station Montparnasse, de l'ingénieur Fulgence Bienvenüe, le père du métropolitain.

Ce jeune ingénieur, né à Uzel en Bretagne, avait eu des malheurs. Il avait perdu le bras droit dans un grave accident de service, quand il travaillait aux chemins de fer de l'État. Il était alors entré dans l'administration de la Ville de Paris où il était devenu spécialiste des travaux d'adduction d'eau pour approvisionner la capitale en eau potable. En 1896, il fut chargé de la construction du métro par le conseil municipal, qui avait remarqué son sens de la responsabilité et son acharnement à la tâche.

Il devait consacrer sa vie au métro. Rien ne pouvait le rebuter. Il avait très tôt fait confiance à l'électricité, alors qu'il se chauffait lui-même au bois et qu'il s'éclairait à la lampe à pétrole. Au travail dès 5 heures du matin, il avait percé de couloirs la butte de Montparnasse pour y établir le croisement de quatre lignes. Il avait multiplié les couloirs en ellipses à des niveaux différents pour que les rames puissent s'arrêter sagement l'une au-dessous de l'autre. Il réussit ce miracle de mettre en relation, par la ligne n° 12, les deux quartiers les plus chauds de Paris — Pigalle et Montparnasse — et de permettre à la « crâneuse de Clichy », chère à Apollinaire, de choisir ses bars « à eau de Vichy » en naviguant, le soir, entre les deux buttes.

SAINT-PLACIDE

On ignore l'identité du martyr honoré par l'église sous le nom de Placide. Il aurait été massacré en Sicile par les Sarrasins. Mais le quartier Saint-Placide, qui donne son nom à une station, est environné de souvenirs du Paris des religieux. La maison de la princesse de Croÿ, dans l'ancienne rue du Regard où Louis XIII chassait la perdrix, avait changé de mains cent fois depuis le temps où un saint homme, Placide Roussel, était abbé de Saint-Germain-des-Prés au XVIIIe siècle. Les bons pères de Saint-Sulpice étaient alors les maîtres du quartier. Ils avaient survécu à la Révolution et même récupéré les biens des hôtels ou des châteaux pillés par les sans-culottes ou vendus comme bien nationaux pour financer la guerre. Ils avaient ainsi hérité de chandeliers d'argent qui ornaient jadis la chapelle du château.

Napoléon avait fait la paix avec le pape Pie VII. Il voulait se faire couronner à Paris, dans un luxe d'objets appartenant à l'ancienne monarchie. On signala aux organisateurs du sacre que les chandeliers d'argent seraient prêtés bien volontiers par les sulpiciens. Et Napoléon fut sacré, grâce aux sulpiciens de Saint-Placide, devant les chandeliers du roi Louis XVI.

Les sulpiciens furent très violemment attaqués par le gouvernement républicain qui réalisa la séparation de l'Église et de l'État en 1905. Ils durent alors quitter leur séminaire et trouvèrent refuge dans les anciennes écuries de la princesse de Croÿ. Le séminaire a aujourd'hui disparu. Il subsiste une promenade, où le curé de Saint-Sulpice peut lire son bréviaire. Mais la station Saint-Placide garde le souvenir d'un temps où la plus importante congrégation enseignante de Paris tenait son gîte au cœur de la rive gauche.

SAINT-SULPICE

La diagonale du Paris religieux se poursuit avec un arrêt devant l'église consacrée à saint Sulpice. Sulpice le Pieux, évêque de Bourges, avait été élevé au sacerdoce par saint Austregisille, son prédécesseur. Il avait été pris pour aumônier par le roi mérovingien Clotaire II. L'église de Saint-Sulpice portait son nom.

Étrange bâtisse de goût jésuitique, plus vaste que Notre-Dame, mais sans unité. Ses deux tours sont différentes. Six architectes y ont travaillé successivement. On a détruit une des tours pour la reconstruire dans un autre style, sans modifier la seconde. Pendant plus d'un siècle, maçons, charpentiers, sculpteurs ont travaillé. Elle n'a été achevée qu'en 1788.

Ouverte au culte pendant la Révolution, elle avait un curé jureur qui avait prêté serment à la constitution, au risque d'être excommunié par le pape. Il avait marié Camille et Lucile Desmoulins. Robespierre était leur témoin. L'église avait suivi les épisodes tragiques de la Révolution. Son curé avait disparu, elle avait été transformée sous la Terreur en temple de la Raison puis en temple de la Victoire où officiait La Révellière-Lépeaux, grand pontife d'un culte extravagant, la théophilanthropie, secte des « admirateurs de Dieu ». Mais personne ne se rendait au culte : on ferma l'église. Puis on s'aperçut qu'elle ferait un bel entrepôt à fourrage pour la cavalerie.

On la rouvrit sous le Directoire pour y donner des fêtes. Trois jours avant le coup d'État du 18 brumaire, en 1799, un grand banquet de sept cents couverts honora les deux généraux vainqueurs des armées d'Allemagne et d'Italie, Moreau et Bonaparte. Trois jours plus tard, Bonaparte prenait le pouvoir. Il s'empressa de faire installer, pour envoyer ses ordres aux préfets de province, le télégraphe Chappe sur les deux tours. Il pouvait ainsi communiquer instantanément avec Lyon et Bordeaux. Le Consul eut quand même le bon esprit de rouvrir Saint-Sulpice au culte. Les sulpiciens lui en furent reconnaissants.

SAINT-GERMAIN-DES-PRÉS

La belle église construite dans le style d'un donjon féodal dès le Xe siècle et accouplé au XIIe siècle à une nef de style gothique, ornée d'un portail qui célébrait les rois de Juda, était une dépendance de l'abbaye plutôt fermée aux paroissiens qui devaient fréquenter Saint-Sulpice. Non loin de là, rue Bonaparte, devait habiter et mourir un député de la Lorraine en 1789, l'abbé Grégoire. Comme le curé de Saint-Sulpice, il avait prêté serment à la constitution et défendait inlassablement à l'Assemblée les opprimés, les savants qu'on guillotinait, les Noirs encore esclaves aux Antilles, les Juifs dont il voulait faire des citoyens à part entière. Cet idéaliste perdu dans la tourmente de la Terreur avait échappé au pire mais ne parvint pas toujours à sauver ceux que l'intolérance condamnait à mort. Il s'était fait des ennemis à droite. Quand il fut élu en 1815 à la Chambre des députés de Louis XVIII, les ultraroyalistes le firent invalider : un prêtre jureur, excommunié par le pape, n'était pas digne d'entrer au Parlement.

À sa mort, on voulut l'enterrer dans l'église de sa paroisse : Saint-Germain-des-Prés. L'archevêque de Paris fit l'impossible pour empêcher le curé de célébrer la messe des morts ! Le curé passa outre. On fit pression sur les pompes funèbres pour qu'elles n'assurent pas le service du défunt. Des jeunes gens en colère se rassemblèrent sur le parvis de Saint-Germain-des-Prés et tirèrent eux-mêmes le char du défunt, jusqu'au cimetière du Montparnasse.

L'abbé maudit de la Restauration est entré au Panthéon en 1989. Avec Monge et Condorcet. Juste retour de la justice humaine : ses cendres reposent dans la seule église de Paris qui n'ait pas été rendue au culte après le Concordat.

ODÉON

Athènes ne comptait pas moins de quatre odéons : des théâtres où l'on donnait des spectacles musicaux. Sous Louis XVI s'était ouverte la première salle parisienne destinée aux comédiens français, sur l'emplacement de l'hôtel de Condé. Par crainte des incendies, on avait supprimé l'éclairage aux torches et aux bougies pour les remplacer par des lampes à huile, les quinquets. Ainsi les comédiens jouèrent-ils le 26 avril 1784 *Le Mariage de Figaro*. La pièce fit scandale. On osait se moquer de ceux qui s'était « donné la peine de naître ». Beaumarchais fut poursuivi.

Quelques années plus tard, les acteurs du « théâtre de la Nation » se prirent à regretter le roi et la monarchie. Ils furent à leur tour poursuivis, persécutés, emprisonnés : les hommes aux Madelonnettes, les femmes à Sainte-Pélagie. Mais la Révolution tourne, comme la roue de la fortune, et le spectacle continue. Après Thermidor, dont le soleil réchauffa les « merveilleuses », habillées de voiles de gaze, revint le temps de jouer des pièces musicales baptisées en France opérettes où des auteurs frivoles mettaient en scène des dieux grecs et des nymphes à demi nues. Désormais, l'Odéon prend place dans la géographie des spectacles parisiens. Place au chant et à la musique ! L'orchestre est réservé aux hommes, pour qu'ils puissent admirer à l'aise les beautés qu'on dévoile. Las ! Ce lieu ardent brûla en 1799. Tout Paris en fut illuminé. Le théâtre fut rouvert, mais l'Odéon n'est plus livré au chant et aux arts plastiques ; il n'est, au mieux, qu'une annexe de la Comédie-Française. La Restauration est passée par là.

SAINT-MICHEL

Le pont Saint-Michel a donné son nom à la place, au boulevard, à la fontaine, au quai et à la station de métro. Le pont lui-même tirait son nom de la chapelle Saint-Michel construite par le roi Louis VII, où Philippe Auguste avait été baptisé en 1165.

Le pont, d'abord en bois, fut construit en pierre par Hugues Aubriot en 1378. Il s'appelait alors Petit-Pont ou Pont-Neuf. Les glaces l'emportèrent. Rebâti, il reçut le nom de Saint-Michel en 1424 seulement. Détruit et reconstruit à plusieurs reprises, il fut finalement inauguré par Napoléon III en 1857, à son chiffre — le N impérial — sur les tabliers.

La dénomination de Saint-Michel date de la guerre de Cent Ans. Les rois de France vénéraient saint Denis, mais les Anglais avaient envahi la basilique. Force était au roi de Bourges de trouver un autre saint national. On pensa à l'archange du Mont-Saint-Michel, qui avait si bien défendu le site contre la flotte anglaise. Les Saint-Michel étaient alors légion dans les villages rebaptisés. Paris fit à l'archange l'honneur de son plus beau pont. On coula une statue dans la fontaine d'angle du boulevard, où il terrasse inlassablement le dragon. La fontaine était l'œuvre de Davioud, la statue de Duret.

« *Dans ce monument exécrable,*
On ne voit ni talent ni goût
Le diable ne vaut rien du tout
Saint Michel ne vaut pas le diable »,

écrivait un mauvais esprit sous forme de quatrain.

CITÉ Le métro Cité est l'un des plus rentables de Paris : il dessert à la fois l'Hôtel-Dieu, la préfecture de police, le Palais de justice et le tribunal de commerce. Le clou du quartier est la Sainte-Chapelle, œuvre de Saint Louis. On a pris garde que le métro passe au large de ses fondations, pour ne pas ruiner le plus précieux des monuments, que l'irrespectueux Viollet-le-Duc appelait, en raison de la minceur des parois de pierre et de l'importance des vitraux, la « cage aux rossignols ».

C'était moins une chapelle qu'un reliquaire : le roi avait acheté à Constantinople, à prix d'or, la « sainte couronne d'épines » enfermée dans trois cassettes de bois, d'argent et d'or. Il avait en outre acheté un morceau de la vraie croix. On avait ajouté un fragment de la lance qui avait percé le Christ, l'éponge qui avait servi à lui donner du vinaigre lors de sa passion, une partie de son manteau, de son linge, une pierre du Saint Sépulcre. Toutes ces reliques étaient enchâssées par la Sainte-Chapelle, la couronne et la Sainte Croix à l'étage supérieur. Les jours de fête, le roi présentait à la Cour rassemblée la couronne d'épines. Il ouvrait aussi la fenêtre située au fond de la chapelle supérieure pour montrer la précieuse relique au peuple agenouillé dans la cour.

Ainsi, la station Cité, qui donna à l'ingénieur Fulgence Bienvenüe tant de tablature, ouvre l'accès au plus ancien lieu de pèlerinage de Paris. Il est vrai que la couronne sainte est enfermée depuis 1804 dans le reliquaire de Notre-Dame. La Sainte-Chapelle n'a plus à offrir que ses vitraux sublimes aux verres teints dans la masse. Ils sont, en eux-mêmes, un trésor.

CHÂTELET Voir p. 35.

LES HALLES

Depuis que les Halles sont à Rungis, la station de métro Les Halles a changé de clientèle. Il ne reste rien des pavillons de fonte édifiés par l'architecte Baltard. Le dernier a été remonté en banlieue.

Les Halles étaient un lieu nocturne, entouré de restaurants, d'hôtels, de bistros. Les dix pavillons inaugurés par Napoléon III en 1857 étaient une révolution dans l'urbanisme. On avait rasé les vieilles Halles pour leur substituer un ensemble fonctionnel de rues couvertes, convenablement éclairées. L'hygiène était étroitement surveillée par les inspecteurs de la Ville de Paris. Le transport des marchandises se faisait par voitures à cheval, les gares étant assez éloignées. Le charroi ébranlait toute la nuit les maisons du quartier.

Zola, pour écrire *Le Ventre de Paris* avait minutieusement observé les petits métiers des Halles, de la fleuriste qui récupérait les fleurs perdues pour les vendre à la pièce jusqu'aux tueurs de pigeons qui s'installaient sur le carreau des Innocents, débitant les volatiles à la douzaine. Les clapiers, les poulaillers étaient impressionnants. Les marchands de légumes et de fruits charriaient leurs lourdes voitures à bras depuis Argenteuil ou Montreuil. D'autres marchandes, dites des quatre-saisons, les prenaient en charge pour fournir la clientèle de quartier. Les forts des Halles, au Premier Mai, présentaient leurs bouquets de muguet à l'empereur, qui les recevait rituellement. La station de métro, ouverte en 1910, était assurée de trouver une clientèle.

ÉTIENNE-MARCEL

Étienne Marcel était prévôt des marchands de Paris quand il mourut en 1358. Pourquoi le métro a-t-il gardé le souvenir de ce personnage lointain, perdu dans les brumes de l'histoire médiévale ? Parce que la rue Étienne-Marcel, construite entre la place des Victoires et le boulevard de Sébastopol, a été inaugurée en 1880. À cette date, la IIIe République vient de s'installer. Le conseil municipal de Paris est républicain radical de gauche, comme Clemenceau. Il veut honorer dans l'histoire ceux qui ont incarné le progrès continu du pouvoir populaire contre l'absolutisme royal. Étienne Marcel est considéré comme un bourgeois résistant de toutes ses forces au pouvoir royal, le défenseur des intérêts des Parisiens, pendant la période troublée de la guerre de Cent Ans, un patriote enfin qui menait la guerre contre les Anglais.

En fait, le prévôt menait la guerre civile contre le dauphin Charles, futur Charles V et ameutait contre lui les États généraux. Il n'avait pas hésité à faire tuer ses conseillers et à faire appel aux Anglais et au roi de Navarre pour faire la guerre au dauphin, qui avait réussi à quitter la capitale. Le grand prévôt fut assassiné sous les murailles. Les Parisiens ne lui pardonnaient pas d'avoir ouvert les portes aux ennemis.

Les radicaux de 1880 ne virent rien de tout cela. Ils honoraient en Étienne Marcel l'auteur d'une constitution communale, le marchand-drapier qui voulait, par les États généraux, contrôler le pouvoir du roi. Il était, en somme, républicain. C'est ainsi que l'on peut lire sur les murs du métro le nom d'un maire de Paris qui a ouvert sa ville aux Anglais et aux Gascons.

RÉAUMUR-SÉBASTOPOL

Voir p. 86.

STRASBOURG-SAINT-DENIS

Ce n'est pas un jumelage de villes entre Saint-Denis la rouge et Strasbourg la blanche. Pourtant, la plaque du métro rassemble deux mythes français. La ville de Strasbourg a sa statue place de la Concorde. Elle a été longtemps voilée de crêpe, en signe de deuil, pour l'anniversaire de l'annexion de 1871, par les Alsaciens de Paris. Car les Allemands ont fait main basse sur la capitale de l'Alsace de 1871 à 1918 puis de 1940 à 1944. Strasbourg symbolisa la France amputée, puis la France reconstituée.

Deuxième mythe, Saint-Denis la rouge, la ville, dans les années trente, du communiste Jacques Doriot qui devait devenir pro-nazi pendant la guerre. Mais Saint-Denis est surtout rouge de la bannière des rois de France qui avaient coutume de crier avant la bataille, en élevant l'oriflamme : « Montjoie et saint Denis ! » Ils vénéraient saint Denis et se faisaient enterrer dans la crypte de la basilique. Denis, premier évêque de Paris, martyrisé au IIIe siècle sur les flancs de la butte Montmartre, était devenu le saint tutélaire des rois de France. L'alliance de Strasbourg et de Saint-Denis fait appel à deux mythes profonds : elle n'est pas absolument illégitime.

CHÂTEAU-D'EAU

La station Château-d'Eau est toute proche de la place de la République et lui doit son nom. Jadis, en effet, il n'y avait pas de place en ce lieu, mais un simple carrefour entre les boulevards du Temple et Saint-Martin. Sous le carrefour couraient deux grands égouts de la capitale. On crut bon d'y amener aussi l'eau courante, pour des raisons d'hygiène. L'eau venait du réservoir assez proche de la Villette. Girard construisit en 1811 une grande fontaine au centre du carrefour, faite de trois bassins superposés de treize mètres de diamètre et cinq mètres de hauteur. Le monument disposait huit lions en fonte autour de la fontaine. Les jets d'eau sortaient de leur gueule. La fontaine prit le nom de château d'eau.

Le baron Haussmann et ses démolisseurs percèrent le quartier autour de la fontaine. Elle devint d'un coup minuscule au centre d'un très vaste ensemble. On déplaça à la Villette la fontaine de Girard, et Davioud la remplaça par une autre, plus vaste. La place conserva le nom de Château-d'Eau, ainsi que la vaste caserne que l'on construisit sur l'un de ses côtés. Elle ne changea de nom qu'en 1884 quand on dressa en son centre l'immense groupe sculpté représentant la République. Mais il existait toujours une rue du Château-d'Eau qui reliait la place au faubourg Saint-Denis. Le nom de la station de métro était donc justifié. Elle garde cependant le souvenir de l'époque où les lions de bronze crachaient mélancoliquement l'eau de la Villette.

GARE-DE-L'EST

La gare de l'Est, dans sa sobre façade, évoque des souvenirs tragiques : sortant du métro, les réservistes s'y sont présentés pour embarquer dans les premiers jours du mois d'août 1914. Ils rejoignaient les villes de garnison de l'Est : l'empereur d'Allemagne Guillaume II avait déclaré la guerre à la France.

La gare et la ligne Paris-Strasbourg avaient été inaugurées par l'empereur Napoléon III en 1852. Il avait pris place dans la locomotive avant l'arrivée à Strasbourg, où flottait depuis Louis XIV le drapeau français. Quand les soldats de 1914 prirent le train, ils n'allaient ni à Metz ni à Strasbourg. Ces villes étaient allemandes et voyaient débarquer, par le train, des réservistes allemands. Les mobilisés français partaient pour Lunéville s'ils servaient dans la cavalerie, pour Belfort s'ils étaient dans l'infanterie de forteresse, à moins qu'ils ne rejoignent la « division de fer » casernée à Nancy. Une division que commandait, depuis le palais du gouvernement de la ville, un certain Ferdinand Foch. Il dut lui-même prendre le train à la gare de l'Est pour rejoindre son corps. Car le 4 août il était en vacances dans son domaine de Bretagne. Il fut rappelé d'urgence comme des millions d'autres. En quatre ans de guerre, les mobilisés partant de Paris ne garderaient comme derrière image de la capitale que le visage en larmes des Parisiennes sur les quais de la gare de l'Est.

GARE-DU-NORD Monsieur le baron aime le chemin de fer. La station de métro Gare-du-Nord n'existe pas encore quand le baron James de Rothschild, créateur du premier réseau de chemin de fer français sous Louis-Philippe, prend le train à l'embarcadère de son réseau, inauguré officiellement le 25 juin 1846.

C'est la ligne la plus rentable de France ; elle assure la liaison entre la capitale et les industries prospères du Nord et du Pas-de-Calais, rejoint, par Calais, l'Angleterre, le moteur économique de toute l'Europe d'alors, voire du monde entier. La gare du Nord dessert aussi la Belgique et la Hollande, dont les industries sont actives depuis le Moyen Âge. En 1863, la gare, en pierre de taille, remplace l'ancien embarcadère : elle offre aux Parisiens sa façade de temple grec, avec ses caryatides géantes représentant les villes du Nord.

James est châtelain. Il a acheté, dans l'est parisien, le château de Fouché, ministre de la Police de Napoléon, un bien national confisqué à l'Église pendant la Révolution. Le baron James rase la bâtisse du ministre et fait édifier un château de goût anglais à Ferrières-en-Brie, faisant venir du bout du monde les arbres qui décorent son parc. Pour y accéder rapidement, il lui manque une ligne de chemin de fer. Il fait construire une bretelle, qui aboutit à Ozoir-la-Ferrière. Chaque week-end le cocher vient l'attendre pour le conduire au château, suivant une longue allée bordée d'ifs, de platanes et de thuyas. Monsieur le baron donne l'exemple : il prend le train !

BARBÈS-ROCHECHOUART

Voir p. 63.

CHÂTEAU-ROUGE La station de métro ne ment pas : Château Rouge est vraiment un château, de briques et de pierre (d'où son nom) construit en bordure de la chaussée de Clignancourt dans le nord de Paris. Le constructeur-propriétaire était fort riche. Il s'appelait Christophe et aimait le silence des parcs.

Il racontait que Gabrielle d'Estrées avait jadis rencontré Henri IV en ce lieu : vantardise de nouveau riche !

Il est vrai que le Château Rouge de l'intendant Christophe devait entrer à plusieurs reprises dans l'histoire. En 1814, quand l'empereur Napoléon avait imprudemment confié la défense de Paris au roi Joseph son frère. Celui-ci donna l'ordre aux maréchaux de traiter avec le tsar et le roi de Prusse. C'était au Château Rouge. En 1847, dans le même lieu, qui abritait désormais le *Bal du Château-Rouge*, douze cents Parisiens cossus, en redingotes de bourgeois, se rassemblèrent pour exiger du roi Louis-Philippe la réforme électorale. Ce banquet de la réforme était le premier d'une longue série qui devait conduire à la révolution de 1848. En 1871 enfin, le Château Rouge fut, pendant la Commune de Paris, le siège de ce comité du XVIIIe qui condamna à mort et fit exécuter les généraux Lecomte et Thomas, donnant ainsi le signal de la sanglante guerre civile. Pour ces trois raisons, le métro Château-Rouge évoque plus d'un détour dans l'Histoire de France.

MARCADET-POISSONNIERS

Monsieur Marcadet n'était pas poissonnier. Marcadet n'est pas un nom de personne, il désigne un ancien marché établi au Moyen Âge sur la route des foires du Lendit. Le lieu s'appelait la Mercade. On en a fait sous le Second Empire la rue Marcadet. Les Poissonniers avaient une rue à leur nom dès le Moyen Âge. Le chemin des Poissonniers était fréquenté par les mareyeurs qui apportaient dans la capitale le poisson pêché par les marins des ports de la mer du Nord. Quand le baron de Rothschild construisit, sous Louis-Philippe, le chemin de fer du Nord, la marée prit le train, pour arriver plus tôt et plus fraîche sur la table des Parisiens. Mais le nom de la rue des Poissonniers ne fut pas modifié, pas plus que celui de la rue Poissonnière : le transport des poissons pêchés à Boulogne se faisait encore largement à dos de cheval. Les poissonniers étaient en même temps des rouliers qui avaient soif, d'où l'abondance des cabarets et des buvettes le long de la rue. Il en était de même rue Marcadet. Les harengs du Nord permettaient aux marchands de bière fraîche de faire aussi leurs affaires dans ce quartier de la capitale.

SIMPLON

La rue du Simplon se termine dans la rue du Mont-Cenis. L'histoire a transporté dans Paris la géographie des Alpes.

La rue fut inaugurée par les conseillers municipaux du quartier en 1877. Elle dépend pour partie de la commune de Montmartre. A-t-elle reçu pour cette raison un nom de montagne ?

Le Montmartre n'est certes pas le mont Blanc mais en 1877 les édiles se soucient de badigeonner de teintes neutres les rues explosives des quartiers ouvriers. Personne, pense-t-on, n'aura l'idée de faire des rassemblements révolutionnaires dans l'anonyme rue du Simplon. Dans ce XVIIIe arrondissement révolutionnaire, on ne saurait trouver de noms trop insignifiants. On pense que l'évocation de l'air des cimes calmera les ardeurs républicaines des ouvriers socialistes.

Le quartier était-il habité déjà par des émigrants italiens ? Le Simplon, le mont Cenis évoquent les routes des Alpes. Le métro, sans crier gare, a percé ses tunnels sous ce Simplon en macadam.

PORTE-DE-CLIGNANCOURT

Clignancourt est un village. La population est vite grouillante et remuante car le nord de Paris, sous le Second Empire, se couvre d'usines et d'ateliers attirant une main-d'œuvre nombreuse. Les nouveaux habitants viennent surtout de province mais aussi de l'étranger : des Belges, des Allemands. Le village de Clignancourt grandit sans cesse et quand le métro ouvre ses portes, il accueille une clientèle populaire qui se rend le samedi soir à Strasbourg-Saint-Denis, pour se promener sur les grands boulevards, jusqu'à l'Opéra et la Madeleine.

Pour leurs achats, les femmes de Clignancourt n'ont pas besoin de rejoindre en métro le *Bon Marché* ou le *Bazar de l'Hôtel-de-Ville*. L'astucieux Dufayel a installé sur place d'immenses magasins pourvus du chauffage central par chaudières à charbon. Les ménagères y ont plus chaud que dans leurs logis. Elles achètent des lits et des tables, des outils et de la vaisselle, et même de la nourriture. Ce *Palais de la Nouveauté* pratique des prix défiant la concurrence et le crédit à bon marché. Dufayel est bientôt assez riche pour faire de la « réclame » dans le métro et attirer à Clignancourt les élégantes des quartiers huppés, soucieuses de faire de bonnes affaires. Dufayel a recommandé au sculpteur Falguière, qui a moulé des entrées de métro, de réaliser pour son Palais des portes de bronze et des caryatides géantes qui font de son bazar un musée national. Rien n'est trop beau pour le roi de Clignancourt.

RER

LUXEMBOURG

La station Luxembourg était, en 1939, le terminus du métro Ligne de Sceaux. Elle desservait le quartier des universités tandis que Port-Royal donnait accès aux trois hôpitaux Saint-Vincent-de-Paul, Baudelocque et Cochin sans compter l'hôpital militaire du Val-de-Grâce.

À Denfert-Rochereau, où la ligne raccordait avec le métropolitain, était construite la gare d'origine de la voie S.N.C.F. jadis dessinée par l'ingénieur Claude Arnoux et inaugurée en 1846. Le train allait alors jusqu'à Sceaux. Il fut ensuite prolongé, à partir de Bourg-la-Reine, jusqu'à la vallée de Chevreuse. Cette Ligne de Sceaux, concédée au métropolitain en 1937, fut entièrement électrifiée en 1938.

Elle fut prolongée en 1977 depuis la station Luxembourg (ancien terminus depuis 1892) jusqu'à la station du R.E.R. Châtelet-Les Halles. En 1983, l'« interconnexion » des réseaux permit une liaison continue par R.E.R. entre le nord et le sud : les lignes B2 (Sceaux, Robinson) et B4 (Saint-Rémy-lès-Chevreuse) rejoignaient, par Cité-Universitaire et Denfert-Rochereau, la ligne doublée du métro n° 4, traversaient Paris en s'arrêtant seulement aux stations Saint-Michel-Notre-Dame, Châtelet-Les Halles et Gare-du-Nord, avant d'éclater dans trois directions : la première (B3), par Aubervilliers-La Courneuve, Le Bourget et Drancy gagne l'aéroport Roissy-Charles-de-Gaulle. La seconde (B5) aboutit à la gare S.N.C.F. de Mitry-Claye. La troisième direction (D1) par Saint-Denis, qu'elle dessert, gagne plein nord Orry-La-Ville-Coye.

Un doublement, puis un triplement de la ligne de métro n° 4 a ainsi permis la traversée rapide de Paris par l'axe nord-sud. La reprise des lignes de banlieue S.N.C.F. et leur raccordement au métropolitain crée à Châtelet le croisement absolu, à angle droit parfait, des tracés nord-sud et ouest-est.

PORT-ROYAL

Les femmes étaient admises à l'abbaye de Port-Royal fondée dans un lieu sauvage de la vallée de Chevreuse au XIIIe siècle. Rien que les femmes. Mais le site de Port-Royal-des-Champs était fort insalubre et les religieuses n'étaient pas toujours sûres de goûter une retraite forcée. Le lieu était sinistre. La jeune Jacqueline Arnaud, d'une illustre et riche famille parisienne, avait été nommée à sept ans coadjutrice de l'abbesse. Elle devint plus tard abbesse, sous le nom de mère Angélique. Elle avait eu longtemps la nostalgie de la vie parisienne avant de se décider à cloîtrer l'abbaye et à y faire régner la vertu la plus stricte. Les religieuses n'étaient pas restées longtemps à Port-Royal-des-Champs. Elles avaient fondé Port-Royal-de-Paris en 1625, dans l'hôtel de Clagny. Cette dernière maison, qui dépendait de Port-Royal-des-Champs, devint par la suite un centre d'allaitement, puis une maternité. Les sœurs — est-il utile de le préciser ? — n'y étaient plus.

M 5

PLACE-D'ITALIE – PORTE-DE-PANTIN

Place-d'Italie – Bobigny-Pablo-Picasso

Place-d'Italie
Campo-Formio
Saint-Marcel
Gare-d'Austerlitz
Quai-de-la-Rapée
Bastille
Breguet-Sabin
Richard-Lenoir
Oberkampf
République
Jacques-Bonsergent
Gare-de-l'Est
Gare-du-Nord
Stalingrad
Jaurès
Laumière
Ourcq
Porte-de-Pantin
Hoche
Église-de-Pantin
Bobigny-Pantin-Raymond-Queneau
Bobigny-Pablo-Picasso

La ligne n° 5 est à peu près parallèle à la ligne n° 4 dans le sens nord-sud, mais elle dessert l'est parisien. Elle était considérée par la direction du métro comme prioritaire puisqu'elle fut mise en service, pour l'essentiel, en décembre 1906. Pour gagner du temps, on avait jeté un viaduc sur la Seine au lieu de renouveler la coûteuse expérience du passage du tunnel sous le fleuve. La ligne joignait la place d'Italie à la station Lancry aujourd'hui appelée Jacques-Bonsergent. Le 15 novembre 1907, la ligne fut prolongée jusqu'à la gare du Nord : elle rejoignait donc deux gares importantes. L'intérêt pour le public était tel qu'on décida de la prolonger en pleine guerre jusqu'à Église-de-Pantin (1942). En 1985, le tracé fut poursuivi jusqu'à la ville nouvelle de Bobigny.

PLACE-D'ITALIE La place d'Italie était jadis l'emplacement de la barrière d'Italie qui faisait entrer dans la capitale l'antique voie romaine de Lyon et de Rome. L'empereur Napoléon III, auteur de l'unité italienne et pourfendeur des armées autrichiennes en Italie, a donné son nom à la place et à l'avenue. Le métro a gardé le souvenir de cette époque italianissime où les Français se faisaient tuer pour que l'Italie devînt une nation. Un général y a trouvé la mort, avant que Napoléon III ne fût couronné empereur. C'était le dimanche 25 juin 1848. Cavaignac, chef du gouvernement républicain, avait décidé de purger les quartiers ouvriers des émeutiers de la gauche parisienne. Il avait envoyé à la barrière d'Italie le général Bréa de Ludre et ses adjoints, le colonel Clément Thomas et le commandant Mangin. Ils furent mal reçus : les ouvriers en armes insultèrent Bréa, le giflèrent alors qu'il tentait d'éviter l'effusion de sang. Pris en otage, il fut assassiné par un fanatique, Daix. Le commandant Mangin fut tué à coups de hache. Le seul survivant, Clément Thomas, devait mourir fusillé à Montmartre au début de la guerre civile de la Commune, en 1871. Ni Clément Thomas ni Mangin n'ont de rues dans Paris. Le général Bréa a la sienne, à Montparnasse. On n'a pas cru bon de rappeler le souvenir de sa mort, à la barrière d'Italie.

CAMPO-FORMIO La plupart des rues dédiées aux célébrités du Premier Empire l'ont été sous le Second. La station Campo-Formio rappelle le traité du 17 octobre 1797 imposé par Bonaparte aux Autrichiens à la suite de la brillante série de victoires de l'armée d'Italie.

La station est la seule qui rappelle un traité. Il n'y a pas dans le métro d'arrêt Westphalie ou Traité-de-Versailles. Mais la gloire de Bonaparte après Campo-Formio était éblouissante. Le général qui mettait fin à la guerre était l'idole de Paris. Son pâle neveu voulait hériter d'un rayon de cette gloire. La nouvelle rue fondée en 1851 remplaçait un chemin des Étroites-Ruelles qui conduisait à un village situé hors de l'enceinte de Paris et baptisé Austerlitz en souvenir de la victoire de Napoléon Ier remportée sur le plateau de Pratzen le 2 décembre 1805. Le chemin des Étroites-Ruelles pouvait-il conduire au soleil d'Austerlitz ? On jugea sans doute plus convenable de lui donner le nom de Campo-Formio qui n'était pas une victoire, mais un traité de paix.

SAINT-MARCEL Un des plus anciens cimetières de la capitale avait été tracé sur le territoire de Saint-Marcel, village situé sur une colline dominant la Bièvre qui se jette dans la Seine. Marcel était le neuvième évêque de Paris. Il passait pour avoir délivré la capitale d'un dragon qui la menaçait. Une chapelle, puis une église, puis une église collégiale avaient été bâties en son nom. Ses reliques étaient tombées entre les mains des chanoines de Notre-Dame-de-Paris. Une des tombes du cimetière, celle du théologien Pierre Lombard, rappelle une histoire qui courait dans les milieux étudiants de la Sorbonne. Lombard était le précepteur de Philippe de France, choisi par Louis VI pour enseigner la théologie à l'héritier du trône. « Sire, dit Lombard au roi. Votre fils a la barbe trop longue. Il doit donner le bon exemple et se faire aussi couper les cheveux plus court. — Dites-le-lui vous-même », répondit le roi.

Le prince héritier est marié et sa femme, Éléonore de Guyenne, lui adresse de vifs reproches : « Si tu es soumis corps et âme au maître des *Sentences*, je suis résolue à quitter la Cour. »

Ce qu'elle fit. Pierre Lombard n'en reçut qu'un surcroît d'autorité. Longtemps après sa mort, les étudiants de la Sorbonne devaient assister à la messe anniversaire. Sans barbe ni cheveux longs. Ceux qui s'y dérobaient devaient payer un demi-écu d'or au chapitre de Saint-Marcel. On ne plaisantait pas avec la théologie au XIIe siècle.

GARE-D'AUSTERLITZ La gare d'Austerlitz était l'embarcadère des gens de Toulouse et de Bordeaux, la porte parisienne du Paris-Orléans-Midi :

le P.O. de l'ancien réseau. La relier par le métro aux gares de Lyon, du Nord et de l'Est était un impérieux objectif à réaliser sans retard. Sous l'immense verrière, les trains débarquaient chaque jour une marée d'Occitans qui demandaient, dès leur arrivée, où était la station de métro.

Ayant pris la décision de jeter un pont sur la Seine, Bienvenüe retrouvait les problèmes du métro aérien, qui devait faire appel à des techniques différentes de décoration. Il demanda à Jean Camille Formigé de dessiner les piles, les décors de fonte moulée. Formigé donna son style au métro aérien en imaginant des colonnades de fonte qui ressemblaient à des piliers de temples grecs.

La cohérence du thème était frappante : rien d'improvisé dans les moulures, un dessin d'ensemble concerté, adapté aux situations particulières. Un spécialiste de la construction métallique, Louis Biette, fut requis pour lancer le viaduc d'Austerlitz. L'époque était aux poutrelles et aux rivets : pourquoi pas un pont métallique ?

Le viaduc, en fait le plus long des ponts de Paris, avait une portée de cent quarante mètres. La partie rectiligne où, derrière un tablier circulait le métro, était suspendue à deux grands arcs articulés. La prouesse technique était digne de la victoire du 2 décembre 1805. Elle était plus utile aux Parisiens, permettant de réaliser la première liaison nord-sud quatre ans avant la construction de la ligne n° 4.

QUAI-DE-LA-RAPÉE

Une station aérienne, à l'endroit où jadis on traversait le fleuve en bac. Le quai tire son nom d'un hôtel de la Rapée. Jadis s'accumulaient le long de la rivière des entrepôts de plâtre. On réunissait aussi sur la berge les troncs venus du Morvan par flottage, qui étaient sciés, débités pour les charpentes des maisons et des églises. Les menuisiers venaient s'y fournir en bois de chêne. Le reste était réservé au chauffage car tous les immeubles parisiens étaient chauffés au bois.

On avait dégagé un espace nécessaire pour enterrer les protestants, du côté du port au Plâtre. Au XVIIIe siècle, ils n'avaient toujours pas droit à des sépultures chrétiennes. On les admettait seulement dans l'enclos pour les protestants étrangers du quai de la Rapée.

Mais les protestants, méfiants, craignaient que les corps ne fussent jetés dans le fleuve. Ils s'entendirent avec les maîtres des chantiers, eux-mêmes adeptes de la religion réformée, pour se faire enterrer dans leurs propriétés. Ainsi les plus grands noms de la huguenoterie parisienne, les Delessert, les Mallet, les De Witt trouvèrent-ils leurs tombeaux parmi les bûches, les poutres et les sacs de plâtre, sur le quai de la Rapée.

BASTILLE Voir p. 38.

BREGUET-SABIN

Encore un mariage de circonstances, imposé par le métropolitain. Breguet est le nom d'une famille suisse et protestante. Le grand-père se nomme Abraham Louis. Il est né à Neuchâtel en 1747. C'est le roi du chronomètre de marine pour la marine suisse, bien sûr. Il fabrique des montres inouïes qui enregistrent les plus petites fractions de temps. Des montres qui ne se dérèglent pas. Son petit-fils, Louis, est né à Paris. La famille s'est acclimatée dans la capitale, la tolérance religieuse étant assurée. Louis fabrique comme son grand-père des instruments de précision mais son heure de gloire est la construction des télégraphes. Le pouvoir politique s'intéresse de près à ses découvertes : quoi de plus utile que le télégraphe pour faire la guerre mais aussi pour prévoir et combattre les révolutions ?

Louis avait un petit-fils, Louis. Les Breguet sont une famille de grands-pères. Ils s'illustrent en sautant à chaque étape une génération. Louis II, donc, né à Paris en 1880, fut également un inventeur et un génial mécanicien de précision. Il a dessiné et fabriqué des avions. C'est l'inventeur du célèbre Breguet Deux-Ponts qui vola en 1955 mais aussi du Breguet XIX qui permit à Costes et Belmonte de traverser l'Atlantique d'est en ouest.

Quant à Sabin, il n'est pas l'inventeur Albert Sabin, de nationalité américaine, qui a mis au point un vaccin contre la poliomyélite mais Charles Angelenne de Saint-

Sabin, échevin de Paris en 1777 quand on lui donna le nom d'une rue. Il n'a donc rien à voir avec les Breguet.

RICHARD-LENOIR

Pour une fois une alliance du métro légitime : celle de Richard et de Lenoir, associés dans la vie au point que Richard, quand Lenoir mourut, voulut s'appeler Richard-Lenoir.

François Richard, Normand né en 1765, avait été garçon de magasin à Rouen puis garçon de café à Paris avant de faire fortune par une spéculation heureuse sur les basins (tissus d'ameublement croisés de fil et de coton). Il s'était associé en 1797 avec Lenoir Dufresne pour produire ensemble les basins jusque-là importés d'Angleterre. La guerre entreprise par Napoléon contre la Grande-Bretagne fit leur fortune. Ils devinrent des hommes indispensables, au même titre que les créateurs des usines de sucre de betterave.

Mais le Blocus continental avait ses inconvénients : pour fabriquer les basins, force était d'importer du coton et les Anglais bloquaient les mers. Richard-Lenoir fut ruiné.

Haussmann se souvint des industriels courageux qui avaient fait la prospérité de l'Empire. Il leur consacra un boulevard, au-dessus du canal Saint-Martin qu'il avait fait recouvrir. Dans ce quartier d'industriels et d'artisans, le nom des deux entrepreneurs ne détonnait pas. N'avaient-ils pas fait la preuve de l'inventivité des chefs d'entreprise français dans une période de crise particulièrement sévère ?

OBERKAMPF

Guillaume Oberkampf avait-il une fabrique dans le quartier ? Graveur à Mulhouse, puis coloriste à la manufacture de l'Arsenal, cet industriel d'origine bavaroise avait été couvert de gloire par Napoléon. Il avait fondé en 1759, à Jouy, sa première usine de toiles imprimées à l'aide de planches de cuivre gravées. En 1806, Napoléon visita ses ateliers : impressionné par son travail, il détacha sa croix de la Légion d'honneur pour la lui remettre sur-le-champ.

Oberkampf avait installé à Essonnes une des premières manufactures françaises de coton pour compenser l'absence de coton anglais. Mais la paix de 1815 ruina son entreprise car les Anglais vendaient leurs cotonnades à meilleur marché dans les villes et ports du continent européen.

L'industriel mourut l'année de Waterloo, en 1815. Napoléon n'avait pas eu le temps de l'honorer comme il le méritait. Son neveu lui dédia la rue de Ménilmontant débaptisée. Cette rue en pente est dangereuse : Jean-Jacques Rousseau s'y fit jadis renverser par le chien du seigneur Le Peletier de Saint-Fargeau. Le métro est plus sûr. Les chiens de milliardaires n'y sont pas admis.

RÉPUBLIQUE Voir p. 88.

JACQUES-BONSERGENT

La station s'appelait à l'origine Lancry, du nom de l'obscur propriétaire des terrains où la rue de Lancry avait été ouverte. On lui donna en 1946 le nom de Jacques-Bonsergent.

Le jeune homme était né en 1912 à Malestroit où son père était minotier. Après ses études à Lorient il était entré à l'école des arts et métiers d'Angers. Après la défaite de 1940, il avait été engagé dans une fabrique de machines-outils à la Plaine-Saint-Denis. Accusé par les Allemands d'avoir molesté l'un des leurs, il fut condamné à mort. Le recours en grâce fut rejeté. Fusillé à Paris le 23 décembre 1940, Jacques Bonsergent mourut courageusement, sans dénoncer ses camarades. Il était le premier d'une longue lignée de martyrs parisiens.

GARE-DE-L'EST Voir p. 110.

GARE-DU-NORD Voir p. 111.

STALINGRAD Voir p. 64.

JAURÈS Voir p. 65.

LAUMIÈRE

Une avenue triomphale du XIXe arrondissement porte le nom du brave général Vernhet de Laumière. Il était artilleur et ses canons étaient pointés sur les soldats mexicains du chef indien Juarez qui ne voulait pas entendre parler des Français au Mexique.

Le général avait-il contracté le *vomito* ? C'est la fièvre paludéenne qui emportait les soldats à leur débarquement à Vera Cruz. Seules les recrues venues des Antilles résistaient à la terrible maladie endémique. Les Français respiraient mieux sur le plateau de Mexico où ils avaient entrepris, pendant le Second Empire, d'installer un archiduc d'Autriche proclamé empereur du Mexique.

Laumière avait dû forcer la citadelle de Puebla, sur la route de Mexico, en faisant tirer le canon. Le siège avait été long, difficile ; plusieurs fois blessé, le général s'était finalement tiré du guêpier. Mais il ne devait pas survivre longtemps à la décevante expédition : il mourut de ses blessures à la fin de la conquête en 1863. Les généraux de Napoléon III n'ont pas été maltraités dans les rues de Paris : Niel, Mac-Mahon sont présents. Pourquoi pas Laumière ? Il est le seul à posséder une station dans le métro. L'honnête artilleur doit ce choix aux hasards de la topographie.

OURCQ

La station Ourcq est celle du canal de l'Ourcq qui relie la rivière du même nom et la Seine, par le bassin de la Villette. L'Ourcq est une petite rivière charmante qui descend des pays de l'Aisne et se jette dans la Marne. On s'aperçut très vite qu'il y avait intérêt à pousser les chalands qui descendaient le cours de l'Ourcq jusqu'à la Seine. Ainsi furent creusés les cent huit kilomètres d'un canal qui permettait aux péniches de l'Ourcq de glisser jusqu'à Paris.

Canal stratégique, en cas d'invasion. Tragique rivière qui devait servir de champ de bataille du 5 au 9 septembre 1914 quand l'armée de secours du général Maunoury attaqua, selon les ordres de Joffre, le flanc droit de l'armée allemande. On se battit furieusement sur l'Ourcq.

Mais ce n'est pas pour cette raison que l'Ourcq donna son nom à une rue de Paris. C'était en 1868. La municipalité, à court d'imagination, ne chercha pas plus loin que le canal qui, il est vrai, donnait au quartier son âme.

PORTE-DE-PANTIN La porte est détruite mais le village de Pantin est devenu une ville. Les fortifications empêchaient jadis toute extension : au-delà des « fortifs » s'entassaient les baraques en bois des émigrés — Badois, Belges, Italiens — après la guerre, Espagnols. Une nouvelle ville a grandi, à l'époque post-industrielle. On a oublié au village la résistance française aux Prussiens et aux Russes pendant la bataille de Paris en 1814. La garde royale prussienne, une magnifique troupe, avait été dirigée sur Pantin. Ces quatre mille soldats n'avaient pas combattu depuis leur passage du Rhin, ils entrèrent vivement dans le village, débusquant à la baïonnette les fantassins français qui tiraillaient. Le général Alberstern, qui dirigeait la garde, décida alors de s'aventurer dans le vallon. Mal lui en prit : les soldats français de Secrétan et de Boyer de Rebeval, regroupés, firent pleuvoir sur les Prussiens une grêle de mitraille devant Pantin. Les batteries tirant du Pré-Saint-Gervais avaient fait un carnage. Cette bataille ne sauva pas l'armée du maréchal Marmont, elle n'empêcha pas la capitulation de Paris, mais elle donna du baume au cœur des habitants de Pantin occupés par les Prussiens.

HOCHE Le général Hoche a une avenue à l'Étoile mais pas de station de métro. La ville de Pantin a cru bon d'honorer un des généraux républicains les plus valeureux, aujourd'hui accusé d'avoir participé à la guerre civile de Vendée. Il est mort à Wetzlar, en Prusse, le bouillant grenadier des gardes-françaises, arrivé par le rang au grade de capitaine en l'an II. Carnot l'avait nommé à vingt-quatre ans chef de bataillon à l'armée du Nord, puis commandant en chef de l'armée de la Moselle. Il avait remporté des victoires étincelantes, avant d'être dénoncé par un général jaloux (Pichegru) devant le Comité de salut public. Pacificateur de la Vendée après Thermidor puis commandant en chef de l'armée de Sambre-et-Meuse, il mourut à vingt-neuf ans, de phtisie, à son quartier général. Avec Kléber et Marceau, Jourdan et Moreau, il fut l'un des plus éblouissants généraux de la Révolution. Sa famille, restée royaliste, refusa le transfert de son corps au Panthéon. La municipalité de Pantin, républicaine, considéra au contraire qu'elle s'honorait en donnant le nom d'une rue au héros de l'an II.

ÉGLISE-DE-PANTIN C'est l'église des réfugiés, des exilés, des étrangers qui campent aux barrières de Paris. Du moins dans les années 30-50 car, depuis le développement de Bobigny, Pantin est devenue une ville résidentielle aux immeubles résolument modernes. La petite église Saint-Germain-l'Auxerrois, construite au XVIIe siècle, est restée en place. À la gare, un souvenir atroce : le dernier train en partit le 15 août 1944 à destination des camps de la mort. Les patriotes de la Résistance encore détenus à la prison de Fresnes y avaient été conduits, une semaine avant le début des combats de la libération de Paris. Bien peu rentrèrent. Une plaque est posée dans la gare, depuis 1955.

BOBIGNY-PANTIN-RAYMOND-QUENEAU Les gens de lettres sont rares dans le métro. Il faut croire qu'en 1985, quand on inaugura le prolongement de la ligne n° 5 d'Église-de-Pantin jusqu'à Bobigny, les responsables avaient davantage le goût de la littérature puisqu'ils honorèrent l'académicien Goncourt Raymond Queneau. Il est vrai qu'il avait écrit l'immortelle *Zazie dans le métro* : ce surréaliste aux mots cocasses, à l'ironique fantaisie dépeignant sans relâche un monde de fantoches, avait assurément sa place dans le métro de Pantin bien qu'il fût né au Havre pour une raison assez simple : il était de ceux, assez rares dans sa génération, que l'on pouvait lire dans le métro, pour sa verve drue, ses inventions verbales, son sens poétique et son attention au langage populaire.

BOBIGNY-PABLO-PICASSO

La ville nouvelle de Bobigny, devenue préfecture de son département, a choisi de donner au terminus du métro, inauguré le 26 avril 1985, le nom du grand peintre franco-espagnol Pablo Picasso. Il est sans conteste le peintre le plus prolifique de la période contemporaine avec 60 000 œuvres dont environ 18 776 tableaux, 27 388 estampes, 2 880 céramiques, 11 748 dessins et 1 355 sculptures. Il est aussi le symbole d'une peinture moderne pleinement libérée de l'académisme et de toute entrave artistique. La révolution par l'art, la sacralisation de l'artiste sont autant de thèmes modernes qui ont donné à Picasso sa stature dans la mythologie contemporaine. Il est certainement le peintre le plus connu des voyageurs du métro.

M 6

CHARLES-DE-GAULLE-ÉTOILE – NATION

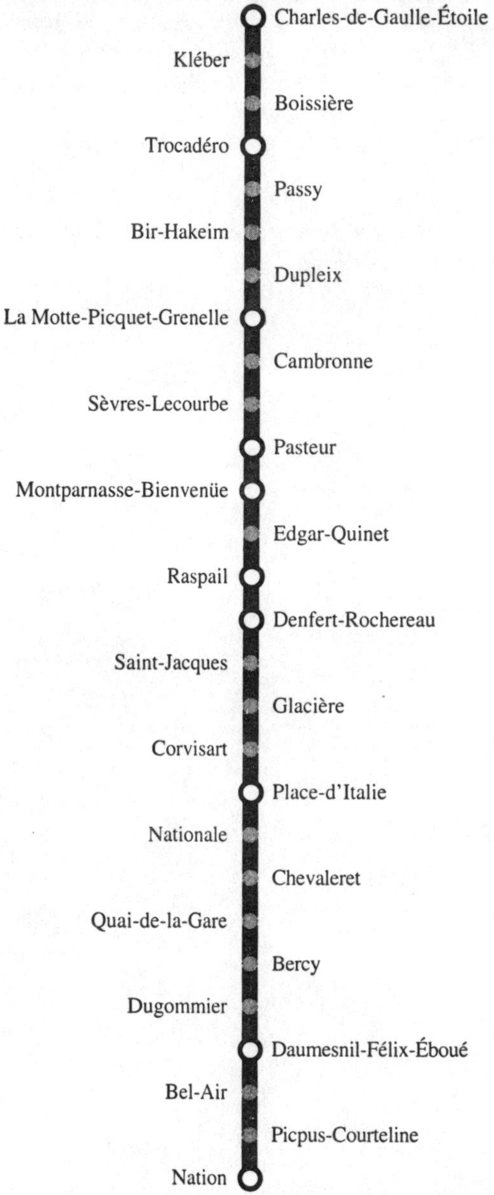

Cette ligne complète au sud l'arc de cercle de la ligne n° 2 qui suit, dans la partie nord de la capitale, les boulevards extérieurs. De Nation, par Daumesnil et Place-d'Italie, la ligne file sur Denfert-Rochereau, Montparnasse et La Motte-Picquet-Grenelle avant de rejoindre, par Trocadéro, la ligne n° 2.

Elle franchit la Seine à deux reprises : le pont de Bir-Hakeim à l'ouest, le viaduc de Bercy à l'est. Commencée dès 1903 par le tronçon Trocadéro-Passy qui faisait suite au tronçon Étoile-Trocadéro desservant, dès 1900, l'Exposition universelle, la ligne, qui s'appelait alors n° 5, fut prolongée en 1906 de Passy à Place-d'Italie. Le 1er mars 1909 fut inauguré le dernier parcours : Place-d'Italie-Nation. La boucle était achevée.

CHARLES-DE-GAULLE-ÉTOILE Voir p. 28.

KLÉBER

Curieusement, c'est en 1879 seulement que l'avenue du Roi-de-Rome fut débaptisée et reçut le nom du général Jean-Baptiste Kléber, héros des guerres de la Révolution, né à Strasbourg en 1753, ce qui lui valut d'avoir sa statue chassée de sa ville natale par les occupants allemands en 1940-1944. Kléber, le fougueux Alsacien, avait porté la guerre révolutionnaire en Allemagne et s'était illustré au siège de Mayence, refusant de rendre la ville, en sortant avec les honneurs militaires après une très longue résistance. Avec ses « Mayençais », il avait ensuite participé à la pacification de la Vendée, avant d'être engagé à Fleurus, en Italie, aux côtés de Bonaparte, qu'il suivit en Égypte.

L'Égypte fut son tombeau. Bonaparte était parti, abandonnant son armée. Sans renforts, sans argent, sans munitions. La flotte française avait été détruite par les Anglais. Les officiers de Kléber devenaient fous. L'un d'eux, Menou, s'était converti à la religion musulmane et vivait entouré de femmes. Kléber mourut assassiné au Caire, probablement désespéré. Hoche et Robespierre, ces hommes de l'an II de la République sont aussi présents dans le métro. Kléber est dans les quartiers chic. La République lui devait bien cela.

BOISSIÈRE

La rue Boissière appartenait jadis au village de Passy où les Parisiens venaient chercher, comme à Grenelle, du lait de vache et du fromage de brebis. C'était une simple halte sur le chemin qui prolongeait la ruelle appelée rue de la Croix-Boissière qui était à l'intérieur de l'enceinte de la capitale. Une croix de bois (boissière) en plein cœur de la plaine de Passy ? Pour quel usage ? C'était un lieu de recueillement, doté d'un pouvoir miraculeux. On connaît la pratique catholique du buis béni : en Occident, le buis remplace l'olivier de la Méditerranée. Il sert à sanctifier l'intérieur des maisons quand il est immergé dans l'eau que le prêtre à bénie. Le buis est un arbre à feuilles persistantes, qui tient tout l'hiver. Il symbolise la vie éternelle. Pour obtenir de leur rameau de buis un pouvoir encore plus bénéfique, les Parisiens l'accrochaient aux bras de la croix de la rue Boissière. Il passait alors pour protéger la santé des ménages et de leurs nombreux enfants, et les mettre à l'abri du péché. Vend-on encore du buis le jour des Rameaux, à la station Boissière ?

TROCADÉRO L'escalier du métro débouche à l'arrière du palais du Trocadéro, devenu depuis 1937 palais de Chaillot. Il a le style des années trente et de l'Exposition universelle de 1937, des pavillons allemand et soviétique avec leurs statues monumentales, sans oublier les ambitieuses citations de Paul Valéry, hiératiques et froides, écrites en lettres d'or sur la pierre blanche.

Le lieu s'appelle Trocadéro depuis 1877 seulement. Il rappelle une victoire des soldats français du duc d'Angoulême en Espagne lors d'une intervention du gouvernement de Louis XVIII dans la guerre civile espagnole en 1823. C'est le seul combat que les généraux de l'armée royale, jaloux de la gloire de Napoléon, aient livré depuis 1815. Les plus grands noms de la noblesse devaient s'y illustrer. Ces familles — les Broglie, les Pasquier — étaient au pouvoir en 1877 et brûlaient de restaurer la monarchie. Ils étaient les rejetons des membres de la Cour de Louis XVIII en 1823. Aussi avaient-ils écarté le nom du roi de Rome sur la place baptisée par Napoléon III pour l'appeler place du Trocadéro. Elle s'appelle aujourd'hui place du Trocadéro-et-du-Onze-Novembre en raison du monument aux morts de la guerre qui orne le mur du cimetière de Passy et de la statue équestre du maréchal Foch, le signataire de l'armistice du 11 novembre 1918, dont le képi de pierre est régulièrement profané par les pigeons.

PASSY Dans cette rue principale du village de Passy qui conduisait au bois de Boulogne vécurent quelques aventurières. Peut-être y sont-elles encore nombreuses aujourd'hui. La plus célèbre était la belle Anne Couppier, fille de bourgeois qui se faisait appeler Anne de Romans. Passant en carrosse, Louis XV avait remarqué sa beauté et avait demandé au fidèle Lebel, son valet de chambre, de la conduire au parc-aux-Cerfs. Elle s'indigna. Sa condition, dit-elle, l'en empêchait. Le roi l'installa bourgeoisement rue de Passy dans l'hôtel de la Folie.

Elle eut un fils qui ressemblait si fort à Louis qu'elle obtint de le faire baptiser sous le nom de Louis, inscrit au registre comme le fils de Louis de Bourbon. Le roi se lassa. Il fit entrer la belle Anne au couvent. Louis XVI, qui avait le cœur bon, l'en fit sortir et soutint le jeune Louis qui entra dans les ordres. Il mourut jeune, en 1787, alors qu'il devait être nommé cardinal. Sa mère quitta le couvent pour revenir rue de Passy. Mais le roi était mort, elle était pauvre et mourut dans la misère à Versailles en 1808. Il arrive fort heureusement que les aventurières du métro aient une mort moins sinistre.

BIR-HAKEIM

Le métro devient aérien quand il sort du village de Passy comme d'une forteresse entre les tours à coupole des immeubles 1900 qui ont, à l'entresol, des chambres ouvertes seulement de meurtrières à usage du personnel.

Il n'y avait pas de pont sur la Seine à cet endroit, mais une simple passerelle pour piétons datant de l'Exposition universelle de 1878. On avait condamné le pont d'Iéna, pour éviter qu'il ne fût submergé en permanence par la foule. La passerelle fut détruite et remplacée par un nouveau pont, achevé en 1904 seulement. Il suffisait de jeter dessus le tablier du métro pour faire franchir la Seine à la ligne n° 6. Jean-Camille Formigé avait particulièrement soigné la décoration de fonte moulée : les motifs végétaux et floraux s'entrelaçaient sur les colonnes cannelées. Les lanternes d'éclairage étaient identiques à celles de la rue de Rivoli. La Tour Eiffel s'inscrivait naturellement au-dessus de la Seine dans ce décor de fines poutrelles : l'âge sidérurgique s'inscrivait dans le paysage.

La station s'appelait alors Quai-de-Grenelle parce que

le pont donnait accès à l'ancien village. Le 18 juin 1949, de Gaulle étant depuis longtemps retourné à Colombey-les-Deux-Églises, les édiles municipaux, qui étaient gaullistes, donnèrent le nom de la victoire de Bir-Hakeim à la station de métro et au pont. Dans ce poste de Libye, proche de Tobrouk, la brigade française du général Kœnig avait résisté du 26 mai au 11 juin 1942 aux troupes de Rommel. « Vous êtes notre orgueil », écrivait de Gaulle à Kœnig. Cela valait bien un pont.

DUPLEIX

On avait oublié Dupleix, le conquérant des Indes françaises. On débaptisa en 1815 la place de Grenelle en son honneur. Louis XVIII y tenait personnellement. Il avait conscience de réparer une injustice car Joseph François, marquis de Dupleix était mort dans la misère en 1763.

La République n'avait rien à reprocher au marquis, un des pionniers de la construction de l'empire colonial auquel tenaient beaucoup les Jules Ferry et les Étienne. Il y avait pourtant un mauvais souvenir : le 31 août 1794 à sept heures du matin, une poudrière installée par les hommes de la Ire République à Grenelle avait sauté. À cette époque, la plaine où court le métro aérien d'aujourd'hui était déserte, stérile, consacrée à la chasse ou à la promenade à cheval des élèves de l'École militaire. Pourtant, à la ferme du château de Grenelle, on élevait moutons et vaches. Dans le bâtiment, les révolutionnaires avaient installé la poudrière géante, confiée au savant Chaptal. Les réserves étaient de cent cinquante tonnes. Le choc fut si violent que le grand orgue de l'église Saint-Germain-l'Auxerrois en fut détraqué. On dénombra cent morts et plus de mille blessés. Un complot ? Un attentat royaliste ? On ne le sut jamais. La République était bonne fille : elle consentit à ne plus fabriquer de poudre à cet endroit. On put construire sans risque le quartier du Gros-Caillou.

LA MOTTE-PICQUET-GRENELLE

La station porte le nom de l'amiral Toussaint, comte Picquet de la Motte, qui se couvrit de gloire dans la guerre navale contre les bâtiments de la Royal Navy au XVIIIe siècle. L'adroit Breton, né à Rennes, avait été nommé chef d'escadre en 1778 quand le roi Louis XVI avait doté la France de sa première grande marine de guerre. La Motte-Picquet avait été assez heureux pour dégager, au large de la Martinique, un convoi français attaqué par l'amiral anglais Parker. Plus tard, il captura d'un coup vingt-six navires de l'amiral Rodney, lui ôtant tout désir de croiser dans la mer des Antilles.

La marine n'a rien à voir avec la station, malgré son nom. Le métro dessert l'École militaire et le Champ-de-Mars. Dans la plaine de Grenelle, le financier Pâris-Duverney proposa à Louis XV de construire un collège académique pour cinq cents gentilshommes pauvres. La marquise de Pompadour soutint vivement l'opération que devait réaliser le jeune architecte Gabriel. « Approuvé, le projet, approuvé ! petite bien-aimée, dit le roi, puisque vous le voulez absolument ! »

La Pompadour dut aussi payer de sa cassette et le roi mit un impôt sur les cartes à jouer pour financer l'immense monument. On aplanit en même temps le Champ-de-Mars, pour que les élèves pussent galoper et faire des manœuvres. Les meilleures recrues des écoles de province y étaient admis. Ainsi Napoléon Bonaparte, à l'âge de quinze ans, y suivit-il des cours pendant un an, en 1784, pour en sortir sous-lieutenant au régiment de La Fère-Artillerie, en garnison à Valence.

Ainsi la Pompadour avait-elle construit, avec l'argent de Louis XV, une école pour Napoléon. Qui soutiendra que les maîtresses royales ne servent à rien ?

CAMBRONNE

Le général français Cambronne était nantais, mais sa femme était anglaise. Il est surtout connu pour le « mot de Cambronne » ! Les édiles du Second Empire se sont souvenus, en donnant son nom à une rue et à une place proches de l'École militaire que ce brave général commandait à la bataille de Waterloo l'élite des soldats de Napoléon.

Au soir du 18 juin 1815, tout semblait perdu. Le vieux Blücher avait échappé à Grouchy pour se joindre aux Anglais : les cavaliers prussiens, les hussards de la mort, tout de noir vêtus, chargeaient les grenadiers et les chasseurs de la vieille garde, disposés en carré. Là commandait Cambronne, plumes d'autruche au vent. On perçait la masse ennemie pour sauver Napoléon réfugié au centre du carré. « Rendez-vous ! » Cambronne, pour ne pas choquer son épouse anglaise, raconta qu'il avait répondu : « La garde meurt et ne se rend pas ! » Les grognards ont rapporté que sa réponse avait été beaucoup plus brève, puisqu'elle tenait en cinq lettres. Elle lui a valu la postérité alors que le malheureux Grouchy, qui a réussi pourtant une superbe retraite, est voué aux gémonies. L'histoire n'est pas juste. A quand la station Grouchy dans le métro ?

SÈVRES-LECOURBE

De nouveau une station qui unit un général à un nom de village ? Sèvres est un hameau, au-delà de la Seine. Il existait un pont de Sèvres et une rue de Sèvres, fort longue, que desservait le pont. C'est le chemin charretier de Meudon et de Versailles. Jusqu'en 1907, la station s'appelait Suffren, du nom du bailli de l'ordre de Malte qui s'était distingué dans l'océan Indien et dans la mer des Antilles contre la flotte anglaise. A-t-on pensé en 1907 (on est au lendemain de la séparation de l'Église et de l'État) que le nom d'un bailli de l'ordre de Malte était moins suggestif que celui d'un général des armées républicaines ? On choisit Lecourbe, Jurassien héroïque, qui avait combattu contre les Russes en Suisse en 1799. Il avait toutes les vertus, mais il était l'ami de Moreau, le général rival de Bonaparte qui commandait en Allemagne. Après le coup d'État du 9 novembre 1799, Moreau entra en disgrâce. Lecourbe aussi. Le combattant héroïque de Fleurus et de Mayence rentra dans le rang, partit pour l'exil à Ruffey dans son Jura natal puis à Bourges. L'incorrigible républicain se mit au service des Bourbons qui l'avaient rappelé en activité en 1814. Mais il ne put résister au retour de l'Aigle de l'île d'Elbe. Cela lui valut d'être de nouveau mis en retraite en 1815. On admire que soit distingué dans le métro un général valeureux, dont le flair politique n'était pas le point fort. Il est vrai qu'il était républicain.

PASTEUR

On a peine à imaginer aujourd'hui la gloire de Louis Pasteur sous la IIIe République ? Elle était au moins égale à celle de Victor Hugo. Le savant chimiste et biologiste s'était toujours plaint de manquer de moyens de recherche sous le Second Empire. On lui mesurait les crédits. Il avait pourtant déjà analysé les micro-organismes qui apparaissaient sous son microscope quand il étudiait la fermentation de la bière. Il dut faire admettre aux vieux académiciens déchaînés contre lui qu'il n'y avait pas de « génération spontanée » des microbes. Il avait déjà découvert le procédé qui devait révolutionner l'industrie alimentaire et la consommation : la pasteurisation.

Entre 1870 et 1886, il bénéficia de plus larges moyens de recherche. Ses découvertes sonnaient comme des bulletins de victoire. Il avait identifié tous les microbes nuisibles, le staphylocoque, le streptocoque, réalisé le vaccin contre la maladie du charbon et enfin le vaccin contre la rage. Sauveur des enfants mordus par les chiens, il entra dans les manuels scolaires en même temps qu'à l'Académie (1881). Par une logique du temps, la station de métro Pasteur est garnie d'élèves studieux : ceux qui suivent les cours d'un lycée qui ne porte pas son nom, mais celui de Buffon, qui n'a pas de station de métro.

MONTPARNASSE-BIENVENÜE

Voir p. 101.

EDGAR-QUINET

De même que Pasteur n'a jamais habité le boulevard qui porte son nom, de même Edgar Quinet n'avait rien à voir avec l'ancien boulevard de Montrouge rebaptisé Edgar-Quinet quatre ans après la mort du grand homme, en 1879.

Pourtant il devait rejoindre, dans un cercueil, la belle allée bordée d'arbres : il fut en effet enseveli au cimetière du Montparnasse auquel donne accès le métro Edgar-Quinet. Il a des voisins sympathiques avec lesquels il peut parler d'histoire : Henri Martin, également titulaire d'une station de métro et auteur d'une *Histoire de France* célèbre en son temps ; Augustin Thierry qui révéla les rois mérovingiens aux érudits et aux curieux.

Un esprit aussi laïque et anticlérical qu'Edgar Quinet ne pouvait que recevoir tous les honneurs de la IIIe République naissante. Cet admirateur de la Révolution française avait été lui-même député sous la IIe République, proscrit après le coup d'État du 2 décembre par Louis-Napoléon Bonaparte. Il était revenu à la Chambre pour peu de temps après 1871, et distillait de sa chaire du Collège de France le venin de la libre pensée qui scandalisait les messieurs de l'Ordre moral. Son voisin Baudelaire pouvait-il s'en choquer ? Pas plus que Pierre Larousse, un des hôtes du cimetière, anticlérical lui-même et qui a pour voisin de sommeil éternel le grand Aristide Boucicaut, fondateur du *Bon Marché*, qui se fit construire une sépulture à hauteur de sa réputation. Un cimetière fort édifiant.

RASPAIL Voir p. 100.

DENFERT-ROCHEREAU Voir p. 99.

SAINT-JACQUES

Pas de surprise au métro Saint-Jacques : c'est un nom de boulevard et un nom de saint emprunté à la rue du Faubourg-Saint-Jacques toute proche, qui prolonge la rue Saint-Jacques, la plus importante des artères nord-sud de la cité médiévale.

La station dessert la prison de la Santé. On en sort pour apporter aux prisonniers des oranges. Construite sur l'emplacement de l'ancienne prison des Madelonnettes, la Santé est le seul établissement du genre qui subsiste dans Paris. Tous les autres ont été détruits ou mutés en banlieue, y compris la Petite-Roquette.

La prison de la Santé est relativement récente ; sa muraille élevée semble défier les évasions, qui ont été pourtant nombreuses. L'architecte Vaudremer a construit en 1861 les premiers bâtiments pour cinq cents cellules. On l'agrandit en 1900 jusqu'à mille cellules de deux détenus chacune, soit deux mille prisonniers. Ce n'est pas une centrale ni un centre pénitentiaire mais une maison d'arrêt qui ne doit en principe abriter que des détenus en instance de jugement. On y conduisit en 1917 l'ancien président du Conseil Joseph Caillaux, accusé de trahison par le gouvernement de Georges Clemenceau. Caillaux n'était là qu'en transit, car un parlementaire ne pouvait être jugé que par la Haute Cour. Il dut attendre la fin de la guerre et comparut en 1919 pour être condamné, puis absous et reprendre sa carrière publique. La Santé mène à tout, même au fauteuil de président de la commission des finances du Sénat. À condition d'en sortir par la grande porte.

GLACIÈRE

La station Glacière débouche sur un quartier qui était vraiment jadis une glacière : la petite rivière de Bièvre qui se jette dans la Seine traversait en de nombreux méandres la plaine déserte et spongieuse. Des mares, des vrais étangs étaient ainsi formés, surtout pendant les automnes pluvieux. Quand survenait le gel de décembre les surfaces devenaient rigides, glacées. Les Parisiens patinaient avec ardeur. On allait en famille patiner le dimanche à la Glacière.

Il n'existait pas, au XIXe siècle, d'appareil du froid. Pour fabriquer des glaces ou refroidir les boissons, on avait recours à des pains de glace que transportaient et découpaient sur place les voitures à cheval des glaciers. La glace était fabriquée dans la plaine de la Glacière. L'hiver, on plaçait des blocs de glace découpés dans des puits maçonnés recouverts de terre. Ainsi le chemin de Chantilly conduisait les Parisiens vers une plaine à la fois distrayante et productive ; elle a gardé son nom, la Glacière, à l'entrée de la station de métro : il y fait encore, l'hiver, un froid glacial.

CORVISART

Le métro donne accès à la rue Corvisart qui n'est pas un lieu de dégustation de cognac. Le Second Empire a honoré d'une plaque la mémoire de l'ancien accoucheur de l'impératrice Marie-Louise, le célèbre Corvisart, médecin personnel de Napoléon. Cet Ardennais avait fondé une clinique très parisienne à l'hôpital de la Charité. C'est Joséphine qui l'avait remarqué la première, elle en avait entendu parler par des amies.

L'empereur avait fait la fortune du médecin, qui soignait le Tout-Paris mais aussi les officiers supérieurs de l'armée. N'étant par chirurgien comme Larrey, il ne suivait pas l'empereur en campagne. Ce professeur de « clinique interne » occupa, en raison de sa réputation, une chaire au Collège de France. Il savait ausculter par percussion et devint fort savant, au point d'entrer à l'Institut, dans les maladies du cœur. Le baron (qui devait son titre à l'empereur) donnait de belles fêtes dans son hôtel particulier anciennement occupé par les Broglie. La médecine l'avait considérablement enrichi, au point d'en faire une des célébrités de Paris.

PLACE-D'ITALIE

Voir p. 119.

NATIONALE

C'est le nom d'une rue qui n'avait pas de nom. Il arrive ainsi, au grand désespoir des facteurs, qu'on oublie de baptiser les rues de Paris, dans les quartiers aux constructions récentes éloignés du centre. En 1847, on la baptisa rue Nationale, faute de mieux, sans doute parce que la Garde nationale y tenait ses assises. Paris était alors gardé par des soldats volontaires, admis à porter les armes dans la mesure où ils payaient l'impôt. On ne voulait confier la responsabilité du maintien de l'ordre qu'à des gens connus, solvables, disposant d'une adresse fixe et exerçant une profession honorable.

Les gardes nationaux étaient des bourgeois de Paris

groupés en compagnies qui recevaient des armes de la ville, mais payaient eux-mêmes leur uniforme. Ils couchaient chez eux le soir, et n'exerçaient leur service qu'à tour de rôle ou tous ensemble lors des grands événements : quand le roi Louis-Philippe passait une revue, ou quand les conflits devenaient menaçants. La situation, en 1847, était assez incertaine pour que le pouvoir municipal tînt à honorer d'une rue sa Garde nationale.

La Garde nationale de Paris a disparu en 1870 avec l'Empire. Mais le métro en a conservé le souvenir.

CHEVALERET Chevaleret est-il un homme, un outil ou un lieu ? Le métro ne le dit pas. Le nom du propriétaire du terrain ? Le nom d'un outil dont se servaient les mégissiers, ces tanneurs de peau qui exerçaient près de la rivière ? On ne sait. Plus vraisemblablement, la rue Chevaleret désigne un lieu-dit : elle était déjà connue au XVIIIe siècle sous ce nom et conduisait au village d'Ivry. Le métro n'a pas trouvé dans ce quartier excentré de nom illustre, ni de lieu de bataille. Il a repris, sans malice, le nom de l'ancien chemin, connu des habitants du quartier.

QUAI-DE-LA-GARE Encore une appellation presque anonyme. La gare n'est toutefois pas celle d'Orléans ouverte sous Louis-Philippe pour desservir la Beauce. Les gares s'appelaient alors des embarcadères.

Il s'agit d'une gare d'eau que les ingénieurs du XVIIIe siècle avaient commencé à creuser le long de la Seine, pour abriter les chalands. Cette gare demeura à l'état de projet. Mais son souvenir est resté dans la toponymie puisque, au cours du XIXe siècle, on donna le nom de la gare à un boulevard et à une place. Dès lors, la confusion avec la gare d'Austerlitz s'est faite dans les esprits : la gare fluviale a en effet été installée non loin de là, à Bercy. Sur l'autre rive de la Seine.

BERCY À hauteur du port fluvial, le métro traversait la Seine. On construisit à cet endroit le viaduc dit du pont-de-Bercy entièrement en maçonnerie, comportant quatre-vingt-deux arcades en plein cintre. Le port de Bercy s'était spécialisé très vite dans le commerce des vins : les barriques arrivaient de Bourgogne par voie d'eau. Les péniches se garaient dans le port pour acquitter les droits de l'octroi. L'entrepôt de Bercy devint, sous le Second Empire, le plus grand centre européen de commerce des vins. Les négociants installaient des baraquements le long de la Seine. Un autre marché se trouvait en amont, sur le territoire de Charenton : les Magasins généraux des vins. Un grand nombre de cabarets, de guinguettes, plus tard de bistros s'ouvrirent alors le long de la Seine. Lors de la création de la station de Bercy, les négociants du vin côtoyaient sur les quais les amateurs de vin. Les fûts ne venaient plus seulement de Bourgogne et du Beaujolais, mais, par le chemin de fer du Languedoc, de Provence et même d'Algérie.

DUGOMMIER

Il fallait s'attendre à ce que le nom de la rue Dugommier fût donné au général de la Révolution par les hommes du Second Empire (1867). Ce François Coquille Dugommier avait permis à Napoléon Bonaparte de devenir célèbre. Il était son supérieur quand il défendit la « batterie des hommes sans peur » au siège de Toulon. Ce créole, né à la Basse-Terre en Guadeloupe, s'était engagé à treize ans dans l'armée du roi. Il avait gravi la hiérarchie par le rang et se trouvait à la tête de la Garde nationale des Antilles en 1790. Élu député à Paris en 1792, il s'était fait nommer général de brigade à l'armée d'Italie. C'est lui qui commandait au siège de Toulon, où l'artilleur Bonaparte avait fait merveille, attirant l'attention du commissaire Salicetti. C'était le début de sa carrière foudroyante. Dugommier n'avait pas eu cette chance : muté à l'armée des Pyrénées-Orientales il allait l'emporter, en 1794, contre les Espagnols, quand il fut tué au cours d'une attaque. Dans son malheur, il a été bien traité par la postérité qui a rattaché son nom au début de la carrière de Bonaparte. C'est à ce titre qu'il a l'honneur d'une station dans le métro, ou peut-être simplement parce qu'il fut un des rares généraux républicains tués au combat.

DAUMESNIL-FÉLIX-ÉBOUÉ

Les deux personnages n'ont rien à voir. Le baron Daumesnil est déjà connu à la station Château-de-Vincennes. Le général unijambiste avait eu les honneurs d'un boulevard. On pensa, après la guerre, qu'il pouvait supporter la présence à ses côtés, dans le métro, de l'ancien gouverneur du Tchad Félix Éboué dont on venait de donner le nom à une place. Né à Cayenne, Félix Éboué avait été l'un des premiers administrateurs de la France d'outre-mer à rallier le général de Gaulle en 1940, au temps de la France libre. Le fait n'était pas courant : tous les autres gouverneurs, dont ceux de Dakar et de Brazzaville, restèrent fidèles au régime de Vichy. De Gaulle, en reconnaissance, l'avait nommé gouverneur de l'Afrique équatoriale française. Il mourut en 1944. Cet homme de caractère est l'une des grandes figures de l'épopée gaulliste pendant la Seconde Guerre mondiale : le ralliement de l'Afrique équatoriale permit en effet au général, jusque-là simple réfugié à Londres, de disposer d'une base territoriale pour amorcer la reconquête des territoires français. Il devait prononcer à Brazzaville, en présence de Félix Éboué, un discours où il posa les premiers jalons de l'évolution de l'Empire colonial français après la guerre.

BEL-AIR

Le nom de Bel-Air fut donné à une avenue en 1844 dans un quartier contigu à la place du Trône, actuelle place de la Nation. On ne saurait dire si la qualité particulière de l'air justifiait cette appellation d'un lieu-dit qui a perpétué sa bonne réputation sur les plaques de la station du métro. Il est vrai que les voyageurs pouvaient être attirés, quand ils arrivaient de la route d'Allemagne et débouchaient place du Trône, par l'enseigne de l'hôtel du *Bel-Air*, innocemment prometteuse d'une nuit réparatrice. Les hôtels de voyageurs étaient alors nombreux aux portes de Paris.

PICPUS-COURTELINE

Le cimetière de Picpus, dont la station de métro porte le nom, est un des lieux les plus sinistres de Paris. Le terrain de l'ancien couvent des Chanoinesses avait été loué à des trafiquants, qui y avaient installé une maison de santé, en fait un lieu de retraite pour les aristocrates poursuivis par les tribunaux révolutionnaires, qui payaient très cher leur survie. Des gens de la Commune de Paris firent creuser dans ce terrain une première, puis une seconde, enfin une troisième fosse commune pour y ensevelir les corps des mille trois cent six victimes guillotinées par Sanson, place du Trône-Renversé. Furent ainsi enterrés pêle-mêle — les têtes roulant dans les interstices des corps — le maréchal de camp François d'Ornano, le duc de Clermont-Tonnerre, le prince Victor de Broglie, le général Alexandre de Beauharnais, premier mari de Joséphine, le poète André Chénier, les deux frères Trudaine et beaucoup d'autres aristocrates, ce qui fit du futur cimetière le lieu le plus blasonné de France. Pourquoi avoir associé, dans les années trente, l'aimable Courteline au souvenir atroce de Picpus ? L'auteur de *Boubouroche* et du *Train de huit heures quarante-sept* n'avait certes rien à faire sur un terrain où la charrette rouge déversait quotidiennement son chargement de cadavres. Il faut attribuer cette double appellation aux fantaisies de la topographie.

NATION Voir p. 41.

RER

SAINT-OUEN

La ligne n° 6 est en partie doublée par le R.E.R. qui suit ensuite le cours de la Seine pour prendre celui de l'Orge : la ligne C1 court de Montigny-Beauchamp à Champ-de-Mars-Tour-Eiffel où elle bifurque une première fois vers Versailles (C5) et Saint-Quentin-en-Yvelines (C7), une seconde fois à Choisy-le-Roi où elle s'engouffre vers Orly, une troisième fois à Brétigny-sur-Orge où elle gagne Dourdan (C4) et Saint-Martin-d'Étampes (C6). Cet ensemble de lignes utilise évidemment les gares au parcours des chemins de fer de banlieue et n'offre à la curiosité de l'historien que des noms de villes anciennes et modernes, ou de villages. Toutefois, à partir de Saint-Ouen, on entre dans une toponymie parisienne qui apparente les stations du R.E.R. à celles de la ligne n° 6. C'est pourquoi nous les étudions ensemble. D'abord Saint-Ouen : la porte de Saint-Ouen appartenait à l'enceinte de Thiers. Saint-Ouen est un village, consacré au saint évêque de Rouen, collaborateur du roi mérovingien Dagobert, comme son ami saint Éloi. Un Marché aux puces s'est installé au XIXe siècle à cette porte, qui attire de nombreux voyageurs du métropolitain.

PORTE-DE-CLICHY

Voir p. 246.

PEREIRE

Voir p. 79.

PORTE-MAILLOT

Voir p. 27.

AVENUE-FOCH

Les maréchaux de la Grande Guerre n'ont pas de chance dans le métro : ils sont arrivés trop tard pour donner leur nom à des stations ; Gallieni a son nom en banlieue. Joffre, le vainqueur de la Marne, n'a rien, pas plus que Pétain et pour d'autres raisons. La gloire de Foch était telle que le généralissime des armées alliées donna son nom, dès 1918, à la plus belle avenue de la capitale. Il est le seul à avoir reçu cet honneur. Il est vrai que Foch était sans doute le chef français le plus connu à l'étranger. Quand l'avenue du Bois fut débaptisée, le métropolitain ne pouvait que suivre. Mais aucune station n'était libre à proximité. Fallait-il abandonner le nom de « Porte-Dauphine » ? On ne put s'y résigner. L'oubli fut comblé par le tracé du R.E.R. qui rendit enfin au maréchal un hommage attendu longtemps. Il est vrai que la station ne s'appela pas Maréchal-Foch, mais Avenue-Foch comme si, de nos jours, l'avenue était infiniment plus célèbre que le chef de guerre.

AVENUE-HENRI-MARTIN

Même remarque pour Henri Martin. L'heureux auteur de l'*Histoire de France* n'aurait sans doute pas eu son nom dans le métro s'il n'avait été longtemps le maire d'une des mairies les plus huppées de Paris, celle du XVIe arrondissement. La station de R.E.R. qui porte son nom célèbre plus l'avenue que l'homme. Sans l'avenue, il serait à coup sûr tombé dans l'oubli. Mais la grande artère représente une telle fortune immobilière, une telle concentration de propriétaires éminents qu'elle ne pouvait être que l'un des symboles de la classe dominante, celle des *Beaux Quartiers* d'Aragon romancier. Henri Martin a sa station dans le métro parisien. Pas Aragon. Le romancier-poète n'a eu sa plaque émaillée qu'en grande banlieue.

BOULAINVILLIERS

Le comte Henri de Boulainvilliers était un historien philosophe, mort à Paris en 1722. Ayant étudié les sciences occultes, la statistique et l'histoire, il passait pour fort savant mais il était surtout fort riche. Il n'est pourtant pas l'éponyme de la rue. Un autre Boulainvilliers avait hérité du château de son père Gabriel Bernard de Rieux, seigneur de Passy. Le marquis Gabriel Henri Bernard de Boulainvilliers devait être prévôt de Paris de 1766 à la Révolution. C'est évidemment lui, et non l'écrivain, qui donna son nom à la rue et au château, qui avait appartenu au début du XVIIIe siècle au financier Samuel Bernard.

En 1747, le marquis vendit son bien au fermier général Le Riche de la Popelinière qui devait y mener une intense vie mondaine, recevant les écrivains Rousseau, Marmontel, danseuses et comédiennes. Ainsi le château de Boulanvilliers devint-il un des lieux les plus connus du Paris mondain. La station de métro garde le souvenir de cette heureuse époque.

KENNEDY-RADIO-FRANCE

L'assassinat du président Kennedy en 1963 à Dallas (Texas) provoqua dans le monde une telle émotion que la Ville de Paris décida d'honorer sa mémoire en fixant son nom sur les plaques d'une avenue. Le métro suivit cet exemple, possédant ainsi sur ses listes d'hommes célèbres le nom de deux présidents des États-Unis, Kennedy et Franklin D. Roosevelt. Le président Wilson, signataire et négociateur de la paix de Versailles, n'eut pas cet honneur. Il avait cependant une avenue dans Paris. On ne crut pas bon de débaptiser une station pour lui faire honneur. Il est vrai qu'il était surtout apprécié, en 1919, dans les municipalités socialistes qui militaient contre Georges Clemenceau. Wilson, dans les milieux officiels, n'avait pas la cote et la municipalité de Paris était à droite. La maison de la Radio, centre en 1964 de l'Office national de la Radio et de la Télévision, est située avenue du Président-Kennedy. Il était normal qu'elle fût associée sur les plaques du R.E.R. au nom du président des États-Unis.

CHAMP-DE-MARS-TOUR-EIFFEL

C'est ici le lieu des grandes expositions du passé, mais aussi de la vie politique pendant la Révolution française : au Champ-de-Mars s'est déroulée, en 1790, la fête de la Fédération qui réunit, pour l'anniversaire du 14 juillet, des délégations de toutes les municipalités françaises. Ici, le roi prêta serment à la constitution après une messe dite par l'évêque jureur Talleyrand. Ici La Fayette fit tirer sur le peuple. Ici fut décapité en 1793 le maire de Paris, Bailly. Ici fut célébrée, présidée par Maximilien de Robespierre, l'apothéose de l'Être suprême le 8 juin 1794. Ici Napoléon, en 1804, fit la distribution des aigles aux drapeaux de ses régiments. Le Champ-de-Mars fut le lieu des Expositions universelles de 1867, 1878, 1889, 1900 et 1937. Pour celle de 1889, fut construite la Tour Eiffel, inaugurée le 31 mars par le ministre de l'Intérieur Tirard. Son respectable tour de taille lui interdisait, après un banquet républicain, de monter plus haut que le premier étage. La Tour n'avait pas encore ses ascenseurs. Il était normal que le R.E.R. compensât enfin une lacune : le monument le plus visité de Paris n'avait pas jusqu'alors de station à son nom.

BOULEVARD-VICTOR

Le duc de Bellune, maréchal de France répondait, en 1792, quand il était volontaire dans les armées de la Révolution, au nom de Claude Perrin, dit Victor. Général dès 1793, il s'était distingué sous Bonaparte à Marengo, sous Napoléon à Friedland et plus tard, en 1814, à Craonne où il avait été blessé par des balles russes. Couvert de gloire et d'argent, il s'était mal conduit pendant les Cent-Jours, suivant à Gand le roi Louis XVIII. Cette trahison devait lui permettre de parfaire sa fortune : il devint major général de la garde royale et eut le front de voter la mort du maréchal Ney, à son procès. Devenu, après cet exploit, ministre d'État et membre du Conseil supérieur de la guerre, il abandonna les Bourbons pour se rallier à Louis-Philippe. Ce modèle de girouette dispose dans Paris d'une station de métro alors que sa victime, le brave des braves, Ney, duc d'Elchingen, en est privé.

PONT-DE-L'ALMA

La station du R.E.R. Pont-de-l'Alma est distincte de Alma-Marceau, située sur l'autre rive de la Seine. Le pont de l'Alma vient d'être reconstruit. On a sauvé le célèbre zouave, que consultent les Parisiens pour mesurer la hauteur du lit de la Seine et suivre le progrès des crues. On se souvient encore de celle de 1910 qui avait inondé la moitié de Paris. Le zouave de pierre évoque la bataille de l'Alma, courageusement remportée par ce corps d'élite lors de la guerre de Crimée, le 20 septembre 1854. Les zouaves étaient des soldats du corps colonial constitué en Algérie mais venus la plupart du temps de la métropole. Ils portaient une culotte bouffante et une chéchia, ce qui rendit populaire la statue du pont. Le zouave était le personnage le plus connu de Paris. On ne pouvait remplacer le pont sans le replacer.

INVALIDES

L'hôtel des Invalides n'a pas été détourné de sa destination : il accueille encore quelques invalides, selon la volonté du fondateur, Louis XIV. Mais le grand roi n'avait pas prévu que le Dôme, œuvre de Mansart, serait habité par la plus grande gloire militaire française : si les étrangers se précipitent en masse aux Invalides, c'est pour voir le tombeau de Napoléon.

Le retour des cendres, le 15 décembre 1840, de l'empereur mort à Sainte-Hélène devait impressionner Victor Hugo et ses contemporains. Impressionnant aussi fut le tombeau construit au centre du Dôme par l'architecte Visconti. Le 2 avril 1961, le grand homme fut enseveli dans six cercueils successifs : le premier en fer-blanc, le second en acajou, les deux suivants en plomb, le cinquième en bois d'ébène et le sixième en chêne. Le sarcophage est de porphyre rouge de Carélie, le soubassement en granit vert des Vosges. Deux urnes d'argent contiennent le cœur et les entrailles. Au fond de la crypte, les douze victoires colossales de Pradier. Derrière l'empereur, les tombeaux des maréchaux du palais, Duroc et Bertrand, qui le gardent dans l'au-delà.

Derrière le tombeau, une porte de bronze fondue avec les canons pris à Austerlitz avec la phrase prononcée par Napoléon à son lit de mort : « Je désire que mes cendres reposent sur les bords de la Seine, auprès de ce peuple français que j'ai tant aimé. » Le romantisme du souvenir napoléonien part désormais des Invalides.

MUSÉE-D'ORSAY

Le R.E.R. signale au public cette étape culturelle due à l'installation, dans l'ancienne gare d'Orsay, d'un musée consacré d'abord aux techniques, mais bien vite à la sculpture et la peinture et qui compte beaucoup de chefs-d'œuvre des peintres français de la fin du XIXe siècle. La gare était jadis consacrée aux express internationaux qui, par Austerlitz, gagnaient l'Espagne. Les wagons de luxe de la Compagnie internationale des Wagons-Lits s'alignaient le long des quais. Elle fut la dernière gare monumentale de Paris. Elle est contemporaine du métropolitain puisqu'elle fut inaugurée le 14 juillet 1900.

L'architecte Laloux avait surchargé la façade de lourdes statues représentant les villes de Bordeaux, Toulouse et Nantes, œuvres des sculpteurs Hugues, Marqueste et Injalbert. La ligne de quatre kilomètres qui la reliait à la gare d'Austerlitz avait coûté à elle seule 40 millions et le terrain plus de 10 millions de francs. La République était riche. Elle voulait des monuments témoins de son opulence. L'ancienne tête de pont des grands trains d'Espagne est devenue station du R.E.R.

SAINT-MICHEL-NOTRE-DAME

La cathédrale Notre-Dame ne serait pas l'une des plus visitées du monde si elle n'avait été dégagée par le baron Haussmann du fatras de maisons médiévales qui l'entouraient et si l'architecte Viollet-le-Duc ne l'avait pas reconstituée et complétée à sa convenance.

La cathédrale avait subi au cours de l'histoire tant de déprédations qu'elle était presque méconnaissable lors du sacre de Napoléon Ier. Pendant la Révolution, quinze cents barriques de vin destinées aux hôpitaux militaires étaient entreposées dans le chœur. Le monument fut un moment promis à la démolition. Sous le Second Empire, le restaurateur Viollet-le-Duc dut reconstituer la flèche et faire sculpter des statues neuves pour la façade. Il voulut rendre à l'édifice sa véritable image, tel qu'il était en 1330. Les Parisiens en étaient fort surpris. Des années de travaux furent nécessaires avant que la cathédrale restaurée fût rendue au culte le 15 août 1863, jour de la Saint-Napoléon. Une belle opération de propagande pour l'empereur qui avait toujours l'œil fixé sur le vote des catholiques.

GARE D'AUSTERLITZ Voir p. 120.

BOULEVARD-MASSÉNA

En signalant le boulevard et pas seulement le maréchal, le métro prend ses distances : il indique qu'il n'a nullement l'intention de rendre un hommage particulier au militaire. Il veut seulement avertir les usagers qu'un boulevard qui porte ce nom se trouve en surface.

Masséna n'est certes pas la plus belle figure des maréchaux d'Empire. Il n'était pas sans mérite militaire : le duc de Rivoli, général en 1793, avait été surnommé pendant la campagne d'Italie « l'enfant chéri de la victoire » par Bonaparte. Il avait gagné, en 1799, la bataille décisive de Zurich. Il s'était ensuite considérablement enrichi au cours de ses campagnes en Italie, à Gênes d'abord, à Naples ensuite. Il s'était distingué à Essling, à Wagram, au Portugal où il combattit les Anglais. Il ne fut pas le seul à se rallier aux Bourbons en 1814. Mais il fut certainement le seul à poursuivre, avec ses régiments de Marseille, avec obstination Napoléon débarqué de l'île d'Elbe. Il est mort richissime en 1817. À cette date, les Bourbons avaient fusillé Ney, qui n'a pas de station dans le métro.

M 7

PLACE-D'ITALIE – PORTE-DE-LA-VILLETTE

Mairie-d'Ivry – Villejuif – La Courneuve

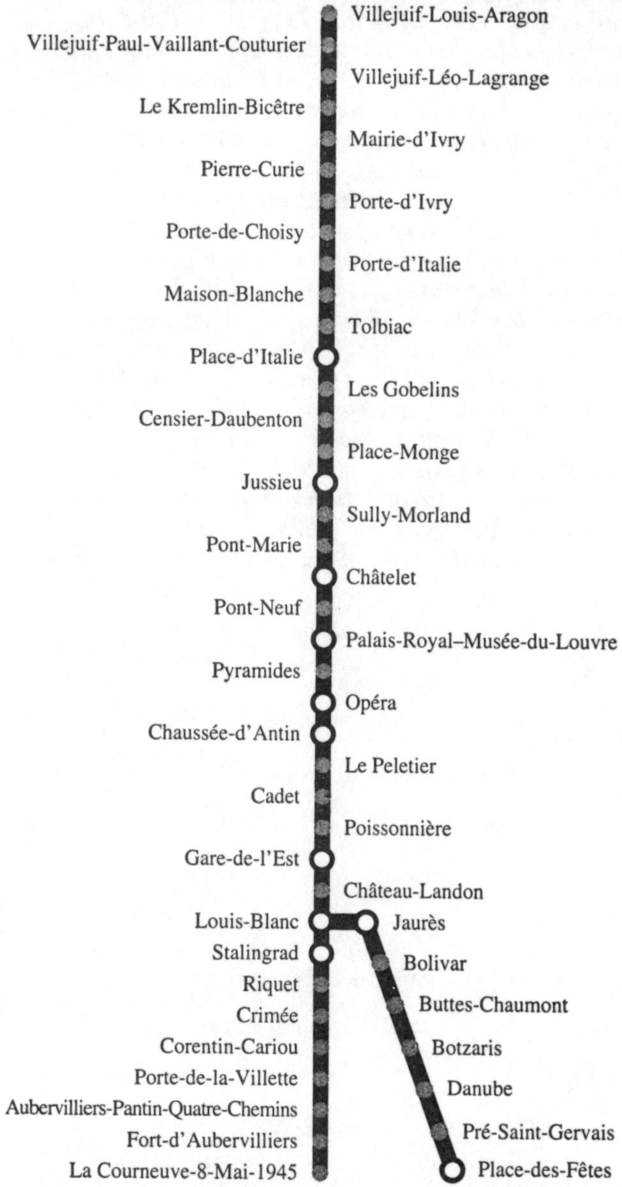

La ligne n° 7 est un nouvel axe nord-sud, qui traverse la capitale à l'est de la ligne médiane porte d'Orléans—porte de Clignancourt. Elle franchit la Seine par un tunnel, entre les stations Jussieu et Sully-Morland.

La difficulté était la traversée de la Seine. Dès 1910, le parcours Porte-de-la-Villette-Opéra était achevé. En 1911, fut réalisé le tronçon Pré-Saint-Gervais-Louis-Blanc qui constituait une ligne adjacente, la 7 bis. En 1916, la ligne de l'Opéra gagnait le Palais-Royal, en pleine guerre. Il fallut attendre ensuite dix ans pour que fût réalisée la seule liaison Palais-Royal-Pont-Marie. On restait au bord de la Seine, on ne la franchissait pas encore. Le 3 juin 1930, on se rapprochait jusqu'à Sully-Morland. Passerait-on jamais rive gauche?

En 1931 le passage fut enfin réalisé. La section Sully-Morland-Place-Monge s'ouvrit au public le 26 avril 1931. Dès lors, on pouvait raccorder au tronçon déjà en service Porte-de-Choisy-Porte-d'Ivry. En 1946, le métro courait jusqu'à Mairie-d'Ivry. En 1979 on le prolongea au nord jusqu'à Fort-d'Aubervilliers et, en 1987, jusqu'à La Courneuve. Au sud, la prolongation atteignit Le Kremlin-Bicêtre, puis Villejuif. Une des plus longues lignes de métro de la capitale venait d'être achevée.

VILLEJUIF-LOUIS-ARAGON

Le métro a un imaginaire périphérique d'extrême gauche : les idoles du Parti communiste de l'après-guerre trouvent leur place à l'extrémité des lignes, de Pablo Picasso à Louis Aragon, sans oublier les héros de la Résistance du « parti des 75 000 fusillés ». Le métro n'y est pour rien : il donne toujours sa réplique souterraine aux toponymes de surface, choisis par les municipalités communistes de l'après-guerre. C'est une chance pour Louis Aragon : sans son passé de militant, l'exigeant auteur du *Traité du style*, le poète de la Résistance, le romancier des *Cloches de Bâle* et d'*Aurélien* n'aurait pas eu sa place au panthéon métropolitain, pas plus que son ami, le délicat poète Paul Eluard. Il a profité de la prolongation de la ligne n° 7 jusqu'à Villejuif. Mieux vaut une plaque loin des « Beaux Quartiers » que rien du tout...

VILLEJUIF-PAUL-VAILLANT-COUTURIER

Paul Vaillant-Couturier n'est pas un martyr de la Résistance parisienne. Il est mort trop tôt, en 1937. D'abord rédacteur au *Journal du peuple*, il avait longtemps milité à l'aile gauche du Parti socialiste avant de passer, après le congrès de Tours de 1920, dans la sécession communiste qui ouvrait l'oreille au discours de Lénine. Paul Vaillant-Couturier entra dès 1921, à l'âge de vingt-neuf ans, au comité central. Il fut député communiste de 1919 à 1928. Battu aux élections par la montée en puissance de la droite poincariste, il prit alors la direction de *L'Humanité* en même temps qu'il dirigeait l'hebdomadaire *Commune*, revue de l'association des écrivains révolutionnaires. Sa position au sein du Parti lui permit de jouer un rôle déterminant durant le Front populaire, qui le renvoya à la Chambre en 1936. Il était, dans le parti de Thorez et de Duclos, l'intellectuel et le révolutionnaire des années 20, idéaliste et dur, une sorte de Saint-Just.

VILLEJUIF-LÉO-LAGRANGE

Après le Parti communiste, le Parti socialiste a les honneurs d'une plaque, pour l'un des siens, à Villejuif. Il s'agit d'un homme exceptionnel : Léo Lagrange, né à Bourg-sur-Gironde en 1900. Cet avocat, élu à trente-deux ans député du Nord, était frappé par l'absence d'équipement sportif pour la jeunesse dans les régions minières et industrielles. Il devint l'apôtre des mouvements de jeunes et figura au gouvernement de Léon Blum après la victoire du Front populaire en 1936.

Ce gouvernement, par certaines hardiesses, voulait rompre avec la routine politicienne de la IIIe République. Il avait engagé des femmes comme secrétaires d'État, donné un portefeuille à un Sénégalais, représentant de la France d'Outre-Mer. Léo Lagrange fut sous-secrétaire d'État aux Sports et aux Loisirs. Créateur de l'école de ski, il inventa le brevet sportif populaire pour stimuler l'éducation physique. Les congés payés rendaient disponible une masse de travailleurs pendant les mois d'été : Lagrange imagina les grandes lignes du tourisme populaire, soucieux d'accueillir les vacanciers dans des lieux de séjour où ils puissent pratiquer le sport de leur choix. Voulant donner à la jeunesse « la joie de vivre et le sens de la dignité », il ne connut pas plus que Vaillant-Couturier l'ascèse de la Résistance : il mourut au front, en juin 1940.

LE KREMLIN-BICÊTRE

Il s'agit d'un village au nom curieusement double : à l'enseigne du cabaret *Au Sergent du Kremlin*, les badauds parisiens venaient voir partir la « chiourme » des bagnards vers Rochefort et Brest. Le village était en effet situé sur la route de l'Est, par où s'ébranla la Grande Armée pour prendre Moscou. Il était aussi sur le chemin du retour... Quant à Bicêtre, le nom évoque l'occupation anglaise du pays pendant la guerre de Cent Ans. Le nom de Bicêtre vient de l'évêque de Winchester, représentant personnel du roi d'Angleterre. La chiourme, les cosaques, l'occupant anglais font du Kremlin-Bicêtre un nom de station extravagant. Le métro n'y peut rien : il dessert une grosse agglomération qui a gardé le nom de l'ancien hameau.

MAIRIE-D'IVRY On compte plus de soixante mille habitants dans la petite commune d'Ivry-sur-Seine, plus que dans une ville comme Montluçon. Évry et Ivry sont des noms romains ou gallo-romains. Ils attestent que le terroir était aux mains d'un maître de cultures, puissant, qui s'appelait Eburius ou Yvreo. Le maître le plus récent du domaine politique d'Ivry-sur-Seine fut le leader communiste Maurice Thorez élu député d'Ivry a trente-deux ans et constamment réélu à la mairie. Ce « fils du peuple », originaire du Nord, avait une expérience de militant des houillères à laquelle s'ajouta une vraie vocation révolutionnaire dans les années 20, où le Parti communiste affirmait dans la violence de la lutte son autonomie à gauche. Thorez, revenant, au nom de l'antifascisme, à la mystique de l'union, fut le chef communiste de la coalition du Front populaire. Il avait fait de la mairie d'Ivry La Mecque de l'action communiste en banlieue.

PIERRE-CURIE Ivry a une rue Pierre-et-Marie-Curie. Misogynie du métro ? Il n'a retenu que Pierre. Pierre Curie, préparateur à la faculté des sciences de Paris quand il accumule les découvertes sur la radioactivité. Il est déjà l'inventeur du « point de Curie » quand il épouse Marie Sklodowska. En 1904, il obtient la chaire de physique de la Sorbonne ; en 1905, il entre, à cinquante et un ans, à l'Académie des sciences. Son épouse Marie et lui-même deviennent célèbres quand ils réussissent à isoler, en 1898, le polonium, puis le radium. Le prix Nobel de Physique de 1903 est attribué à Pierre et à Marie. Pierre meurt peu après, non pas des radiations du radium, mais bêtement écrasé par un camion. Pour la première fois dans l'histoire de la Sorbonne, sa femme lui succéda à la chaire de physique, et obtiendra, seule, le prix Nobel de Chimie.

PORTE-D'IVRY Les trois portes, d'Ivry, de Choisy et d'Italie faisaient partie de l'ancienne fortification. Le gros du territoire d'Ivry, après la destruction des murailles, fut annexée à la ville de Paris. Le reste demeura libre. Le terme de porte d'Ivry indiquait donc la présence d'une véritable agglomération extérieure à la capitale. Le boulevard des maréchaux formait désormais la limite. Un vaste stade, au débouché de la station, porte le nom de Georges Carpentier. Ce boxeur s'était rendu célèbre en affrontant l'Américain Levinsky qu'il avait battu en 1920, devenant ainsi champion du monde des poids mi-lourds. Il n'avait pu renouveler l'exploit contre Jack Dempsey qui l'avait battu par knock-out à Jersey City en 1921. Mais la gloire mondiale de Georges Carpentier était immense, même si la télévision n'était pas encore là pour retransmettre les images du match. La presse écrite suffisait. On n'a pas pour autant débaptisé la station Porte-d'Ivry, au bénéfice du boxeur. C'est dommage : il aurait été le premier sportif à l'affiche des murs du métro.

PORTE-DE-CHOISY Choisy-le-Roi veut dire le domaine du maître gallo-romain Causius. Comme Vitry, c'est un village de vieux terroir, devenu ville suburbaine. L'actuelle avenue de Choisy est d'ailleurs l'expression moderne de l'ancienne voie romaine de Lutetia à Lugdunum. Tous les chemins mènent à Rome, même celui de Choisy. On peut admirer que la ligne n° 7 prenne presque naissance au débouché de la voie romaine. Les terrassiens ont-ils retrouvé des fragments des célèbres dalles quand ils ont creusé le tunnel ? En conduisant les voyageurs de la porte de Choisy jusqu'à l'île Saint-Louis, le métro propose l'une des plus anciennes entrées dans Paris.

PORTE-D'ITALIE Elle était l'une des portes fortifiées de l'enceinte de Thiers. Une vraie fortification de trente-neuf kilomètres de superficie avec des fossés larges de cent quinze mètres pour tenir l'ennemi à distance et quatre-vingt-quinze bastions. L'enceinte qui comprenait des bastions était suivie par une route stratégique intérieure, permettant aux pièces d'artillerie de se déplacer. On l'appelait la « rue militaire ». Elle allait donner naissance, après la destruction des murs, aux boulevards des maréchaux. La construction était arrêtée à proximité de la muraille sur une profondeur de deux cents mètres pour permettre les tirs d'obus et de boulets. Nul ne devait pouvoir franchir la porte d'Italie. Ces fortifications étaient déjà démolies en 1871 lors de la Commune de Paris. Il n'en restait que les forts. La porte d'Italie n'existait plus que dans la dénomination d'une avenue.

MAISON-BLANCHE

À Maison-Blanche se croisent les deux lignes terminales de la ligne n° 7 : celle de la Mairie-d'Ivry et celle de Villejuif.

Cette Maison-Blanche n'est nullement la copie de celle de Washington. C'est le nom d'un hameau sur l'ancienne voie romaine qui conduisait en Italie. À la fin du siècle dernier, beaucoup d'églises nouvelles furent implantées dans l'ancienne zone des fortifications, pour desservir les paroisses peuplées de nouveaux venus. L'abbé Miramont, qui avait l'esprit de mission, sut réunir des fonds pour lancer la construction d'une église qui prit le nom de Sainte-Anne-de-la-Maison-Blanche. Il existe bien une rue de la Maison-Blanche tout près de la prochaine station, Tolbiac. On ne voit pas pourquoi le métro n'a pas choisi des noms de rues plus proches : par exemple celle de Joseph Caillaux, l'ancien président du Conseil, immortel créateur de l'impôt sur le revenu.

TOLBIAC

La station Tolbiac est une curiosité. Que la municipalité parisienne ait voulu célébrer une bataille remportée par Clovis, chef de guerre franc, sur les Alamans, dans la région de Cologne, en 496, est stupéfiant. On peut imaginer deux raisons pour expliquer cette anomalie.

Le sort du royaume des Francs ne dépendait nullement de la réussite du chef Clovis à Tolbiac, mais il avait promis, avant la bataille, de se faire chrétien s'il gagnait. Le clergé a depuis lors célébré le nouveau Constantin, créateur d'une monarchie chrétienne en terre gallo-romaine.

L'inauguration de la rue de Tolbiac date de 1863. L'Empire, en délicatesse avec la papauté, veut donner des satisfactions à l'opinion catholique. De plus, la mode historiographique est à l'exhumation, avec Augustin Thierry, des rois mérovingiens. Dans cet esprit, le recours à Clovis s'explique. Bizarrement, la capitale a fait aux Mérovingiens la part du lion dans les dénominations de rues : il existe dans Paris une rue Clovis, mais aussi une rue Clotilde et même une rue Clotaire. Seul Dagobert n'est pas présent. Il est vrai qu'il avait une vie personnelle agitée, et qu'il préférait Clichy à Paris.

PLACE D'ITALIE Voir p. 119.

LES GOBELINS

Le métro a donné à la station le nom de la célèbre manufacture installée dès le XVe siècle sur les bords de la Bièvre, petite rivière qui se jette dans la Seine. Elle est aujourd'hui entièrement recouverte, mais il subsiste une rue de Bièvre.

D'où vient le nom de Gobelin ? Du créateur de la manufacture, Jean Gobelin, artisan flamand qui s'était associé aux Canaye pour utiliser la technique de la teinture des étoffes en rouge : on disait alors « écarlate ». La manufacture reproduisait les dessins des peintres les plus illustres : Le Sueur, Michel Corneille, Philippe de Champaigne, en réalisant des coloris d'une finesse remarquable. Colbert, sous Louis XIV, acheta l'ensemble pour en faire une manufacture royale, dirigée par Charles Lebrun. Cela permit de multiplier les chefs-d'œuvre, en attirant aux Gobelins les meilleurs ouvriers de tous les métiers d'art. Chaque époque s'est illustrée par des créations aux Gobelins.

CENSIER-DAUBENTON

Jusqu'en 1965, la station s'appelait : Censier-Daubenton-Halle-aux-Cuirs. Les Halles étaient en effet le marché des tanneurs, nombreux sur les bords de la Bièvre, dont l'activité répandait dans le quartier une odeur pestilentielle. La Halle, construite au XIIIe siècle, était une survivance toponymique. Elle disparut, remplacée par le double nom qui met en rapport un personnage inconnu et un obscur nom de lieu. Qui se souvient de Louis Jean Marc Daubenton ? Il était pourtant fort apprécié en son temps. Ce naturaliste, originaire de Bourgogne, avait collaboré à l'*Histoire naturelle* de Buffon. On lui sut gré, dans les campagnes, d'avoir introduit en France l'excellent mouton de race mérinos, qui donnait une laine de qualité. Pourvu de tous les honneurs (il était professeur au Collège de France, à l'École vétérinaire d'Alfort, au Muséum et à l'École normale), il lui manquait d'être sénateur, en 1799. Il est sans doute le seul sénateur français qui soit mort d'apoplexie au cours d'une séance au Sénat. Censier n'est pas un homme, mais un nom de lieu : il désignait une rue sans-Chief (sans-tête) ensuite déformée en Sancée, Censée puis Censier.

PLACE-MONGE

Le métro prend ses distances à l'égard de Gaspard Monge en désignant dans la station la place et pas seulement l'homme. Il mérite pourtant le détour. Le Beaunois Gaspard Monge est l'inventeur de la géométrie descriptive dont il a découvert les grandes lignes alors qu'il occupait un poste subalterne à l'École militaire du génie de Mézières. Fort actif dès les débuts de la Révolution, il devint ministre de la Marine du Comité de Salut public et fut chargé de pourvoir aux moyens scientifiques d'assurer la défense du pays. Il participa avec Bonaparte à l'expédition d'Égypte. Il fut l'un des fondateurs de l'École polytechnique qui s'installa non loin de la station Monge et il s'intéressa de très près aux débuts de l'institution qui devait fournir à la France des générations de scientifiques.

JUSSIEU

L'ancienne dénomination de la station Jussieu-Halles-aux-Vins a disparu depuis la construction de l'université sur l'emplacement de l'ancien marché créé par Napoléon Ier. La station ne porte que le nom de Jussieu. Il n'y a pas de Jussieu-Université comme il y a Cluny-Sorbonne.

Reste Jussieu. C'est un nom générique : toute la famille s'occupait de botanique et d'histoire naturelle — une vocation pour ces Lyonnais depuis le succès de Bernard Jussieu (mort en 1777) et de son neveu Antoine Laurent (mort en 1836). Le travail des Jussieu en sciences naturelles est fondamental. Ils établirent une nouvelle classification des plantes qui remplaça celle, vieillie, de Linné. Le fils d'Antoine, Adrien, succéda à son père à la chaire de botanique du Muséum. Cette étonnante famille devait, pendant un siècle, être à la pointe de la recherche. Le Jardin des Plantes est tout proche : il doit beaucoup aux travaux des Jussieu.

SULLY-MORLAND La traversée de la Seine de la ligne n° 7 fut une longue entreprise : on réalisa un ouvrage en forme de tube, long de six cent soixante-dix-huit mètres pour éviter les infiltrations. Sur la rive droite fut établi un souterrain en courbe de cent trente mètres de rayon. Sur la rive gauche, il fallut creuser en dessous de la tranchée du chemin de fer d'Orléans. Les travaux se révélèrent longs et coûteux. Mais enfin les rames purent déboucher à Sully-Morland. Encore une station composite. Sully, qui a son hôtel dans le quartier, est le ministre bien connu d'Henri IV, le huguenot résigné au sacre du roi, parce que « Paris vaut bien une messe ». Quant à Morland, il n'était pas préfet de Police mais colonel des chasseurs de la garde de Napoléon Ier. Il commanda la célèbre charge du plateau de Pratzen contre les chevaliers-gardes d'Alexandre, décidant ainsi de la victoire d'Austerlitz. Morland eut son boulevard sous le Second Empire. Il était assez célèbre parmi les carabins de la Faculté de médecine de Paris parce qu'on avait placé son corps dans un tonneau de rhum pour qu'il se conservât mieux, à la fin de la bataille où il avait trouvé la mort. Ses camarades l'avaient ainsi expédié vers Paris. On le conserva longtemps, sous forme de momie, qu'on exposait aux étudiants.

PONT-MARIE La station n'honore pas la Vierge Marie mais l'entrepreneur général des Ponts qui se nommait Christophe Marie. Son maître Louis XIII lui avait commandé de refaire en pierre ce pont, qui fut inauguré par le souverain en personne, en présence de sa mère Marie de Médicis, en 1614. Le roi avait alors posé la première pierre. La construction fut achevée seize ans plus tard seulement. Des maisons surmontaient ses cinq arches. Deux notaires, qui habitaient l'une d'elles, périrent avec leurs archives dans l'inondation de 1658 qui faillit emporter le pont Marie. Les maisons ne disparurent vraiment qu'en 1788. À cette époque, le pont Marie avait été renforcé. Les bateaux-mouches ont aujourd'hui du mal à se faufiler entre ses cinq arches. Le pont n'est large que d'une centaine de mètres. Il est, avec le Pont-Neuf, le plus ancien de la capitale. On prit grand soin que le métro passant sous le fleuve n'ébranlât les fondations des piles.

CHÂTELET Voir p. 35.

PONT-NEUF

Le métro débouche sur l'entrée rive droite du Pont-Neuf, en face des magasins de *La Samaritaine*. Le Pont-Neuf, construit par Henri IV, était le premier à n'avoir pas de boutiques et de maisons sur ses arches. Mais au débouché rive droite, les commerces ont toujours été nombreux. *La Samaritaine* fut fondée par Émile Cognacq dans un café sous-loué de l'angle de la rue de la Monnaie et de la rue du Pont-Neuf. *La Samaritaine* était le nom de la pompe attachée au pont jusqu'en 1813. Cognacq épousa bientôt Mademoiselle Jay, vendeuse au *Bon Marché*. En 1905, les magasins devinrent monumentaux. Alors que le métro n'était pas encore ouvert, s'élançait déjà vers le ciel un immeuble de fer. Un autre suivit en 1927. Les magasins de nouveautés, prospères au temps de Louis-Philippe : *Au Diable Boiteux* et *La Fille Mal-Gardée* devaient disparaître, mais le Pont-Neuf avait porté chance à *La Samaritaine* qui, en 1926, posséda en outre sa station de métro.

PALAIS-ROYAL-MUSÉE-DU-LOUVRE Voir p. 33.

PYRAMIDES La Pyramide de verre du Louvre est très loin d'être construite quand, dans la rue de Rivoli, s'ouvre la rue des Pyramides en 1802. C'est un souvenir de la victoire remportée en Égypte par Bonaparte sur les Turcs, en 1798. Tout ce quartier est alors livré à la mode égyptienne. La décoration des maisons évoque l'Égypte. Les femmes s'habillent à l'antique, de voiles et mousselines de soie. Joséphine se prend pour Cléopâtre. On aperçoit en face des sphinx sculptés, des triangles pyramidaux, des danseuses égyptiennes. L'obélisque n'est pas encore dressé place de la Concorde (il ne le sera que sous Louis-Philippe) et pourtant le quartier de Rivoli vit déjà à l'heure du Nil.

OPÉRA Voir p. 84.

CHAUSSÉE-D'ANTIN-LA FAYETTE Sous la Restauration, ce quartier est habité par de riches bourgeois, des financiers cossus. Il pense libéral, veut une monarchie plus démocratique et s'oppose au Faubourg Saint-Germain de l'autre côté de la Seine, qui veut maintenir en France une monarchie patriarcale et qui n'ouvre ses salons qu'aux nobles à quatre quartiers. La chaussée, ainsi appelée parce qu'elle dominait, de ses pavés luisants, les terrains marécageux qui l'entouraient, doit son nom au duc d'Antin qui construisit son hôtel dans ce quartier au début du XVIIIe siècle. Le financier le plus célèbre qui habita la Chaussée fut le banquier protestant Mallet, associé avec ses frères dans une banque qui devint rapidement prospère et influente : il y eut toujours un Mallet régent de la Banque de France. L'hôtel Necker avait été racheté par le banquier Jules Récamier en 1798. Madame Récamier, le modèle du tableau d'Ingres, y donna des bals éblouissants. Son mari, beaucoup plus âgé qu'elle, fit de mauvaises affaires et vendit son hôtel à un autre banquier, Mosselmann. Le banquier Perrégaux, agioteur célèbre et fournisseur de la Grande Armée, eut aussi sa résidence Chaussée-d'Antin qui était, sous l'Empire et la Restauration, le « boulevard de la Haute Noce ».

Quant à La Fayette, après avoir aidé les Américains à chasser les Anglais, il mit son épée à la fois au service du roi de France et de la Révolution, parvenant de justesse, par ce double jeu risqué, à sauver sa tête en s'enfuyant chez les Autrichiens. En 1830, il est à nouveau à la fenêtre de l'Hôtel de Ville de Paris pour faire introniser Louis-Philippe.

LE PELETIER

L'opéra de la rue Le Peletier est éclairé de mille torches à gaz. Pour la première fois dans Paris, le gaz est utilisé dans une salle afin d'éviter les incendies. Le 14 janvier 1859, l'empereur Napoléon en personne doit assister à la représentation de *Marie Stuart* dans cette salle de la rue Le Peletier, ainsi appelée en souvenir de Louis Le Peletier de Mortefontaine, prévôt des marchands de Paris avant la Révolution. Quand les lanciers de l'escorte caracolent dans la rue Le Peletier, trois bombes explosent, dont deux sous la voiture impériale. Cent cinquante-six personnes sont atteintes. Les auteurs de l'attentat sont des membres d'une société secrète italienne, la Charbonnerie. Orsini et Pietri seront pris, condamnés et décapités. L'empereur, légèrement blessé, poursuit son chemin à pied avec l'impératrice commotionnée, mais droite et courageuse. Ils prennent leur place dans la loge impériale sous les vivats du public et assistent, comme prévu, à la représentation de *Marie Stuart*. La salle de la rue Le Peletier devait être plus tard victime d'un atroce incendie qui la détruisit entièrement en 1873. La station Le Peletier, d'apparence innocente, évoque ce double drame.

CADET

Le métro Cadet est celui de la loge maçonnique du Grand-Orient de France. Les Cadet étaient au XVIIe siècle des jardiniers qui utilisaient les dépôts d'ordures de la voirie pour fumer leurs plantureux légumes, qu'ils vendaient aux meilleurs restaurants.

Les tabliers des maçons remplacèrent sous le Second

Empire ceux des jardiniers. La Grande Loge s'installa au n° 16 en 1857. Elle devait jouer un rôle important durant la IIIe République, fournissant au régime le soutien de ses affidés — très nombreux en France — et le secours de ses propagandistes pour mener la lutte en faveur d'un État laïque et tolérant. Les plus grands noms du Parlement passèrent par la rue Cadet, même quand ils n'assistaient qu'à des « tenues blanches » sans être eux-mêmes initiés. La société de pensée maçonnique donnait en effet le ton des réformes sociales que les francs-maçons entendaient promouvoir dans le pays. Un grand nombre de ministres et de présidents du Conseil furent maçons. Du métro de la rue Cadet sortaient, le jour des conférences, des membres des loges de quartiers qui venaient écouter les ténors de la politique, de l'université ou du journalisme exposer leurs idées.

POISSONNIÈRE

Le quartier sent le poisson de la grande marée venu du nord à dos de mulet, avant le chemin de fer. Il en a gardé une tradition de restauration qui favorise, depuis le Second Empire, des dîners littéraires. Au restaurant *Brébant* se sont ainsi succédé les « dîners des Spartiates » (créés par les Goncourt), les « dîners du Bœuf nature », avec Émile Zola et Flaubert, les « dîners des Rigobert », fréquentés par les peintres et dessinateurs comme Detaille, les « dîners Bixio », où financiers et industriels rencontraient les écrivains aimés du pouvoir, les Sainte-Beuve, les Mérimée, les Sardou... Les journaux s'étaient aussi installés dans ce quartier du boulevard Poissonnière : *Le Figaro* y avait fait ses débuts, avant son achat par Villemmessant ; *Le Matin* de Bunau-Varilla y tenait ses assises ; *La Nouvelle Revue*, *La République française*, le journal de Gambetta, *La Lanterne* d'Henri Rochefort aussi. Les journalistes hantaient les restaurants du quartier, tout vibrants des éclats de leurs grandes querelles. Le métro donnait accès, au début du siècle, à l'un des quartiers les plus vivants de Paris, celui où les journalistes de reportage côtoyaient les plus grands esprits du temps, engagés aussi dans la bataille d'idées que véhiculaient les quotidiens.

GARE-DE-L'EST Voir p. 110.

CHÂTEAU-LANDON

Le sire Landon est le propriétaire d'un château sur l'emplacement de la rue qui portait son nom au temps de Louis XIV. On ne sait rien de lui, sinon qu'il devait être riche et aimer la campagne car la rue n'était pas encore intégrée à l'urbanisme parisien. Non pavée, non éclairée, elle offrait des gîtes aux amateurs de nature et de silence. Depuis longtemps déjà, le gibet de Montfaucon, tout proche, n'était plus utilisé par la justice et les habitants de la rue du Château-Landon ne devaient pas être incommodés par la proximité d'un lieu de supplice. Rue tranquille en somme, habitée seulement par les lazaristes, des religieux qui priaient à la campagne, sans être importunés par le bruit des voitures. Sous le Second Empire, avec l'urbanisation, la rue devint mal fréquentée. On y avait construit un abattoir de porcs qui répandait une odeur difficile à supporter. Cet abattoir fut heureusement démoli quand ceux de la Villette entrèrent en service. On ne risque pas aujourd'hui de rencontrer, à la sortie du métro Château-Landon, ni religieux, ni porcher, ni bourreau mais seulement des petits-bourgeois parisiens qui habitent un quartier resté calme.

LOUIS-BLANC

Louis Blanc — un des ancêtres du socialisme français — a sa station près de celle de Jaurès, dans un ancien quartier ouvrier de la capitale, au pied de Belleville et de Ménilmontant, à la porte des Buttes-Chaumont.

Né en 1811, mort en 1882, il a connu les trois révolutions parisiennes du XIXe siècle et participé surtout à celle de 1848. Ayant réfléchi à l'*Organisation du Travail*, il avait proposé que l'on inscrivît dans la constitution le droit au travail pour tous. Il fut membre du gouvernement provisoire en 1848, aux côtés de Lamartine. Il avait présidé à l'œuvre des Ateliers nationaux organisant des secours aux ouvriers en chômage. L'échec de cette entreprise l'avait affecté ; le coup d'État du 2 décembre le contraignit à l'exil. Il ne revint en France qu'en 1870 pour saluer la naissance de la IIIe République. Il eut le bonheur de voir les républicains s'installer au pouvoir, mais il était trop tôt pour que ses idées sur l'organisation du travail pussent être appliquées. Son œuvre et sa mémoire aidèrent le mouvement socialiste et syndicaliste français à se constituer.

STALINGRAD Voir p. 64.

RIQUET

Voilà un ingénieur auquel le métro ne doit rien. Pierre Riquet (1604-1680) travaillait pour Colbert, le ministre de Louis XIV. Il avait conçu les plans du canal du Midi, qui reliait Bordeaux à Toulouse et au Languedoc. Une artère vitale pour l'ancienne France, qui devait revivifier l'industrie et l'agriculture dans le sud, animer le commerce local, percer l'isthme français. Cette noble ambition fut couronnée de succès. Le Second Empire songeait plutôt aux lignes de chemin de fer qu'aux canaux. Si l'Angleterre et l'Allemagne avaient réalisé leur révolution industrielle grâce aux voies navigables, ce n'était pas le cas de la France, où les investissements n'avaient jamais été à la hauteur des besoins. Raison de plus pour honorer Pierre Riquet.

CRIMÉE

Voilà un nom de victoire, donné à une rue sous l'Empire, que les républicains n'ont pas cru devoir débaptiser. C'est qu'en un an, de 1854 à 1855, la péninsule russe de Sébastopol avait été le lieu de combats féroces. Les Français étaient morts par milliers, aux côtés des Britanniques, pendant l'hiver sinistre de Crimée, où le vent, la pluie, la boue et la neige rendaient les hommes malades, où l'été leur envoyait le choléra. La défense héroïque des Russes, la bonne qualité de leur artillerie rendirent les combats meurtriers. Les républicains de 1880 étaient des patriotes qui reconnaissaient le courage militaire. Ils ne touchèrent pas à la rue de Crimée. Le métropolitain put donner ce nom à une station sans susciter aucune critique.

CORENTIN-CARIOU

La station s'appelait à l'origine Pont-de-Flandre, d'un pont qui franchissait le canal Saint-Denis. Un certain nombre de stations furent débaptisées en 1945 pour rendre hommage aux victimes de l'occupation nazie. Corentin Cariou était de celles-là. Ce conseiller municipal de l'arrondissement fut pris en otage par les Allemands en 1942 et fusillé avec ses compagnons. La doctrine du commandement militaire allemand était d'exercer des représailles à cent contre un quand un soldat de la Wehrmacht avait été victime d'un attentat. Corentin Cariou devait payer de sa vie les actions courageuses de la Résistance contre les troupes d'occupation. La station fut inaugurée le 2 octobre 1946. On avait gardé le souvenir des nombreuses exactions qui avaient frappé la population parisienne et ses courageux édiles.

PORTE-DE-LA-VILLETTE

C'est le paradis de la viande. On ne tue plus de bestiaux à la Villette mais les restaurants y restent nombreux, autour du parc scientifique où se pressent, le mercredi, les écoliers de la capitale.

Jadis, bœufs et moutons gagnaient en troupeaux les abattoirs. Ils débarquaient des gares, venus de la Bretagne, du Morvan ou du Charolais, et gagnaient, à travers les boulevards, les dix-neuf hectares dessinés et aménagés par Baltard pour approvisionner en viande fraîche et saine, dûment contrôlée par des vétérinaires, les douze cents bouchers de la capitale. On tuait la nuit, on débitait le jour. Une armée de vachers, de bergers, de commis, de forts des Halles, de charretiers et d'ouvriers des abattoirs se répandait dans les gargotes du quartier, buvant les chopes du Nord ou le vin du Beaujolais.

AUBERVILLIERS-PANTIN-QUATRE-CHEMINS

Cette station a ouvert ses portes en 1979 pour desservir la ville d'Aubervilliers, jadis métropole industrielle. Les Quatre-Chemins, encore appelés les Quatre-Routes, sont un carrefour où la route de Saint-Denis à Nogent-sur-Marne croise la route du Bourget. Aubervilliers était une gare sur le chemin de fer de Paris Nord à Crépy-en-Valois. Traversée par le canal Saint-Denis, la petite ville se prêtait à une implantation industrielle qui fut massive pendant la première moitié du XIXe siècle. Aussi, la municipalité était-elle de gauche. La ville faisait partie de la « ceinture rouge » dc Paris. Son député-maire socialiste, avant la guerre, s'appelait Pierre Laval. Il avait abandonné très vite le parti pour se situer au centre-droit, puis à l'extrême droite, comme son collègue communiste Jacques Doriot, maire de Saint-Denis.

FORT-D'AUBERVILLIERS Ce fort faisait partie, comme celui de Romainville tout proche, des défenses extérieures de la capitale. À ce titre, il joua son rôle lors de la résistance de Paris à l'invasion, en 1814.

Une colonne russe débouchant du Bourget était commandée par l'émigré français Langeron. Du Blanc-Mesnil et d'Aulnay-lès-Bondy, les cosaques, précédant les grenadiers et les chasseurs, se présentèrent sous les canons du fort d'Aubervilliers qui n'avait pas reçu de défenses suffisantes. Les maréchaux Marmont et Mortier souhaitaient engager le combat décisif plus près de Paris, pour bénéficier de la ligne continue des fortifications. La brigade Robert s'était pourtant avancée jusqu'à Aubervilliers, faisant face aux troupes de Langeron. Il fallut aux Russes trois heures de combat pour s'emparer de vive force d'Aubervilliers. Tel est le seul souvenir historique de ce lieu, dont la dénomination reste militaire.

LA COURNEUVE-8-MAI-1945

Cette ville ouvrière était, encore dans les années cinquante, un centre d'industries mécaniques et chimiques, installé sur la petite rivière du Croult. La ville entière avait été réveillée en sursaut, le 15 mars 1918, par l'explosion d'une poudrière géante installée pour les besoins de la guerre.

En poussant jusqu'à La Courneuve la ligne n° 7 du métropolitain, les responsables ont jugé utile de relier à la capitale cette population nombreuse, habitant pour la plupart d'immenses blocs de H.L.M. La date du 8 mai 1945 est celle de la victoire sur l'Allemagne nazie à la fin de la Seconde Guerre mondiale. La Courneuve n'est pas loin du camp de Drancy où Juifs et résistants étaient internés pendant la guerre pour être entassés dans les wagons à bestiaux des convois de la mort.

M 7 BIS

JAURÈS Voir p. 65.

BOLIVAR

Simon Bolivar est l'un des rares personnages étrangers de l'Histoire qui soit honoré d'une station dans le métro. L'avenue tracée dans le XIXe arrondissement pendant le Second Empire, lors de l'aménagement des Buttes-Chaumont en parc municipal, s'appelait avenue de Puebla en souvenir de la difficile victoire remportée par les Français lors de l'expédition du Mexique. Le souvenir de l'échec de cette entreprise était si vif sous la IIIe République que l'avenue fut débaptisée, et la victoire de Puebla remplacée par le nom du libérateur de l'Amérique du Sud.

Simon Bolivar était, il est vrai, très proche de la sensibilité révolutionnaire française. Ce Vénézuélien, né à Caracas en 1783 d'une famille basque, avait eu pour précepteur Rodriguez qui lui avait enseigné la pensée démocrate de Jean-Jacques Rousseau. Devenu franc-maçon, il avait obtenu, contre l'Espagne, l'appui des Anglais pour lancer la guerre d'indépendance qui devait lui valoir au Venezuela le surnom de *Libertador*. Des volontaires français et anglais l'avaient aidé à réussir l'indépendance de son pays ; il devint président de la République en 1819. Il avait, à la suite d'une série d'expéditions, fédéré sous le nom de Colombie le Venezuela, l'Équateur et la Nouvelle-Grenade. Il avait également libéré le Pérou et la Bolivie. Les républicains de Paris ne pouvaient manquer de reconnaître en lui une sorte de héros.

BUTTES-CHAUMONT Le préfet de Police de Napoléon III devait sans cesse surveiller les buttes du lieu-dit Chaumont que l'on appelait encore les Carrières d'Amérique. Elles avaient en effet fourni à la capitale une grande quantité de plâtre. Les galeries souterraines serpentaient sous les Buttes, avec des cavernes de quinze mètres de haut. Celles-ci servaient de refuge aux malandrins, aux vagabonds et aussi aux émigrants qui faisaient escale à Paris avant de s'embarquer au Havre pour l'Amérique — très souvent des Allemands. Les crimes étaient nombreux, le quartier malfamé. Haussmann résolut d'y installer un parc à l'anglaise, en creusant des ruisseaux alimentés par des pompes puisant l'eau du canal Saint-Martin. Une cascade maintenait le niveau d'un lac artificiel doté d'une île où l'on avait érigé un petit tholos, reproduction du temple de Vesta dans la villa Hadriana près de Rome. À partir de 1867, le parc des Buttes-Chaumont fut ouvert au public des amoureux, des curieux et des promeneurs solitaires. On dut hélas ! le surveiller à cause d'un nouveau fléau, le suicide : la grande cascade devint le rendez-vous des désespérés.

BOTZARIS La rue Botzaris, ouverte en 1862, portait au départ un autre nom. On était au début de l'expédition française au Mexique, décidée par Napoléon III. Les édiles, pour flatter l'empereur, avaient inauguré une rue de Vera-Cruz, du nom du port mexicain où avait débarqué le corps expéditionnaire français.

En 1880, les républicains du Conseil municipal décidèrent de mettre le holà à cette inflation de victoires mexicaines dans ce quartier de Paris. Ils choisirent le nom d'un héros de la guerre d'indépendance grecque, Marc Botzaris, qui avait défendu avec bravoure contre les Turcs la ville de Missolonghi en 1823. La même année, les Turcs, qui avaient tué son père, vinrent à bout de son courage. Ils tuèrent celui que les admirateurs des héros de l'indépendance grecque avaient surnomé « l'aigle de Seleïde ». Parmi eux, les poètes français Victor Hugo et anglais Byron, qui s'engagea dans les rangs des partisans grecs.

PLACE-DES-FÊTES

C'est la station de métro qui possède la plus forte dénivellation (22,45 m) et le plus long escalier mécanique (plus de vingt mètres). Elle a été difficilement construite dans les marnes à huîtres, terrains peu résistants qu'il fut nécessaire de renforcer. La place des Fêtes est celle du village de Belleville. Les Parisiens venaient jadis nombreux dans les guinguettes de la Haute-Courtille. La « descente de la Courtille » avait lieu le Mardi gras. Vers les années 1830, on pouvait y apercevoir des mondains déguisés en Pierrots, des femmes du monde en Colombines, qui dansaient avec la population de la place des Fêtes. Le mercredi des Cendres, on mobilisait tous les véhicules, même les chars à bancs pour descendre, en un long cortège de déguisements, jusqu'aux grands boulevards. La joie de la foule rappelait celle des grands carnavals.

PRÉ-SAINT-GERVAIS

Ce hameau portait le nom de Gervais, martyrisé à Milan, qui posséda plusieurs églises dans Paris. Dans le village de Belleville, au XIXe siècle, les ouvriers se réunissaient dans des assemblées houleuses où se prenaient des décisions politiques capitales. La commune du Pré-Saint-Gervais était l'un des baromètres de l'agitation ouvrière. La police impériale surveillait ces réunions en plaçant des mouchards parmi les manifestants. On redoutait la descente sur l'Hôtel-de-Ville du peuple de Belleville qui était toujours à la pointe du combat révolutionnaire.

DANUBE

On peut s'étonner de trouver le fleuve viennois sur les pentes de la colline de Belleville. Pourquoi cette évocation géographique seulement attachée à la magie du plus long fleuve d'Europe ? Quand la place fut inaugurée en 1877, elle était ouverte depuis deux ans déjà sans que personne lui ait trouvé de nom. Le conseil municipal de l'époque baptisait volontiers du nom de Simplon ou des Pyrénées les rues du XIXe arrondissement. Ainsi s'explique la présence du Danube près de la butte des Carrières d'Amérique que les ingénieurs du métro eurent beaucoup de mal à aménager. Après la Seconde Guerre mondiale, le Conseil municipal trouva expédient de transformer cette place du Danube en place Rhin-et-Danube pour rendre hommage à la belle campagne d'Allemagne de la première division française commandée par le général de Lattre de Tassigny. Le métro ne crut pas bon de suivre cet exemple et le général, devenu maréchal, n'a pas, contrairement à Leclerc, de station sur le réseau.

M 8

Balard – Porte-de-Charenton

Balard – Créteil-Préfecture

- Balard
- Lourmel
- Boucicaut
- Félix-Faure
- Commerce
- La Motte-Picquet-Grenelle
- École-Militaire
- Latour-Maubourg
- Invalides
- Concorde
- Madeleine
- Opéra
- Richelieu-Drouot
- Rue-Montmartre
- Bonne-Nouvelle
- Strasbourg-Saint-Denis
- République
- Filles-du-Calvaire
- Saint-Sébastien-Froissart
- Chemin-Vert
- Bastille
- Ledru-Rollin
- Faidherbe-Chaligny
- Reuilly-Diderot
- Montgallet
- Daumesnil
- Michel-Bizot
- Porte-Dorée
- Porte-de-Charenton
- Liberté
- Charenton-Écoles
- Maisons-Alfort-École-Vétérinaire
- Maisons-Alfort-Stade
- Maisons-Alfort-les-Juilliottes
- Créteil-l'Échat
- Créteil-Université
- Créteil-Préfecture

La ligne n° 8 décrit un vaste arc de cercle à travers la capitale, du sud-ouest au sud-est. Elle franchit la Seine entre Invalides et Concorde, puis la Marne entre Charenton-Écoles et Maisons-Alfort-École-Vétérinaire. Car la ligne de Charenton a été prolongée jusqu'à Créteil.

On avait amélioré les techniques de traversée du fleuve. Le tunnel sous la Seine mesurait plus de huit cents mètres, de la rue de Constantine à la place de la Concorde près du cours La Reine. La traversée avait été effectuée par un bouclier qui avançait grâce à des vérins hydrauliques. Les deux voies étaient contenues dans un même tube de sept mètres de diamètre. On a réalisé la percée en trois ans, d'avril 1908 à janvier 1911. En 1913, fut inaugurée la section Beaugrenelle-Opéra, puis Beaugrenelle-Porte-d'Auteuil. Il fallut attendre 1931 pour que le parcours Richelieu-Drouot-Pont-de-Charenton fût ouvert au public. En 1937 seulement, fut inaugurée la station Balard. En 1942, la ligne fut poussée de la porte de Charenton à Charenton-Écoles. La prolongation vers Créteil fut marquée d'abord par le tronçon de Maisons-Alfort, inauguré en 1972, puis de Créteil, en 1974.

BALARD La place Balard a reçu sa plaque émaillée en 1907. Balard était alors décédé depuis longtemps (1876). L'hommage qui lui fut rendu allait à la science, que les républicains vénéraient : aucune trace d'action politique ou municipale chez Balard. Il est chimiste, rien quc chimiste.

Ce chercheur, né à Montpellier en 1802, avait découvert un corps, le bromé en 1826. Il avait également imaginé un procédé pour extraire le sodium de l'eau de mer : un bienfaiteur de l'industrie. Il fut reçu à l'Académie des sciences en 1844, sous Louis-Philippe. On était encore à l'aube du développement industriel français. Des hommes de sciences, comme Balard, avaient préparé le terrain du futur développement de l'industrie chimique par leurs découvertes. Cela méritait bien, plus tard, une plaque dans le métro.

LOURMEL La IIIe République n'osa renvoyer à l'oubli, en débaptisant la rue de Lourmel, le brave général Frédéric Henri Lenormand de Lourmel. Pourtant, il était né dans l'ancienne Napoléon-Ville, à Pontivy en Bretagne et passa très tôt pour bonapartiste, ce qui n'était pas destiné à lui attirer des égards sous la Restauration. Il s'était distingué dans les opérations d'Algérie sous la monarchie de Juillet. Le prince Napoléon l'avait pris pour aide de camp. Il avait ainsi accédé très vite au grade de général en 1852 : un enfant chéri du régime en somme. Mais Lourmel n'était pas qu'un intrigant : il était aussi courageux comme un Breton. Il le montra en Crimée, en attaquant sans relâche à la dure bataille d'Inkerman, lors du siège de Sébastopol. Comment faire disparaître un héros mort au combat ? Il déboucha, sabre au clair, sur les quais du métro.

BOUCICAUT Boucicaut n'était pas médecin mais son épouse, Marguerite a fondé l'hôpital qui porte son nom, dans le XVe arrondissement. Aristide Boucicaut était un honnête commerçant, d'origine normande, qui avait eu l'idée de ruiner ses concurrents en installant, au cœur de Paris, un grand magasin, le *Bon Marché*, desservi par des milliers d'attelages à cheval qui apportaient les marchandises des entrepôts. Zola dans *Au Bonheur des dames* a décrit les ravages de cette entreprise sur le tissu commercial du quartier. Boucicaut était un conquérant. En offrant au public modeste des articles à bon marché, en développant le crédit, il entrait dans l'ère de la « civilisation des masses ». Les profits étaient tels que son épouse eut les moyens de fonder un hôpital au nom du grand homme. Mort en 1877 en pleine gloire, Aristide Boucicaut fut une sorte de pionnier de la modernité.

FÉLIX-FAURE

Félix Faure est le seul président de la République, avec Charles de Gaulle, qui ait donné son nom à une station de métro mais la République de Faure était la IIIe. L'ancien commerçant en cuirs et peaux, membre de la loge maçonnique du Havre, avait fait une brillante carrière au centre-droit avant d'être élu, le 11 janvier 1895, président par le Congrès réuni à Versailles. La rue qui porte son nom avait été baptisée en 1907, peu de temps après sa mort survenue en 1899. Il était le président de l'alliance franco-russe, et comme tel, soutenu par les républicains patriotes, soucieux de se garder de l'impérialisme allemand par une « alliance de revers ».

L'attitude peu courageuse du président pendant l'affaire Dreyfus et les circonstances délicates de sa mort (dans les bras d'une belle, à l'Élysée) n'avaient pas réussi à le discréditer. Le métro ne lui tint pas rigueur d'avoir « perdu sa connaissance » qui s'était éclipsé, selon les dires de l'huissier de l'Élysée, « par la porte de derrière ».

COMMERCE

Pourquoi commerce ? La place du Commerce, la rue du Commerce, le café du Commerce sont des appellations courantes de petites villes républicaines de la fin du siècle dernier. Il se trouve que Grenelle était un village : les vaches y paissaient encore au XVIIIe siècle. La plaine n'a été que tardivement allotie, occupée d'abord par une poudrerie, puis par des industries. Les rues commerçantes y étaient rares ; les magasins se groupèrent dans une petite rue qui faisait face à la mairie. Ils y sont restés. Ainsi subsiste, dans un quartier profondément modifié par le départ des industries remplacées par des tours et des immeubles de bureaux, plus que jamais nécessaire, comme une oasis d'humanité dans un désert de verre et de béton, la rue du Commerce, desservie par la station du même nom.

LA MOTTE-PICQUET-GRENELLE Voir p. 135.

ÉCOLE-MILITAIRE

L'École militaire fut construite sous le règne de Louis XV de 1752 à 1760. Elle était destinée à former des jeunes officiers. Très curieusement, quand la Révolution et l'Empire portèrent la guerre dans toute l'Europe, on n'eut pas le temps de s'apercevoir qu'on n'avait aucun besoin d'une école de guerre. La Révolution portait les « bataillons » à la baïonnette contre l'ennemi, qui seul pratiquait la guerre « savante », celle de l'« ordre mince » et des contremarches.

Ainsi, l'École construite par l'architecte Gabriel fut-elle transformée en dépôt de blé et de farine puis en quartier de cavalerie, en l'an II de la République. Elle abrita la garde consulaire, puis la garde royale : l'École devint une grande caserne. La Garde impériale lui donna ses lettres de noblesse : elle fut la caserne de l'élite de l'armée. Qui pouvait prétendre enseigner l'art de la guerre aux vieux briscards des chasseurs à pied ou des grenadiers de la Garde ? Le Second Empire y logea également la cavalerie et l'artillerie : six mille hommes de troupe — une bénédiction pour les commerçants du quartier. La IIIe République rendit à l'École sa fonction d'enseignement. L'École supérieure de guerre y trouve aujourd'hui sa place.

LA TOUR-MAUBOURG Encore un boulevard militaire, dû à la proximité des Invalides dont le marquis de La Tour Maubourg fut gouverneur. Issu d'une illustre famille de militaires, ce La Tour Maubourg n'est pas Jean Hector de Fay, né en 1674, maréchal de France, ni Marie César Charles Florimond de Fay, général politicien né en 1757, mais un autre général, frère du précédent : Victor Nicolas de Fay, vicomte, puis marquis de La Tour Maubourg. Officier aux gardes du corps, il avait assuré la protection de la reine Marie-Antoinette pendant les journées des 5 et 6 octobre où la foule parisienne avait envahi le château de Versailles. Émigré en 1792, il était rentré en France après la Terreur pour s'engager dans l'armée. Colonel de cavalerie, il fut l'aide de camp de Kléber en Égypte. Il se couvrit de gloire pendant les guerres de l'Empire mais ne participa pas à la dernière campagne, celle de Waterloo. Cette attitude prudente lui valut la bienveillance de Louis XVIII en 1815 : le roi le fit pair de France, ambassadeur à Londres et ministre de la Guerre avant de le nommer gouverneur des Invalides en 1821. En 1830, après la révolution, il eut le bon goût de suivre Charles X en exil. Voulait-il se faire pardonner ses faits d'armes sous les ordres de Kléber, le héros de Mayence et des guerres de Vendée ?

INVALIDES Voir p. 149.

CONCORDE Voir p. 31.

MADELEINE C'est une église qui n'a pas de croix. Pourtant on peut assister au culte : le curé de la Madeleine dit la messe. Dans un temple grec. Il s'agit d'un détournement d'édifice. À l'origine, le commanditaire de la Madeleine n'a pas voulu en faire une église. L'empereur Napoléon a commandé à l'architecte Vignon un temple grec. « J'entends, écrivait-il, un monument tel qu'il y en avait à Athènes, et qu'il n'y en a pas à Paris. » Il voulait l'appeler « Temple de la Victoire » et le dédier à la Grande Armée. Le temple n'était pas terminé quand la Grande Armée connut, à la suite de la désastreuse campagne de Russie, ses premières défaites. Que faire du temple ? Louis XVIII était de retour, avec les jésuites et les prêtres qui marqueraient pieusement la période de la Restauration d'un retour forcené au culte. On décida de faire de la Madeleine une église, de garder l'aspect grec à l'extérieur, mais d'aménager l'intérieur comme une basilique romaine. L'Église ne fut terminée qu'en 1842 : Louis XVIII et l'architecte Vignon étaient déjà morts. Alors que le Panthéon, qui devait être une église avant d'être transformé en temple des héros, a conservé, en façade, sa croix, la Madeleine, en dépit des objurgations de ses curés, n'en a jamais eu. La station de métro non plus. Il est vrai qu'on n'a encore jamais dit la messe dans le métro.

OPÉRA Voir p. 84.

RICHELIEU-DROUOT

Rien de commun entre Richelieu et Drouot. Le général Antoine, comte de Drouot, né à Nancy en 1774, avait gagné ses galons sur les champs de bataille. Ce fils de boulanger était à Fleurus et à Hohenlinden. Il était colonel de l'artillerie à pied de la Garde à la bataille de Wagram, où l'artillerie avait emporté la partie. Général de division, aide de camp de l'empereur, ce « sage de la Grande Armée », toujours de bon conseil, avait accompagné Napoléon à l'île d'Elbe et ramené les débris des troupes vaincues après Waterloo jusqu'au sud de la Loire. Traduit devant un conseil de guerre, cet honnête homme avait été acquitté. Un duc de Richelieu gouvernait alors la France, pour le compte de Louis XVIII en 1815. Mais le métro n'a gardé le souvenir que du lointain ancêtre du ministre de Louis XVIII, Armand du Plessis, cardinal de Richelieu, premier ministre du roi Louis XIII et créateur de l'Académie française. La rue qui porte son nom passe devant la Bibliothèque nationale, qui n'est pas son œuvre mais celle de son successeur : le cardinal de Mazarin. Il n'y a pas de station de métro Mazarin : comment honorer le plus impopulaire des ministres royaux ?

RUE-MONTMARTRE

Jaurès y fut assassiné au *Café du Croissant* le 31 juillet 1914. Cette rue fréquentée par les journalistes a abrité de nombreux immeubles de presse. Elle était jadis recherchée par les directeurs de journaux qui expédiaient vers la province leurs nouvelles, almanachs et libelles grâce aux Messageries royales. Le journal *Le Constitutionnel* siégeait au début du XIXe siècle dans l'immeuble voisin des Messageries. Le quotidien *Le Siècle* avait son siège dans la rue proche du Croissant. Les imprimeries, les centres de diffusion de presse étaient nombreux autour de la rue Montmartre. On y trouve aujourd'hui l'immeuble du *Figaro*.

BONNE-NOUVELLE

Cette appellation évangélique rappelle que la station débouche sur une église, celle de Notre-Dame-de-Bonne-Nouvelle. Sur une butte remplie de déblais fétides, Anne d'Autriche avait fait reconstruire une église, la précédente ayant été détruite au temps des guerres de Religion. Elle y venait souvent en pèlerinage, pour demander à la Vierge de la guérir de sa stérilité. Il n'y aurait pas aujourd'hui d'église à Bonne-Nouvelle si trois paroissiens ne l'avaient rachetée pendant la Révolution pour lui éviter la démolition. On reconstruisit pour la troisième fois l'église de Notre-Dame-de-Bonne-Nouvelle sous la Restauration, en 1823. On détestait alors l'idée qu'une paroisse pût manquer de clocher.

STRASBOURG-SAINT-DENIS

Voir p. 109.

RÉPUBLIQUE

Voir p. 88.

FILLES-DU-CALVAIRE Au cœur du Paris des religieux se trouvait le couvent des Filles-du-Calvaire. En pleine Contre-Réforme, le cardinal de Richelieu veut stimuler les ordres religieux pour assurer la reconquête religieuse du royaume, qui sort des guerres de Religion. On pense que le culte de Marie est de nature à émouvoir les fidèles, surtout s'il s'agit de célébrer la douleur de la Vierge pleurant son fils qui meurt sur la Croix. La nouvelle congrégation des Filles-du-Calvaire fut créée par le Père Joseph en 1637. C'était la maison mère d'une congrégation qui a des couvents à Angers, à Poitiers, et deux autres dans Paris. Le couvent fut fermé puis vendu sous la Révolution. Le *Théâtre du Boudoir-des-Muses* s'installa alors dans sa chapelle.

SAINT-SÉBASTIEN-FROISSART Le nom de la rue de Saint-Sébastien vient d'une enseigne qui représentait le saint homme percé de flèches. Dans cette taverne venaient boire les arquebusiers de Paris, qui avaient pris le saint comme protecteur. C'est en 1864 qu'on donna le nom de rue Froissart à la rue Neuve-de-Bretagne. Victor Duruy, le ministre de l'Instruction publique de Napoléon III, avait écrit une *Histoire de France*. Tout ce qui rappelait l'histoire des origines du pays était alors à la mode. Froissart, le brillant chroniqueur du XIIIe siècle, donna son nom à une rue, ainsi que Commynes. Froissart n'avait pas le moindre rapport avec saint Sébastien. Le hasard de la topographie a créé de toutes pièces le nom composé de la station.

CHEMIN-VERT L'ex-ruelle des Neuf-Arpents était devenue en 1675 rue du Chemin-Vert. Longtemps verdoyante, cette rue sinueuse qui conduisait à Ménilmontant avait été choisie par des hommes épris de silence et de nature pour y bâtir leur résidence. Les hôtels avec jardins y étaient nombreux au XVIIIe siècle. On y comptait même quelques folies et une fabrique de porcelaine. Parmentier mourut dans une de ces maisons, en 1813. Le sage pharmacien des Invalides se passionnait alors non seulement pour la pomme de terre mais pour le maïs, le jus de raisin, la châtaigne et le biscuit de mer. Son obsession était de faire disparaître les famines en utilisant dans l'alimentation toutes les ressources de la nature. Il était à son aise rue du Chemin-Vert. Seuls les merles et les moineaux le dérangeaient dans ses recherches.

BASTILLE Voir p. 38.

LEDRU-ROLLIN Un seul homme, doté d'un nom composé. Cet avocat barbu, né en 1807 à Paris, est l'une des idoles de la République. Élu député de l'opposition en 1841, il mena d'abord le combat contre la monarchie de Juillet et fut l'une des grandes figures de la révolution de 1848. Candidat malheureux contre le prince Louis-Napoléon à la présidence de la République en décembre 1848, il prend le chemin de l'exil. Il rentre en France en 1871, est réélu mais ne siège pas. Quand il meurt en 1874, il est considéré comme une vieille idole respectable mais qui n'a pas joué depuis longtemps un véritable rôle politique. Les républicains lui donnent le nom d'un boulevard, quand ils l'ont emporté définitivement sur leurs adversaires monarchistes, en 1879. Il fait partie du panthéon des grands ancêtres.

FAIDHERBE-CHALIGNY Aucun rapport entre les Chaligny, célèbre famille de fondeurs lorrains du XVIe siècle et le général Faidherbe. Les Lorrains avaient une spécialité : ils savaient fondre les cloches d'église. Les Chaligny étaient aussi spécialistes des statues de bronze : ils fondirent celle du duc de Lorraine Charles III à Nancy.

Louis Faidherbe, né à Lille en 1818, avait fait carrière sous l'Empire. Ce général polytechnicien ne supportait pas la pluie. Il devait s'illustrer en Algérie puis au Sénégal où il avait construit patiemment pour son maître Napoléon III une colonie bien organisée. S'il devint l'idole des républicains, c'est qu'il avait, en 1870, levé une armée du Nord qui devait se couvrir de gloire, malgré son échec devant Saint-Quentin.

REUILLY-DIDEROT Voir p. 40.

MONTGALLET

À l'évidence, Montgallet est un nom de lieu. Nous sommes toujours dans le Paris des religieux et les biens des communautés étaient considérables dans cette partie de la ville. Les religieuses de la Trinité voisinaient avec les Filles-du-Calvaire, leur couvent s'étendait jusqu'à Mont-Gallet. Également voisin de cette rue, le couvent des Diaconesses qui étaient des sœurs de Charité protestantes, et la communauté des Filles-de-la-Charité, catholique, proche de l'hospice d'Enghien où les sœurs prodiguaient leurs soins. Il faut aussi songer à l'ancienne abbaye Saint-Antoine, une des plus actives de Paris. Les congrégations se seraient-elles donné rendez-vous dans l'est ?

DAUMESNIL Voir p. 143.

MICHEL-BIZOT

Ce général, sorti de Polytechnique, servait dans le génie et dirigea les travaux du siège de Sébastopol sous le Second Empire. Pourquoi a-t-il quitté l'École polytechnique dont il était gouverneur, pour se rendre dans l'enfer de Crimée ? Peut-être parce qu'il s'ennuyait. Il est vrai qu'on manquait de techniciens à Sébastopol où les Russes avaient un génial défenseur, l'ingénieur Totleben. C'était un adversaire de poids. Il avait truffé la colline de Sébastopol de défenses puissantes, de casemates enterrées, de souterrains assurant les communications entre les ouvrages, à l'abri du feu. Il fallait enlever d'assaut le « mamelon vert » ou les « ouvrages blancs », en perdant à chaque sortie beaucoup de monde. Français et Britanniques durent s'enterrer à leur tour, comme plus tard en 1914, pour échapper au feu redoutable des canons russes. Pendant l'hiver, le général Bizot mourut à son poste, en campagne. Sébastopol était en train de devenir un cimetière pour les généraux français.

PORTE-DORÉE

Le crime de la porte Dorée est célèbre dans le métro. Le 17 mai 1937, un fait divers fait la manchette des journaux parisiens. Ce jour-là, vers 19 h 30, une femme est assassinée à coups de couteau dans la rame 382. La sonnette d'alarme retentit. Police secours se précipite : l'assassin a disparu. Nul n'a jamais élucidé la mort de Yolande Laetitia Toureaux, une jeune Aostienne de trente ans habitant le XXe arrondissement. Crime passionnel ? Roman noir autour de cette préposée au vestiaire de cabarets louches, de bars de Montparnasse ? Cette veuve était pourtant irréprochable et n'avait pas attiré l'attention des services de la police mondaine. La porte Dorée donnait accès au bois de Vincennes, à la superbe exposition coloniale de 1931 qui avait attiré le Tout-Paris, pour la visite des pavillons construits par tous les peuples de l'Empire français.

PORTE-DE-CHARENTON

La porte de Charenton se situait à hauteur de l'actuel boulevard Poniatowski, dans la muraille des fortifications de Thiers. Sur cet espace, on a aujourd'hui construit une gare routière internationale et le stade Léo-Lagrange. Le quartier est redevenu champêtre et les frondaisons proches du bois de Vincennes sont protégées. Jadis, au temps de l'enceinte des Fermiers-Généraux, on pouvait se croire en sécurité dans les cabarets de la route de Charenton, où ne pénétraient guère les archers du guet. Le bandit Cartouche avait ainsi ses habitudes au *Cabaret de la Grande-Pinte*. Un puits, dans la cour, était percé à un mètre du sol d'un souterrain qui conduisait dans la forêt proche. Toujours poursuivi, Cartouche avait souvent profité de cette facilité pour s'enfuir. La porte de Charenton avait ainsi mauvaise réputation : les honnêtes gens ne venaient pas boire au *Cabaret de la Grande-Pinte*.

LIBERTÉ

Ce n'est pas un hasard si la rue de la Liberté est ouverte en 1889. On célèbre en effet, cette année-là, le premier centenaire de la Révolution française. Si Clemenceau et les républicains sont d'accord pour fêter cet événement joyeux, nombreux sont dans Paris les quartiers cossus qui boudent la commémoration. Pourquoi, en effet, célébrer, disent les monarchistes, l'anniversaire des assassins ? La presse de droite dénonce la Terreur, les excès de la Convention, les malheurs de la politique guerrière. La Révolution française n'est alors nullement admise par tous. Les amicales laïques qui organisent des défilés d'enfants, des célébrations de quartier en costumes, des plantations d'arbres de la liberté sont surtout actives dans les quartiers ouvriers de la capitale : c'est pourquoi l'on donne le nom de la *Liberté* à cette petite rue de l'est parisien : un vœu pieux de la municipalité dont le métro a gardé l'ex-voto.

CHARENTON-ÉCOLES-PLACE-ARISTIDE-BRIAND

On a récemment ajouté le nom d'Aristide Briand à la station Charenton-Écoles qui desservait, avant la prolongation de la ligne, à la fois l'École vétérinaire et l'école d'architecture. La connotation de Charenton n'est pas excellente pour un homme politique en raison de l'ancien établissement pour aliénés qui accueillait les malades dans la ville : on parlait d'un « échappé de Charenton » comme d'un fou furieux. Ce n'était pas le cas du pacifique Briand dont le physique de pêcheur à la ligne était l'image même de la démocratie radicale. Il aurait pu s'installer au pont de Charenton avec sa gaule, car la pêche était son sport favori. Son apparence était si banale qu'une aubergiste, qui lui servait régulièrement une omelette au lard après sa journée de pêche, l'ayant reconnu dans les journaux quand il fut nommé président du Conseil, lui fit des reproches : il « aurait pu l'avertir ». Pendant quinze ans, elle l'avait pris pour un pêcheur. La place d'Aristide Briand, prix Nobel de la Paix en 1926, est bien sur les quais de la Marne. Il n'avait pas son pareil pour réunir rapidement une friture de goujons et d'ablettes.

MAISONS-ALFORT-ÉCOLE-VÉTÉRINAIRE

Une fois passée la Marne au pont de Charenton, on n'est pas à Maisons-Alfort mais à Alfort-Vieux, site gallo-romain dont l'étymologie n'est pas douteuse : il s'agit du domaine dont le seigneur germanique Hari a pris possession pour y construire un fort. Point de passage obligé pour se rendre à Créteil, la route qui franchit le pont débouche sur l'École vétérinaire. On peut s'étonner qu'elle ait été installée aux portes de Paris et non dans le Charolais ou la Normandie. Mais les ingénieurs de cette école participent aux travaux de recherches des universités et le métier de vétérinaire, avec l'urbanisation, a beaucoup évolué : les animaux familiers des villes, les chiens et les chats, attirent désormais l'essentiel des soins puisque s'ouvrent dans tous les quartiers des cliniques où l'on soigne ces animaux domestiques.

MAISONS-ALFORT-STADE

Les *mansiones* du Moyen Âge étaient des parcelles alloties données à des paysans libres ou à des tenanciers qui travaillaient la réserve du seigneur. Ces *mansiones*, chaumières fumantes, construites de bois et de torchis à la lisière de la forêt ont donné les Maisons de Maisons-Alfort. Il reste de cette époque médiévale une église des XIIe et XIIIe siècles qui consacrait sans doute le travail des défricheurs et essarteurs, et installait le culte là où s'était déjà développée, sur les rives de la Marne, une communauté nombreuse. Cette église Saint-Rémy est la plus ancienne de la région.

MAISONS-ALFORT-LES-JUILLIOTTES

Le nouveau Maisons-Alfort est construit sur le plateau qui domine le point de confluence entre la Seine et la Marne. Une urbanisation moderne a développé dans ce site des réalisations qui, après la guerre, ont paru audacieuses et novatrices : par exemple les groupes scolaires Condorcet et Jules-Ferry réalisés par les architectes Dubreuil et Hummel.

L'importante urbanisation de cette banlieue a rendu nécessaire la prolongation de la ligne de la Porte-de-Charenton réalisée en 1972 jusqu'aux Juilliotes, l'année suivante jusqu'à Créteil.

CRÉTEIL-L'ÉCHAT, CRÉTEIL-UNIVERSITÉ ET CRÉTEIL-PRÉFECTURE

Ces trois stations datent de 1973 et desservent la ville nouvelle de Créteil qui comprend une université, une préfecture départementale et de nombreux immeubles d'habitation, ainsi que des ensembles sportifs et des centres culturels. Devant cet assaut agressif de la modernité, l'ancienne église Saint-Christophe a été sauvegardée : son porche du XIIe siècle, ses voûtes d'ogive, sa triple nef du XIIIe siècle abritent des saints et martyrs qui font penser aux temps mérovingiens où Créteil était un hameau : saint Agvard et saint Agilbert. On peut même remonter jusqu'aux Gallo-Romains. Les philologues admettent en effet pour Créteil l'étymologie de Cristos, nom d'un propriétaire gaulois, ou celle de Christus qui semble indiquer que ce propriétaire se serait converti au christianisme.

M 9

Pont-de-Sèvres – Mairie-de-Montreuil

Pont-de-Sèvres – Porte-de-Saint-Cloud
Mairie-de-Montreuil

Pont-de-Sèvres
Billancourt
Marcel-Sembat
Porte-de-Saint-Cloud
Exelmans
Michel-Ange-Molitor
Michel-Ange-Auteuil
Jasmin
Ranelagh
La Muette
Rue-de-la-Pompe
Trocadéro
Iéna
Alma-Marceau
Franklin-D.-Roosevelt
Saint-Philippe-du-Roule
Miromesnil
Saint-Augustin
Havre-Caumartin
Chaussée-d'Antin-La Fayette
Richelieu-Drouot
Rue-Montmartre
Bonne-Nouvelle
Strasbourg-Saint-Denis
République
Oberkampf
Saint-Ambroise
Voltaire
Charonne
Boulets-Montreuil
Nation
Buzenval
Maraîchers
Porte-de-Montreuil
Robespierre
Croix-de-Chavaux
Mairie-de-Montreuil

Elle ne franchit pas la Seine, elle court sous la rive droite du fleuve, réunissant les quartiers élégants de l'extrême ouest aux banlieues ouvrières de l'est. Cette ligne, une des plus longues du réseau (19,600 km), a été tardivement entreprise, après la Première Guerre mondiale. Le démarrage est le tronçon Exelmans-Trocadéro, inauguré le 8 novembre 1922. Il est prolongé le 27 mai 1923 jusqu'à Saint-Augustin et le 3 juin jusqu'à Chaussée-d'Antin; le 29 septembre, dans l'autre sens, la ligne gagne d'Exelmans la porte de Saint-Cloud.

Les travaux reprennent cinq ans plus tard, en 1928, après la stabilisation du franc par Raymond Poincaré, qui rend à la Bourse son optimisme. On creuse alors de Chaussée-d'Antin à Richelieu-Drouot. Nouvelle interruption, pour cause de crise, de 1928 à 1933, où les crédits permettent de prolonger la ligne jusqu'à la porte de Montreuil. Le 3 février 1934 est inaugurée la section Porte-de-Saint-Cloud-Pont-de-Sèvres. La ligne est achevée en 1937 avec la mise en service du tronçon Porte-de-Montreuil-Mairie-de-Montreuil.

PONT-DE-SÈVRES On a détruit l'ancien pont à neuf arches construit par Perronet au XVIIIe siècle, qui permettait aux voitures à cheval de se rendre de Paris à Versailles. Le nouveau pont donne accès à la manufacture nationale jadis construite dans le village de Sèvres, qui fabriquait de la porcelaine avec du kaolin. Une première société d'exploitation du kaolin du Limousin s'était installée à Vincennes. La Pompadour la fit transférer à Sèvres, plus proche de Versailles. Ainsi la Cour pouvait-elle avoir la primeur des merveilleuses maquettes de Duplessis et Falconnet. Les vases de Sèvres, les porcelaines, les objets décoratifs devinrent célèbres dans toute l'Europe au même titre que les Saxe. La station Pont-de-Sèvres permet au peuple du métro de découvrir le musée de la Porcelaine et d'admirer les pièces uniques que jadis seuls les grands de ce monde pouvaient approcher.

BILLANCOURT Autre lieu d'histoire : les usines de Billancourt. Elles sont aujourd'hui désaffectées. Elles comptaient, il y a un demi-siècle, cinquante mille ouvriers et employés de l'automobile dans l'île Seguin, dont l'usine géante ressemblait à un transatlantique, et sur les installations de la rive droite de la Seine.

Dans l'ancien village de Billancourt, l'inventif Louis Renault avait installé son premier garage dans la maison de ses parents, en 1898. Il avait construit de ses mains la première voiture, dotée d'un moteur de Dion-Bouton qu'il avait retiré d'un tricycle. Avec son frère Marcel, il avait inventé la boîte à vitesse. Une usine minuscule avait été installée par Renault Frères dans la localité. Les voitures construites ici remportaient toutes les courses : Paris-Trouville, Paris-Rambouillet, Paris-Berlin. L'Europe entière apprit à connaître le nom de Billancourt. Un troisième frère, Fernand, s'étant joint à l'affaire, la développa considérablement pendant la Première Guerre mondiale, jusqu'à produire des chars d'assaut. Pour avoir aussi fabriqué pour les Allemands, la famille Renault fut expropriée à la Libération au profit d'une Régie nationale des usines Renault qui a abandonné le site industriel de Billancourt.

MARCEL-SEMBAT Marcel Sembat, né en 1862, fut un des fondateurs du Parti socialiste S.F.I.O. Militant ouvrier, il avait participé à toutes les luttes du parti et s'était fait connaître dans les congrès par des interventions vigoureuses. Pendant la Première Guerre mondiale, outré d'apprendre que les socialistes allemands avaient voté le budget militaire qui avait permis au Kaiser de déclarer la guerre à la France, il était entré dans la majorité dite d'« Union sacrée » qui soutenait en France l'effort de guerre. Avec Marcel Thomas, il s'était alors signalé par son ardeur patriotique. Il s'attirait les foudres des minoritaires du parti socialiste, de plus en plus gagnés à l'idéologie de la « paix des peuples » et qui se rendaient, pendant la guerre, à des congrès internationaux regroupant des pacifistes de tous les pays. M. Sembat devait mourir peu après la scission de 1920 entre communistes et socialistes.

PORTE-DE-SAINT-CLOUD
Cloud était le petit-fils de Clovis et de Clotilde. Il eut beaucoup de chance. Son père Clodomir étant mort, il échappa au poignard de son oncle Clotaire, qui voulait éliminer toute la descendance du chef franc. Cloud devint un saint, retiré dans le village de *Novigentum*, à l'ouest de Paris.

Le souvenir du martyr mérovingien s'est estompé à la porte de Saint-Cloud. Le Parc des Princes a été construit sur le lieu des anciennes fortifications. La station du métro déverse, les jours de match, des milliers de supporters qui se pressent sur les tribunes, non sans retrouver quelquefois la férocité des anciens sujets des rois mérovingiens. Il est vrai que le football est un sport brutal, moins du fait des joueurs que des supporters.

EXELMANS Les anciens généraux de Napoléon tiennent les deux rives de la Seine, Exelmans sur la ligne n° 9, Victor, en face, sur la ligne C du R.E.R. Exelmans, natif de Bar-le-Duc, était colonel à Austerlitz, général à Eylau. Pendant trois ans prisonnier des Anglais, puis évadé des pontons anglais, Exelmans prit aussi part aux dernières campagnes. Pendant les Cent-Jours il demeura fidèle à Napoléon, s'exila en Allemagne. Il ne fut fait maréchal de France que par le prince Louis-Napoléon Bonaparte, en 1851. Les deux maréchaux ont chacun leur station de métro sur les bords de la Seine, ce qui montre que l'Histoire oublie trop facilement les trahisons, et ne craint pas de récompenser les girouettes aussi bien que les honnêtes gens.

MICHEL-ANGE-MOLITOR

Double bizarrerie. Michel-Ange, dans le métro, est le seul peintre étranger honoré d'une station. Il est — deuxième anomalie — marié à un maréchal d'Empire. Pour l'artiste italien, il faut remarquer que la rue Michel-Ange est ainsi baptisée en 1864 : la mode est alors à l'Italie, et l'usage, dans la municipalité d'Auteuil, est de donner aux rues des noms d'artistes ou d'écrivains. La rue La Fontaine date de 1865. Il existe, près de la station Michel-Ange-Molitor un hameau Boileau avec une avenue Molière, une impasse Voltaire et un rond-pont La Fontaine. Les peintres sont exclusivement français : Poussin, Girodet, Géricault et Isabey. Michel-Ange est, avec le musicien Donizetti, le seul artiste italien du quartier.

MICHEL-ANGE-AUTEUIL

La deuxième station portant le nom de Michel-Ange est associée au nom du village d'Auteuil. L'hôtel le plus impressionnant de l'ancienne rue principale était celui de l'industriel Ternaux, venu de Sedan, qui, au temps du Premier Empire, faisait venir des troupeaux de chèvres du Tibet pour développer ses cachemires. Ruiné, Ternaux avait vendu son château. Au Second Empire, l'institution privée Notre-Dame-d'Auteuil y avait installé des salles de classe. En 1872, la Ville de Paris, reprenant le domaine, y construisit une école primaire supérieure, pour former des instituteurs et le lycée Jean-Baptiste-Say, dont le proviseur est installé dans le bureau de l'ancien manufacturier Nicolas Ternaux. Les élèves de Jean-Baptiste-Say, un des meilleurs lycées de la capitale, prennent le métro à Michel-Ange-Auteuil.

JASMIN La station ne porte pas un nom de fleur, mais de poète. Il faut croire que les édiles de 1885 aimaient la langue d'oc puisqu'ils ont couronné Jaquon dit Jasmin, Gascon mort à Agen en 1864 et surnommé par Lamartine « l'Homère sensible aux prolétaires ». Le nouveau troubadour parcourait les villes du Midi pour y réciter ses poèmes. Il avait été reçu à la Cour par Louis-Philippe. Le mouvement félibrige était né. Dès 1803, Fabre d'Olivet avait publié un recueil de poésies « occitaniques ». Jasmin était le contemporain de Marius Bourelly de Marseille, de Mestre Verdié à Bordeaux, de Xavier Navarrot en Béarn. Joseph Roumanille avait publié en 1851 *Li Prouvençalo*, avec Mistral et Aubanel. Jasmin est le seul poète à chanter dans le métro la langue d'oc.

RANELAGH Les snobs ont envahi Paris. La mode anglaise est si persuasive, au XVIIIe siècle, que l'on crée dans le château de la Muette, propriété du maréchal de Soubise, un kiosque sur la pelouse pour y donner des concerts. Un kiosque tout semblable avait été installé vers 1750 près de Londres par lord Ranelagh, duc et pair, dans sa propriété de Chelsea, le quartier aristocratique de la capitale anglaise. Tous les jours, un orchestre y donnait des concerts publics. Le Ranelagh de la Muette fit courir la Cour et la ville pendant toute la fin du XVIIIe siècle. Le kiosque magique disparut au siècle suivant, mais le quartier conserva le nom du duc et pair britannique.

LA MUETTE À la gare de la Muette, le président Poincaré dut quitter Paris en août 1914 sur l'injonction du généralissime Joffre pour gagner Bordeaux avec son gouvernement. À la Muette, que l'on appelait l'embarcadère de Passy, on empruntait le petit train pour rejoindre le chemin de fer de ceinture qui conduisait à la gare Saint-Lazare. Le château royal de la Muette était un ancien pavillon de chasse situé près du bois, construit d'abord par Philibert Delorme pour la reine Margot. Louis XV, qui y logeait ses maîtresses, l'avait beaucoup agrandi. Louis XVI, plus austère, voulait s'en débarrasser : la Révolution l'en empêcha. Dans le parc de ce château, Pilâtre de Rozier et le marquis d'Arlandes réalisèrent, le 21 octobre 1783, en présence de Benjamin Franklin et de la famille royale, la première ascension en ballon.

RUE-DE-LA-POMPE-AVENUE-GEORGES-MANDEL

La Pompe — dont la station de métro a gardé le souvenir — alimentait en eau, depuis la colline du Trocadéro, les fontaines du château de la Muette situé en contrebas. Après la Libération, on ajouta à la Pompe le nom de Georges Mandel, un homme politique de la IIIe République qui avait été assassiné par les miliciens du régime de Vichy en 1944. Georges Mandel, ancien collaborateur de Georges Clemenceau était ministre de l'Intérieur en 1940. Il avait été un grand ministre des P.T.T., développant en France les stations de radio d'État. Grâce à lui, qui avait mis en œuvre les moyens techniques nécessaires, la télévision avait fait ses premières démonstrations publiques à l'Exposition universelle de 1937.

Patriote et résistant, Mandel avait été arrêté par le maréchal Pétain et enfermé au fort du Portalet avant d'être remis aux Allemands qui l'avaient livré aux miliciens, exécuteurs des basses œuvres de l'occupant nazi.

TROCADÉRO Voir p. 132.

IÉNA

À la bataille d'Iéna, en 1806, Napoléon avait battu à plate couture l'armée prussienne, créée du temps du Grand Frédéric, la meilleure armée d'Europe. En Prusse, cela provoqua une réaction patriotique violente.

Les Blücher et les Gneisenau jurèrent d'obtenir réparation pour leur pays occupé et rançonné par les Français. Voici Blücher à Paris, en 1815. Victorieux. Il a écrasé Napoléon. Que voit-il, sur la Seine ? Le nouveau pont d'Iéna ! « Qu'on entasse les barils de poudre », dit le maréchal. Louis XVIII s'interpose. Le roi podagre peut à peine marcher. Il débaptise le pont, propose : pont des Invalides. Dès que les Prussiens sont repartis, le pont d'Iéna reprend son nom, décoré de guerriers sculptés et farouches : des Gaulois, des Arabes, des Grecs et des Romains. Pas de Germains.

ALMA-MARCEAU

Alma, la bataille des zouaves se conjugue avec Marceau, le général de la République, qui a son avenue dans le quartier. Marceau est une des gloires du Panthéon national. Il a été inhumé en 1889 dans le temple républicain, à l'occasion du centenaire de la Révolution. Né à Chartres en 1869, il avait vingt ans lors de la prise de la Bastille. Il était à Verdun, pour le siège de 1792, il avait rossé les Chouans à Savenay et au Mans, montrant à l'égard des vaincus la plus grande humanité. Il était à Fleurus et à Coblence. Il avait écrasé les Autrichiens à Neuwied en 1795. Il avait été blessé alors qu'il couvrait la retraite des Français d'Allemagne. L'archiduc Charles, son adversaire, était venu s'incliner devant sa tombe. Il était mort à vingt-sept ans.

FRANKLIN-D.-ROOSEVELT

Voir p. 30.

SAINT-PHILIPPE-DU-ROULE

Il y avait le village du Haut-Roule (près de la place des Ternes) et celui du Bas-Roule, jouxtant les fortifications ; à la porte du Roule, on payait l'octroi. On avait évacué les lépreux de la capitale dans le village extérieur où était construite une prison pour lépreux baptisée léproserie. Une chapelle était consacrée à saint Jacques et saint Philippe. Elle devint, en 1784, l'église Saint-Philippe-du-

Roule, inaugurée par le comte de Provence en personne, le frère du roi, futur roi lui-même, Louis XVIII. Quand on abattit la barrière du Roule, on s'aperçut que le chemin du Roule avait bien tourné : entouré d'hôtels pour nobles de cour et milliardaires, il s'appelait Faubourg Saint-Honoré. Il n'y a plus de lépreux au Roule mais le financier Beaujon (qui avait fait construire la folie Beaujon), pris de scrupules, avant de mourir, fit construire un orphelinat sur ses terres du Roule. Il laissa une rente pour bâtir un hôpital du Roule qui devint l'hôpital Beaujon.

MIROMESNIL Le mirobolant Miromesnil avait réponse à tout : on reprochait à la justice d'Ancien Régime de pratiquer la torture sous forme de question « préalable » avant l'interrogatoire et « préjudicielle » avant l'exécution, pour que le criminel livrât ses complices avant de monter au ciel. Qu'à cela ne tienne, dit Armand Thomas Hue de Miromesnil, garde des Sceaux et magistrat de son état. Supprimons la torture ! On supprima seulement la « question préalable » encore appelée « préparatoire » qui avait pour but de faciliter les confessions. Cela compliqua la tâche des policiers, qui durent faire leur métier, au lieu de s'en remettre à la souffrance humaine pour provoquer les aveux de prétendus coupables. Cette abolition d'une moitié de la procédure barbare de la torture en 1774 fit la réputation de Miromesnil, grand seigneur éclairé qui avait voulu humaniser la justice.

SAINT-AUGUSTIN Le fils de Monique, le docteur de Tagaste, le saint homme d'Algérie, Augustin, a donné son nom à un ordre religieux subdivisé en plusieurs familles : ainsi l'on distingue les récollets d'Espagne et du Portugal des deschaussés de France familièrement appelés Petits Pères. À Paris, les Grands Augustins sont sur la rive gauche, et les Petits sur la rive droite. L'église consacrée à saint Augustin est moderne : le baron Haussmann venait de lâcher ses démolisseurs sur le quartier, au temps du Second Empire. À la pelle et à la pioche, on dégagea de grandes artères : le boulevard

Haussmann, le boulevard Malesherbes. Dans ce quartier pour riches, une belle église avec flèche, dôme et tours à coupoles devait être imaginée par Baltard, dans un rêve orientalo-mauresque qui convenait assez bien au saint élevé dans l'actuelle ville de Souk-Ahras.

Les militaires de la caserne de la Pépinière toute proche (actuellement Cercle militaire) pouvaient aller communier à Saint-Augustin : l'église était assez vaste pour accueillir une garnison.

HAVRE-CAUMARTIN Voir p. 83.

CHAUSSÉE-D'ANTIN Voir p. 164.

RICHELIEU-DROUOT Voir p. 181.

RUE-MONTMARTRE Voir p. 182.

BONNE-NOUVELLE Voir p. 182.

STRASBOURG-SAINT-DENIS

Voir p. 109.

RÉPUBLIQUE Voir p. 88.

OBERKAMPF Voir p. 123.

SAINT-AMBROISE

Nous voici, par le jeu des correspondances, chez l'ami d'Augustin, le saint homme qui lui donna le baptême, un des quatre grands docteurs de l'Église, Ambroise. Que fait-il dans le XIe arrondissement ? La rue Saint-Ambroise a été construite sur l'emplacement du couvent des Annonciades-de-Popincourt, dans le vieux Paris des religieux qui couvrait alors l'essentiel des terres de l'est. Ce couvent avait une chapelle : elle a été dédiée à saint Ambroise parce que les Annonciades — des religieuses installées dans le quartier pauvre de Popincourt — avaient fondé un établissement d'enseignement entouré de hauts murs, où elles accueillaient les jeunes filles de la noblesse. Le saint docteur de l'Église devait les inspirer. La paroisse fut créée tard, en 1791. Le roi avait racheté le couvent des Annonciades, dont les affaires n'étaient pas florissantes, pour construire, à l'intention de ses gardes-françaises, la caserne de Popincourt. Ainsi les gardes pouvaient-ils aller à la messe.

VOLTAIRE

Le hasard des parcours du métro place Voltaire après Saint-Ambroise. C'est une délicatesse de la République que d'avoir pensé à son saint laïque, au défenseur acharné de la tolérance, au pourfendeur de l'Église pour remplacer le Prince Eugène à qui l'on avait donné, sous l'Empire, le nom d'un boulevard. Si Voltaire s'affichait sur la chaussée, pourquoi pas dans le métro ? Jadis, pendant la Révolution, on promenait sa statue en procession dans tout Paris, de la Bastille à la Concorde. Il était considéré comme le père de la Constitution.

Ni Montesquieu ni Rousseau n'ont eu la même influence. Le magistrat, auteur de *l'Esprit des lois*, touchait moins l'opinion populaire que le pourfendeur de l'« infâme », le défenseur du malheureux Calas, le polémiste qui dénonçait sans relâche la complicité de l'Église oppressive et du pouvoir royal dont la justice, au XVIIIe siècle, brûlait encore des protestants.

Il faut remarquer que le nom de Léon Blum fut associé à celui de Voltaire par le métro, parce que la place Voltaire, en surface, fut à son tour débaptisée. Le leader du Parti socialiste en 1936 n'avait pas, jusqu'alors, de rue dans Paris. La victoire de la gauche, en 1981, lui donna à la fois une place et une station de métro. Il était avec Voltaire en bonne compagnie. Il eût été plus difficile pour lui d'unir son nom à celui de saint Ambroise.

CHARONNE Le métro Charonne conserve le souvenir d'un drame politique. À la fin de la guerre d'Algérie, une organisation secrète (l'O.A.S.) multiplie les attentats dans la métropole pour protester contre les négociations de paix entre le gouvernement du général de Gaulle et le G.P.R.A. (gouvernement provisoire de la République algérienne). Les organisations de gauche décident de manifester à Paris pour exiger le maintien de l'ordre public et l'élimination de l'O.A.S. ainsi que la conclusion rapide de la paix. À la suite d'une provocation dont les circonstances ont été révélées par la presse, des éléments de la police chargent avec vigueur la foule qui se repliait dans le métro Charonne. On retira neuf morts de l'échauffourée.

BOULETS-MONTREUIL La rue des Boulets, la rue Neuve-des-Boulets évoquent le temps du siège de Paris par Henri IV, quand les boulets pleuvaient sur les toits des maisons. « Paris vaut bien une messe », disait le bon roi. On arrêta les combats quand on apprit que le roi huguenot acceptait la messe du pape. Les boulets se turent. Ils sifflaient le 27 avril 1789, avec les balles des gardes-françaises, quand les ouvriers de la fabrique de papiers peints Reveillon, révoltés contre leur patron, tenaient la rue et refusaient de travailler tant qu'on ne leur aurait pas versé des salaires décents. Trente d'entre eux payèrent de leur vie cette rébellion. Trois mois plus tard, la Bastille était prise. Ils sifflèrent encore, aux barrières, en 1814, au bout de la rue de Montreuil qui croise la rue des Boulets et conduit à la porte de Montreuil.

NATION Voir p. 41.

BUZENVAL C'est un nom de bataille de la guerre de 1870. Le village de Buzenval est situé loin vers le sud, près de Rueil-Malmaison. Le 19 janvier 1871, de furieux combats eurent lieu dans le château de Buzenval entre les mobiles parisiens et les Prussiens qui assiégeaient la capitale. Le général Trochu avait lâché ses bataillons de marche pour une tentative désespérée. Cette « sortie torrentielle » de soixante mille hommes, dont la moitié de gardes nationaux, devait rompre le « cercle de fer ». Trois colonnes attaquèrent Buzenval et le parc de Montretout. Les Prussiens ripostèrent, de leurs positions bien protégées. La violence du feu, dans le bois de Buzenval, fut considérable. Quatre mille Français se firent tuer, contre six cents Allemands. Ce combat de Buzenval est resté dans l'imaginaire de la guerre comme les « dernières cartouches » de l'armée Trochu. Après cette tentative malheureuse survint la paix de Monsieur Thiers, qui livra aux Allemands l'Alsace et la Lorraine.

MARAÎCHERS

Il existe, dans l'ancien village de Charonne, une rue des Maraîchers et même une rue des Quatre-Jardiniers. Jusqu'à Montreuil, au moment de la construction du métro, les jardins alignaient leurs plantations de légumes destinés au marché des Halles.

Pour obtenir l'assèchement de ces terrains humides et insalubres de l'est parisien, Henri IV avait pris des mesures drastiques : les propriétaires qui refuseraient de drainer leurs terrains en perdraient la moitié au profit d'une compagnie spécialisée dans l'assainissement. Ainsi furent dégagées de vastes surfaces qui, par chaulage, devinrent très fertiles. Les maraîchers en firent plus tard leur profit.

PORTE-DE-MONTREUIL

La porte de Montreuil s'ouvrait entre les bastions 11 et 12 de l'ancienne fortification. Elle donnait accès à la commune de Montreuil-sous-Bois. On s'était battu furieusement dans les environs du village en 1814, quand les Russes, les Prussiens, les Autrichiens et les Wurtembergeois menaçaient d'envahir Paris, défendu par deux maréchaux de Napoléon en l'absence de l'empereur qui guerroyait dans les vallées de l'Aube et de la Seine, avec ses Marie-Louise. Les cuirassiers de Bourgesoule affrontaient les uhlans prussiens et les dragons russes, pendant que les batteries servies par les polytechniciens crachaient le feu. Les alliés s'emparèrent sans grand dommage du village de Montreuil, mais se tinrent à distance respectueuse du fort de Vincennes, défendu par Daumesnil.

ROBESPIERRE

La station Robespierre est d'une rare discrétion. On y entre par le rez-de-chaussée d'un immeuble de la rue Robespierre. Elle est sur le territoire de la ville de Montreuil car le Conventionnel ne dispose pas dans la capitale de la moindre ruelle. Il porte le poids de la Terreur, qu'il n'a pourtant pas engagée. La première Terreur, celle des massacres de septembre 1792, se déroula sous l'autorité de la Commune de Paris et du Conseil exécutif présidé par Danton. Robespierre n'était pas en première ligne. Mais il fut rendu responsable des exécutions capitales ordonnées lors de la dictature du Comité de Salut public contre toutes les factions politiques hostiles — des hébertistes d'extrême gauche aux Indulgents, amis de Danton, et aux Girondins.

À Montreuil, dans les années 20 et 30, on aimait Robespierre. L'Incorruptible, animateur de la guerre révolutionnaire contre les « tyrans », l'épurateur des agents de l'étranger, reçut droit de cité dans une ville d'extrême gauche, pour qui la révolution était, selon la formule de Clemenceau, « un bloc ».

CROIX-DE-CHAVAUX-JACQUES-DUCLOS

Jacques Duclos est le seul leader politique communiste qui ne soit pas un martyr de la Résistance à donner son nom au métropolitain. Montreuil la rouge était son pays d'élection, le lieu favori de ses meetings. L'éloquence de cet ancien pâtissier des Hautes-Pyrénées était entraînante. Il était de l'équipe révolutionnaire du Parti communiste, ayant vingt-quatre ans en 1920. Comme Maurice Thorez, il avait d'abord engagé le Parti dans la voie violente, dans le combat « classe contre classe », avant d'opérer ce retournement de 1936 qui avait permis la victoire du Front populaire. En effet, le Parti, au nom de l'antifascisme, devint patriote et cocardier. Il devait reprendre les trois couleurs du drapeau, au côté du drapeau rouge, pendant la Résistance et apparaître à la Libération comme le parti du redressement français : « Retroussez vos manches », disait aux ouvriers en grève Maurice Thorez, ministre du général de Gaulle.

Le pâtissier voisine, sur la plaque de la station de métro, avec les maquignons de la Croix-de-Chavaux : un lieu où l'on achetait des chevaux, où les postillons changeaient de monture, où les malles-poste faisaient escale. Sur la grand-route de Berlin et de Moscou.

MAIRIE-DE-MONTREUIL

On peut se demander pourquoi Montreuil, la ville des maraîchers, est devenue l'une des capitales de la « banlieue rouge » dans les années 30.

En fait, Montreuil-sous-Bois était, en 1939, une ville importante, de plus de quatre-vingt-dix mille habitants, avec de nombreuses industries : meuble, métallurgie, chaudronnerie, emboutissage, tuyaux et boulons, fonderies et forges. On y fabriquait aussi des machines agricoles et, après la guerre, des postes de radio. Les verreries, les cartonneries, les industries alimentaires entourent les établissements métallurgiques. La population de Montreuil est donc essentiellement ouvrière et syndiquée. Dans les années 50, la ville ouvrit, dans le parc de la mairie, un musée historique consacré aux pères du socialisme et au mouvement ouvrier français.

M 10
Boulogne-Pont-de-Saint-Cloud
Gare-d'Austerlitz

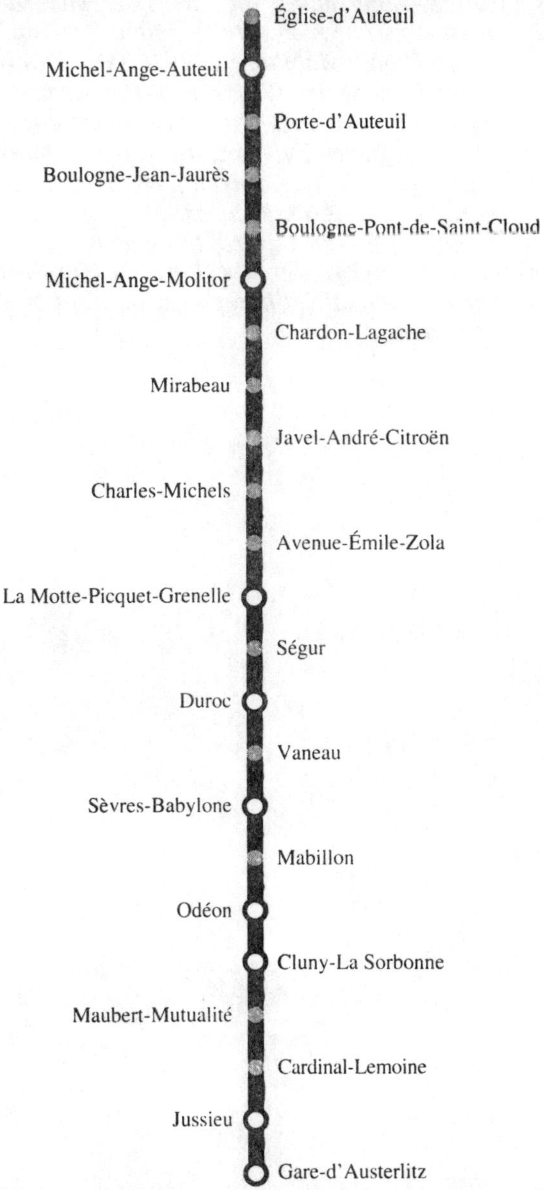

La ligne ouest-est double la ligne n° 6 et franchit la Seine par un tunnel à hauteur du pont Mirabeau. Un tunnel métallique préfabriqué de quatre cent quatre-vingt-dix mètres a été utilisé, avec cinq éléments mis en place successivement dans le lit du fleuve. Sur la rive droite, le passage sous la ligne du chemin de fer, des Invalides à Versailles, fut particulièrement délicat.

Les premières mises en service datent des années 1925 (Croix-Rouge-Mabillon) et 1926 (Mabillon-Odéon). Le tronçon Invalides-Croix-Rouge avait été réalisé dès 1923. En 1930, fut ouvert le secteur Odéon-Place-d'Italie. En 1931, la ligne n° 7 que l'on utilisait précédemment ayant été raccordée, on prolongea la n° 10 de Maubert-Mutualité à Jussieu. En 1939, était ouverte la ligne Jussieu-Gare-d'Austerlitz. En 1981, on a prolongé la tête de ligne de la porte d'Auteuil à Boulogne et au pont de Saint-Cloud.

BOULOGNE-PONT-DE-SAINT-CLOUD-RHIN-ET-DANUBE

Il n'y avait pas de station Rhin-et-Danube dans Paris, pour rendre hommage à la seule armée dont la France ait disposé pendant la Seconde Guerre mondiale. Formée en Afrique du Nord comme la division Leclerc, elle avait une autonomie opérationnelle alors que la deuxième division blindée fonctionnait en liaison avec la VIIe armée américaine dont elle faisait partie. Les unités Rhin-et-Danube, de la première armée française, avaient débarqué le 15 août 1944 sur les côtes de Provence. Elles avaient remonté la vallée du Rhône et la route Napoléon, livrant la longue et difficile bataille des Vosges pendant l'hiver très froid de 1944-1945. Ayant passé le Rhin, la première armée s'était élancée jusqu'au Danube au cours de la campagne d'Allemagne du printemps 1945 qui devait aboutir à la victoire du 8 mai.

BOULOGNE-JEAN-JAURÈS

Jean Jaurès est cité deux fois dans le métro, à cause de l'avenue Jean-Jaurès qui est l'artère principale de la ville de Boulogne, rattachée à Billancourt.

La grande ville industrielle des usines Renault avait un aspect résidentiel à l'ouest. La porte de Boulogne débouchait sur un jardin fleuri et sur le stade Roland-Garros. Au croisement du boulevard Jean-Jaurès et de l'avenue Jean-Baptiste-Clément (auteur du *Temps des cerises*) s'élève l'église Notre-Dame-des-Menus, élevée en 1319 en l'honneur de Notre-Dame de Boulogne-sur-Mer. Le hameau de Menu (qui veut dire les manses) avait pris le nom du port de mer lorsque le roi Philippe IV y fit surgir cette église qui rappelait son pèlerinage à Notre-Dame de Boulogne-sur-Mer, où il avait obtenu sans doute des grâces particulières en 1308. Ainsi, par la grâce du roi, les deux villes étaient-elles jumelées.

PORTE-D'AUTEUIL

La station de métro ouvre sur l'extrême ouest du XVIe arrondissement et de la rue d'Auteuil. Tout n'est que lotissement de grands domaines et spéculations immobilières infernales dans cette extrême limite du quartier le plus huppé de Paris, à proximité du bois de Boulogne. Un des plus vastes domaines était celui d'une maîtresse du frère du duc d'Orléans, prince de Conti — la comtesse de Boufflers — qui disait à Madame de Pompadour : « Vous êtes la première fille du royaume », à quoi la marquise répondait effrontément : « Vous n'en êtes que la troisième. » Cette Boufflers recevait le Tout-Paris des beaux-arts et de la politique. Elle avait échappé à la Terreur mais non à la ruine : son domaine une fois loué à Talleyrand avec le château et les dépendances, la fille de la comtesse en fut réduite à loger rue d'Auteuil chez son cuisinier. Les biens passèrent aux mains des Montmorency, puis des Pereire. Ceux-ci y firent passer le chemin de fer de ceinture et allotirent le reste : ainsi naquit l'actuel quartier de la porte d'Auteuil, et d'abord par la construction de la villa Montmorency.

MICHEL-ANGE-AUTEUIL

Voir p. 195.

ÉGLISE-D'AUTEUIL

« C'était dans la nuit brune / Sur un clocher jauni / La lune / Comme un point sur un I. » Le clocher n'est plus ce qu'il était pour Alfred de Musset qui possède une rue à son nom, mais non une station de métro. Le poète avait devant les yeux un vieux clocher roman à flèche pyramidale et à quatre clochetons. Notre-Dame d'Auteuil avait beaucoup souffert de la Révolution. Elle était devenue club, puis grange et fabrique de salpêtre. Elle tombait en ruine. On attendit longtemps pour la reconstruire. Le quartier lui-même s'était transformé quand on décida de la détruire, en 1877, et de la rebâtir dans un style à la fois roman et byzantin. L'architecte Vaudremer est responsable de l'étrange clocher à bulbes emboîtés de l'église d'aujourd'hui.

MICHEL-ANGE-MOLITOR

Voir p. 195.

CHARDON-LAGACHE

Enfin un vrai couple dans le métro ! Chardon était l'époux de Mademoiselle Lagache. Ils avaient fondé en 1857 une maison de retraite pour abriter les vieillards démunis. Pierre Chardon, le père du marié, était le « médecin des pauvres » de la paroisse d'Auteuil. Pierre avait deux fils, Alexandre, médecin comme lui à Auteuil, et Pierre-Alfred qui fit fortune en fondant rue du Faubourg-Saint-Honoré un magasin de nouveautés appelé *Les Montagnes russes*. C'est lui qui devait consacrer sa fortune à la fondation d'une maison de retraite avec son épouse, fille d'un riche quincaillier.

On aurait pu croire qu'avec de tels boutiquiers le quartier d'Auteuil s'encanaillait : il n'en était rien. Le père du premier médecin était fermier général. Il avait fait fortune en levant les impôts au nom du roi. Sa richesse avait permis à sa descendance de faire la charité tout en continuant à faire fortune.

MIRABEAU

« *Sous le pont Mirabeau coule la Seine / Et nos amours* », chantait le poète Apollinaire. Le comte de Mirabeau n'avait aucune raison d'aller voir couler la Seine à l'endroit qui porte son nom et qui n'avait alors pas de pont. C'est sous le Second Empire qu'un édile d'Auteuil avait eu l'idée de donner le nom d'une rue au grand orateur. Une artère transversale s'appelait rue Wilhem, du nom d'un romancier français que le métro avait repris à la station Église-d'Auteuil. En 1921, un conseiller municipal particulièrement patriote demanda qu'on enlève la plaque de Wilhem qui rappelait sinistrement le prénom du Kaiser Wilhelm de Hohenzollern, en français Guillaume II. On eut beau objecter que ce Wilhem (et non Wilhelm) s'appelait en réalité Bocquillon, le métro fut débaptisé, mais non la rue. Un autre conseiller rappela que le village d'Auteuil devait beaucoup à l'excellent Bocquillon : il avait fondé en 1864 l'orphéon municipal.

Mirabeau ne fut jamais contesté. Celui qui voulait

racketter le roi et la Cour pour garantir la monarchie, dont la vie privée était un exemple de scandale, fut toujours honoré comme un orateur exemplaire. Les Conventionnels eurent cependant la décence de le retirer du Panthéon où la ferveur populaire l'avait porté le 3 avril 1791. Il a toujours son nom dans le métro.

JAVEL-ANDRÉ-CITROËN

Les ouvriers faisaient la queue au service de l'embauche lors de la crise de 1929 où les chômeurs s'annonçaient par millions dans toute l'Europe. André Citroën, le constructeur d'automobiles qui avait fondé de vastes établissements quai de Javel, décida d'emprunter pour lancer le travail à la chaîne, une formule américaine qui permettait de construire les voitures à meilleur marché. Les régents de la Banque de France s'indignèrent de cette imprudence. André Citroën avait sauvé son usine. Il ne vécut pas assez pour voir sortir des chaînes la traction avant 11 chevaux qui devint la voiture à la mode au temps du Front populaire. Même les ouvriers pouvaient l'acheter à crédit.

Les usines Citroën n'étaient pas dépaysées dans le quartier de Javel. Elles s'installaient sur un terreau industriel ancien : dans ce hameau avait été créée en 1777 la manufacture de produits chimiques du comte d'Artois qui produisait des milliers de bonbonnes d'eau de Javel : hypochlorite de potasse, chlorure de soude et eau de la Seine. Le meilleur des détersifs.

CHARLES-MICHELS

La station s'appelait Beaugrenelle du nom d'un lotissement d'entrepreneurs sur le territoire de Grenelle. Elle fut débaptisée en 1945 au profit d'un martyr de la Résistance, le militant communiste Charles Michels. Né en 1903, il avait trente-sept ans quand il fut arrêté par les Allemands, le 5 octobre 1940, à 5 heures du matin. Il fit partie d'un convoi de près de trois cents otages qui furent fusillés dans la carrière de Châteaubriant en Bretagne le 22 octobre 1941. Charles Michels était le député de l'arrondissement. Il a donné son nom à une place de l'ancien village de Beaugrenelle. La chasse aux communistes n'était pas ouverte dans le commandement militaire allemand de Paris. Les hostilités contre l'U.R.S.S. ne devaient débuter que le 22 juin 1941. Cela n'empêcha pas la sécurité militaire de dresser des listes d'otages avec des militants communistes connus des services de police.

AVENUE-ÉMILE-ZOLA

1907 : on donne le nom d'une nouvelle avenue du XVe arrondissement au romancier Émile Zola. Le capitaine Dreyfus n'a pas de station de métro, mais son défenseur, Émile Zola, a été honoré après la réhabilitation de la victime d'une erreur judiciaire, en juillet 1906. L'auteur des *Rougon-Macquart*, pour protester contre la passivité du monde politique dans l'Affaire, avait écrit au président de la République une lettre de défi, dans le journal *L'Aurore* de Clemenceau, intitulée « J'accuse ».

Zola est mort en 1902 : il n'a connu que les balbutiements du métro. Nul doute que l'auteur de *La Bête humaine*, passionné de chemins de fer, eût été inspiré par l'immense chantier du métropolitain, et par la ruée des Parisiens vers ce nouveau moyen de transport.

LA MOTTE-PICQUET-GRENELLE

Voir p. 135.

SÉGUR

L'avenue de Ségur portait d'abord le nom du comte de Guibert qui avait révolutionné la tactique militaire dans les batailles. Elle fut débaptisée au profit du comte Philippe de Ségur, maréchal de France et ministre de la Guerre de 1781 à 1787. Cet homme de progrès devait accomplir des réformes qui firent de l'armée de Louis XVI la plus moderne et la plus redoutable d'Europe, adoptant en particulier le matériel d'artillerie Gribeauval qui devait permettre à Napoléon de gagner tant de batailles. Le génie, la cavalerie, l'infanterie et même la gendarmerie furent alors pris en main, équipés, soumis à une stricte discipline et à des règlements efficaces de combat. Malheureusement, le marquis de Ségur dut céder à la réaction nobiliaire qui s'imposait à la Cour et limiter aux anciennes familles l'accès aux postes d'officiers.

Emprisonné sous la Terreur, ce grand serviteur de l'État échappa à la guillotine.

DUROC Le Lorrain Duroc (il était né à Pont-à-Mousson) était un fidèle de l'empereur qui l'avait fait grand maréchal de son palais. Sorti de l'école d'artillerie de Pont-à-Mousson, il connut Bonaparte au siège de Toulon et devint son aide de camp en Italie, puis en Égypte. Engagé dans le complot de Brumaire, il devint un familier de l'empereur qui n'hésitait pas à lui confier des missions diplomatiques. Il fut tué, haché par un boulet, près de Bautzen au cours de la campagne d'Allemagne de 1813.

Louis-Philippe a demandé le transfert des cendres de Duroc aux Invalides, à côté de Napoléon.

VANEAU Vaneau était élève à l'École polytechnique quand éclata la révolution de 1830. Le gouvernement de Charles X qui redoutait les esprits forts avait fermé l'École, de sorte que tous les jeunes élèves étaient dans l'opposition. Ils firent le coup de feu sur les barricades. Vaneau était parmi eux. Au cours de l'attaque de la rue de Babylone, il fut tué par balle par les gardes suisses.

Les ouvriers transportèrent pieusement son corps dans un hospice où l'on organisa une collecte. Il fut alors enterré au cimetière de Montparnasse. On assure que jusqu'à la Première Guerre mondiale, une délégation de polytechniciens se rendait chaque année sur la tombe de Vaneau. Il était en effet le symbole de la pensée libre, imposant à la politique le respect des valeurs de liberté qui ont toujours été celles des hommes de science.

SÈVRES-BABYLONE Le métro est au carrefour des rues de Sèvres (qui conduit au pont de

Sèvres) et de Babylone. Le nom de la ville mésopotamienne est étrange dans ce quartier de Paris. Il faut se souvenir qu'il était au XVIIe siècle et jusqu'à la Révolution occupé par les institutions religieuses qui possédaient de vastes domaines dans la capitale. Jean Duval de Clamecy, appelé révérend père Bernard de Sainte-Thérèse, portait en 1663 le titre d'évêque de Babylone. C'était un évêque *in partibus*. Il ne résidait pas dans la ville, au demeurant ruinée, qui portait son nom. La Perse, pays musulman, était terre de mission. Précisément, le révérend père donna tous ses biens dans le quartier de l'actuelle rue de Babylone (qui lui doit son nom) pour que fût créé un séminaire pour les missions étrangères qui travailleraient en particulier en Perse. Bossuet prononça un sermon pour l'inauguration de ce séminaire, en 1683.

MABILLON

Le prédicateur célèbre du siècle de Louis XIV était un moine bénédictin originaire des Ardennes. Mabillon, entre Saint-Sulpice et Saint-Germain-des-Prés, était le quartier des prêtres. La rue qui porte le nom de Mabillon fut inaugurée en 1817. On était en pleine renaissance religieuse. Le clergé reprenait le pouvoir dans Paris, multipliant les missions de reconquête de la société. Cette rue portait un nom joyeux : on l'appelait rue de la Foire, du nom de la foire de Saint-Germain, où Henri IV aimait risquer au jeu ses écus. En substituant à ce nom folâtre celui de l'austère prédicateur, le clergé de la paroisse poursuivait son entreprise de moralisation.

ODÉON

Voir p. 105.

CLUNY-LA SORBONNE

Les moines de Cluny, quand ils suivaient les cours de théologie de la Sorbonne, pouvaient être accueillis à l'hôtel de Cluny construit dans les anciens thermes romains.

La station de métro, fermée pendant la guerre, s'appelait seulement Cluny. Elle ajouta le nom de la Sorbonne quand elle fut rouverte et rénovée pour faire face à l'afflux des étudiants qui se pressent aux cours des diverses universités du centre. L'actuelle Sorbonne est une création de la IIIe République, construite sur les plans de Nénot de 1885 à 1901. Cette nouvelle Sorbonne prenait la suite du collège de Robert de Sorbon fondé en 1257. Richelieu avait une première fois remplacé les bâtiments médiévaux par une construction neuve qui comprenait l'actuelle chapelle. La Sorbonne, considérée comme une institution d'enseignement réactionnaire, entièrement entre les mains du clergé, fut fermée pendant toute la durée de la Révolution. C'est la République laïque qui lui rendit ses lettres de noblesse en en faisant le centre d'un enseignement supérieur de qualité.

MAUBERT-MUTUALITÉ

Jean Aubert était-il un méchant homme ? Son nom flanqué du préfixe malus a donné Maubert bien que le deuxième abbé de Sainte-Geneviève, propriétaire des terrains autour de la place qui porte son nom, ne fût pour rien dans la corruption du lieu. Il est vrai que les étudiants attentifs suivaient ici les cours du dominicain Albert le Grand, qui venait d'Allemagne. Il enseignait, au temps de Saint Louis, la physique des minéraux et passait pour savoir changer le plomb en or. Il parlait aussi d'Aristote et des philosophes grecs. Les étudiants suivaient ses cours avec passion, assis par terre autour du maître, sur la place.

Celle-ci devint rapidement la place Maubert, c'est-à-dire le lieu d'élection des truands et autres tire-laine. Le roi y fit installer la potence, la roue et quelquefois le bûcher. Jamais la place n'avait mieux mérité son nom. En 1931, la construction de la vaste salle de la Mutualité, qui accueillait les noces et banquets aussi bien que les meetings syndicaux ou politiques, contribua à la moralisation du quartier, acquis dès le Second Empire. Mais la place Maubert conserva son nom, repris par la station de métro.

CARDINAL-LEMOINE

Ce Lemoine est, avec Richelieu, le seul cardinal qui ait son nom dans le métro. Il est assurément moins connu. Pourtant Jean

Lemoine, fait cardinal par le pape Boniface VIII dont il était le légat en France, avait fondé un établissement d'enseignement particulièrement recherché au XVIe siècle parce qu'on y apprenait à lire les auteurs de l'Antiquité, base de la renaissance de la pensée occidentale. Au temps de Louis-Philippe la renommée du collège était considérable. Jacques Lefèvre d'Étaples, helléniste, commentateur d'Aristote, fascinait les étudiants par son souci de revenir au texte même des saintes écritures. Il fut ainsi engagé dans le mouvement de réforme et anima le groupe de Meaux autour de l'évêque Briçonnet qui, en 1516, donna le coup d'envoi au mouvement des réformateurs français.

Le collège du cardinal Lemoine sentait donc le soufre au début du XVIe siècle : il répandait les idées séditieuses dans le Quartier latin.

JUSSIEU Voir p. 161.

GARE-D'AUSTERLITZ Voir p. 120.

MAIRIE-DES-LILAS – CHÂTELET

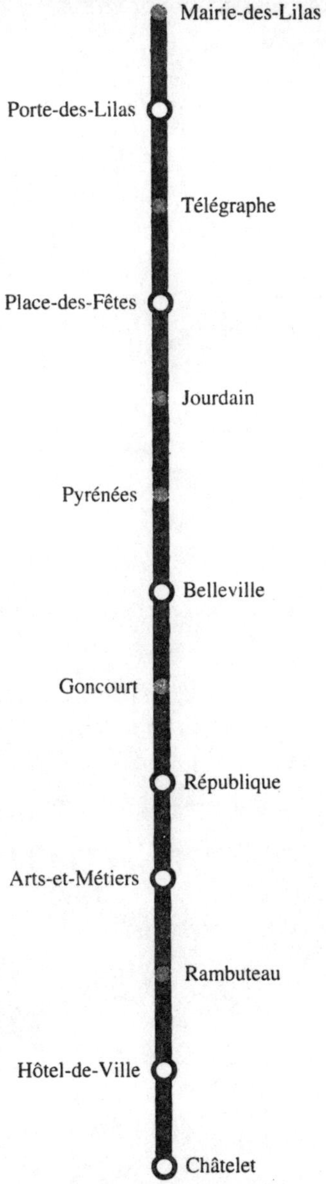

La ligne n° 11 fut construite tardivement, pour mieux desservir les hauteurs de Belleville. La fraction Porte-des-Lilas-Châtelet fut inaugurée en 1935. Deux ans plus tard, la ligne fut prolongée jusqu'à la mairie des Lilas. Elle fut fermée pendant l'occupation, pour des raisons d'économie et remise en service en 1945. La R.A.T.P. s'en sert pour expérimenter de nouveaux matériels.

MAIRIE-DES-LILAS Les Lilas doivent leur nom aux jardins fleuris qui couvraient la colline sous le Second Empire, mais surtout au lilas des guinguettes, cabarets et gargotes où le romancier Paul de Kock trouvait ses types et ses histoires. Mort en 1871, il est du reste enterré au cimetière du village des Lilas. Paul de Kock avait d'autant plus de mérite à aimer les Lilas qu'il était né à Passy en 1793. Il était le fils d'un banquier hollandais qui s'était installé pendant la Révolution à l'ouest de Paris, où il traitait de fructueuses affaires. Arrêté et condamné pour ses trafics illégaux, il devait mourir guillotiné. L'auteur de *La Fille aux trois jupons*, de *La Laitière de Montfermeil* et de *La Pucelle de Belleville* écrivit plus de quatre cents livres et fit jouer plus de deux cents pièces fort grivoises. Il avait un succès populaire considérable.

PORTE-DES-LILAS Voir p. 94.

TÉLÉGRAPHE L'ingénieur Claude Chappe, inventeur du télégraphe, n'a pas son nom dans le métro. Mais son invention y figure, avec cette station qui rappelle l'existence, sur la colline de Belleville, d'un télégraphe aérien à bras mobiles qui permettait un système de signaux par relais. Le poste était monté sur la propriété de Le Peletier de Saint-Fargeau, à cent vingt-huit mètres d'altitude. La tour de Saint-Sulpice était également équipée, ainsi que Montmartre et le mont Valérien. L'ingénieur put ainsi expérimenter son système lors des premières guerres de la Révolution, annonçant à Paris les victoires militaires aux frontières en un temps record.

Napoléon comprit tout de suite l'intérêt de pousser la communication par télégraphe jusqu'aux grandes villes de province : Bordeaux et Lyon, bientôt Marseille et Strasbourg, furent ainsi reliées à Paris. Un progrès décisif venait d'être réalisé dans le domaine des communications, en attendant le télégraphe électrique. Le métro en a gardé le souvenir.

PLACE-DES-FÊTES Voir p. 173.

JOURDAIN

Pourquoi le fleuve du lac de Tibériade en Palestine a-t-il trouvé sa place dans le métro ? Ce baptême date de 1867. Le clergé songeait alors à reprendre en main le quartier de Belleville, fort hostile à l'alliance du Trône et de l'Autel qui s'affichait pendant le Second Empire. La station fait face à l'église Saint-Jean-Baptiste-de-Belleville. Dédiée au saint qui prêchait dans le désert, sa consécration fut des plus officielles. La première pierre avait été bénie par monseigneur Sibour, archevêque de Paris en 1854 et posée par le baron Haussmann en personne. Achevée en 1859, elle fut inaugurée par l'archevêque Morlot, par le préfet de la Seine Haussmann, et par Dénoyez, maire gouvernemental de Belleville. Il s'agissait bien d'une opération de reconquête à la fois d'une circonscription et d'une paroisse.

PYRÉNÉES

La station ne célèbre pas la paix des Pyrénées conclue au Grand Siècle mais la chaîne de montagne, ce qui semble avoir été une habitude des édiles des quartiers agités de Paris, au début de la IIIe République.

Rien ne signale la rue des Pyrénées sinon l'abondance des institutions religieuses : le temple protestant de Béthanie, les sœurs du Saint-Sauveur, la maison provinciale de France de la congrégation du Saint-Esprit. La rue des Pyrénées est fort longue : plus de trois kilomètres et demi. Elle donne à la fois dans la rue de Belleville et dans la rue de Ménilmontant, faisant la liaison entre les deux villages : un chemin de ronde pour la guerre sociale.

BELLEVILLE Voir p. 67.

GONCOURT

Qui eût dit que les Goncourt auraient un jour leur nom dans le métro ? Jules et Edmond étaient en procès sous l'Empire : on voulait les priver de leur particule. Ils n'avaient pas droit à l'armorial. Par contre, un commerçant de Goncourt, qui avait un député dans sa manche, intriguait pour se faire donner le titre. Les Goncourt réussirent de justesse à sauver leur particule. On leur a donné une rue en 1899 entre République et Belleville. Les voilà bien logés, à l'aise pour grimper sur la colline des guinguettes et des bals canailles dont ils raffolaient, prétendant y rechercher l'ambiance de leurs romans réalistes. En 1899, les édiles couronnaient le talent, non la vertu. Sinon les Goncourt n'auraient pas eu la moindre chance. Le métro a eu le bon goût de doubler la citation sur plaque. Les voilà dans la rue, et sous la rue. Ce n'est pas pour leur déplaire.

RÉPUBLIQUE Voir p. 88.

ARTS-ET-MÉTIERS Voir p. 87.

RAMBUTEAU

Il est le prédécesseur du baron Haussmann. Un Haussmann qui n'aurait pas eu les moyens de révolutionner Paris comme il l'aurait voulu, étant le préfet de la Seine de Louis-Philippe et non de Napoléon III.

Claude Philibert Barthelot, comte de Rambuteau, fut en poste de 1833 à 1848. Il eut tout le temps de rénover les ruelles du Paris médiéval, d'ouvrir de larges artères, de penser à l'aménagement des Halles, de définir plusieurs percées dans les vieux quartiers. Il eut surtout le souci d'éclairer Paris la nuit, pour y faire régner la sécurité. Il remplaça le gaz à huile par l'éclairage au gaz. Le Paris de la fête impériale s'éclairait au gaz de ville. L'électricité est républicaine : elle n'intervint qu'à partir des années 1880.

HÔTEL-DE-VILLE Voir p. 36.

CHÂTELET Voir p. 35.

MAIRIE-D'ISSY – PORTE-DE-LA-CHAPELLE

La ligne nord-sud a été construite par une société autonome, différente de celle du baron Empain. La Société de chemin de fer électrique nord-sud de Paris a obtenu le parcours Montmartre-Montparnasse par concession signée en 1901. Elle devait réaliser la ligne entièrement à ses frais, qui furent considérables. D'abord, le passage de la Seine à hauteur de la Concorde nécessita une traversée souterraine par un ouvrage de six cent cinquante-sept mètres de long ; deux boucliers cylindriques mirent en place les deux tunnels. Une usine de production d'air comprimé et d'eau sous pression fut installée sous la Chambre des députés. Les travaux commencèrent en juillet 1907 et se terminèrent deux ans plus tard : les trains passèrent sous la Seine en novembre 1910. Il fallut ensuite réaliser des travaux en profondeur sur la butte Montmartre en raison de la nature des terrains : les chantiers s'ouvrirent en 1906 pour ne finir qu'en 1912. La station Abbesses fut creusée à trente-cinq mètres sous le sol. On dut prévoir des ascenseurs et des escaliers en colimaçon. On inaugura, en 1911, le tronçon Notre-Dame-de-Lorette-Pigalle et en 1912 Pigalle-Jules-Joffrin.

MAIRIE-D'ISSY Les moulins d'Issy ne prennent plus le vent depuis longtemps : ils sont remplacés par les rotors des hélicoptères de l'héliport de Paris.

Issy est le prolongement du Paris religieux : un séminaire est situé sur l'emplacement du château où Marguerite de Valois finit sa vie. Le séminaire, dépendant jadis de Saint-Sulpice, accueillit Bossuet, Fénelon, beaucoup plus tard Renan. On a pieusement reconstitué dans la crypte du séminaire le mur du chemin de ronde de la prison de la Roquette devant lequel les otages de la Commune ont été fusillés le 24 mai 1871 : monseigneur Darboy, archevêque de Paris, et le séminariste Paul Seigneret.

La station Mairie-d'Issy permet d'accéder aux nombreuses églises du village : Saint-Étienne, Saint-Benoît, œuvre du premier Chantier du cardinal en 1932, la chapelle Notre-Dame protectrice des Enfants (1933), la chapelle Notre-Dame des Pauvres (1955), la chapelle Saint-Bruno construite en 1934 et l'église Sainte-Lucie, œuvre de Venner en 1937.

Terre de mission, Issy-les-Moulineaux, où se construisit parallèlement une maison du peuple en 1934, est certainement le village parisien où la concentration des édifices religieux est la plus forte.

CORENTIN-CELTON Le 15 septembre 1945, la station Petits-Ménages fut officiellement rebaptisée Corentin-Celton. Ce Breton était employé à l'hôpital-hospice des Petits Ménages quand il fut arrêté comme otage par les Allemands et fusillé au fort du mont-Valérien.

L'hôpital était un des plus anciens de la capitale, puisqu'il avait été fondé au temps de François Ier dont la sœur, Marguerite de Valois, résida à la fin de sa vie au château d'Issy. Il était destiné à recevoir les malades et les fous, mais plus particulièrement les ménages de vieillards dans le besoin. Construit d'abord rue de Sèvres à Paris, il avait été transféré, sous le Second Empire, sur le territoire d'Issy.

PORTE-DE-VERSAILLES C'est le lieu des expositions. La foire de Paris est de loin la manifestation du genre la plus fréquentée en France avec 1 043 000 entrées en 1991. Elle existe depuis 1904 mais la première exposition avait eu lieu au Carreau du Temple. De 1905 à 1909, elle se poursuivit au Grand Palais puis en 1911 au Château-d'Eau, à partir de 1917 aux Invalides, en 1919 au Champ-de-Mars. C'est en 1925 que la grande manifestation prit possession de ses cinquante mille mètres carrés de locaux dans les halles de la porte de Versailles.

Divers salons se succèdent sur les lieux, celui de la machine agricole et de l'agriculture, des cuirs et textiles, de l'automobile, etc. L'affluence est telle, même aux expositions de modèles réduits, que la station de métro est totalement saturée. Le métro est pourtant le seul moyen d'accéder à la foire de Paris.

CONVENTION La Convention est l'Assemblée la plus révolutionnaire de la période républicaine : elle permit l'accès au pouvoir des Conventionnels montagnards qui installèrent la dictature des Comités de Salut public et de Sûreté générale. C'est l'Assemblée de la Terreur.

C'est aussi celle de la République : une rue de la Convention traverse de part en part le XVe arrondissement depuis 1893. On comprend que les édiles aient voulu, à leur manière, célébrer le centenaire de l'assemblée robespierriste dont le souvenir était détesté dans d'autres quartiers de Paris.

C'est à Richelieu, et non à Robespierre ou à Danton, que l'on doit la création de l'Imprimerie nationale installée rue de la Convention en 1925. Le souci du cardinal était d'assurer l'impression sans reproches ni fautes des actes de l'État ainsi que des œuvres littéraires et scientifiques qui en valaient la peine.

VAUGIRARD La plus longue rue de Paris, la rue de Vaugirard (4,3 km) est la plus religieuse de la capitale. Elle traversait des terrains acquis par les communautés qui avaient construit, au cours de l'histoire, églises, chapelles, séminaires et couvents. Depuis le Luxembourg, on peut dénombrer l'ancien couvent des Filles-du-Calvaire, celui des Sœurs hospitalières de Saint-Thomas-de-Villeneuve, le couvent des Bernardines, filles du Précieux-Sang, le couvent des Carmes-Déchaux transformé en prison sous la Révolution, où furent massacrés, en septembre 1792, cent dix-huit prêtres et religieux, dont trois évêques. Les frères des Écoles chrétiennes avaient un établissement à Vaugirard. Les séminaires de la capitale y avaient tous une maison de campagne pour distraire leurs élèves et reposer les vieux professeurs. Les congrégations de missionnaires étaient souvent installées rue de Vaugirard.

L'établissement de l'abbé Poiloup était célèbre sous la Restauration. L'abbé avait fondé un collège pour jeunes gens. Il devint le collège de l'Immaculée-Conception qui recevait quatre cents élèves par an au temps de Louis-Philippe. Les jésuites prirent la direction de l'établissement à la fin du siècle et le rendirent célèbre. Mais la loi de 1901 interdisant aux congrégations d'enseigner, le collège dut fermer ses portes.

Le village de Vaugirard avait été constamment colonisé par l'Église. C'est l'allotissement du quartier par la Révolution qui permit de disposer des terrains jusque-là entre les mains de la seigneurie ecclésiastique de Vaugirard — le Valboistron —, étymologiquement la vallée où sont construites des étables pour les bœufs.

VOLONTAIRES

Les volontaires furent d'abord des habitants du quartier qui voulaient prolonger leur rue de la rue de Vaugirard au chemin des Fourneaux, actuelle rue Falguière. Ils avaient réuni des équipes de manœuvres travaillant à leurs frais. Ils purent ainsi gagner beaucoup d'argent en allotissant le quartier, leur rue étant devenue viable. On l'appela ensuite rue des Volontaires (en 1884) pour rendre hommage aux engagés de l'an II qui allèrent défendre la République aux frontières à l'appel du tambour des sections de sans-culottes.

La IIIe République avait le culte des guerres de la Révolution. Le métro hérita de ce pieux souvenir.

PASTEUR Voir p. 137.

FALGUIÈRE

Ce sculpteur républicain avait été choisi pour réaliser le *Triomphe de la République* qu'il avait exposé pendant cinq ans, en maquette, sur l'Arc de Triomphe. Le truculent Toulousain, prix de Rome en 1859, avait réalisé sans rire un groupe sculpté intitulé *La Suisse accueillant l'armée française*. Il devait scandaliser les âmes sensibles de la bonne société en présentant au Salon sa *Danseuse* en qui l'on pouvait reconnaître l'hétaïre Cléo de Mérode. Sa *Femme au paon* avait la nudité impertinente. Mais il devait sa gloire officielle à des œuvres moins folâtres comme la statue de *Gambetta* à Cahors ou du *Cardinal Lavigerie* à Biskra. Il lui serait beaucoup pardonné...

MONTPARNASSE-BIENVENÜE

Voir p. 101.

NOTRE-DAME-DES-CHAMPS

La station de métro porte le nom d'une rue champêtre jadis fréquentée par les carriers qui fournissaient en pierres le centre de la capitale.

Parmi les établissements religieux nombreux dans cette rue, la communauté des filles de Sainte-Thècle (du nom de la sainte patronne de la cathédrale de Milan). L'église de Chamalières s'était procuré une relique de sainte Thècle et l'avait cédée à la communauté de la rue Notre-Dame-des-Champs. Les religieuses avaient pour mission l'éducation de la jeunesse et l'apprentissage des jeunes. Les élèves étaient nombreux. Quatre écoles gratuites avaient été ouvertes pour recevoir les enfants pauvres de la paroisse Saint-Sulpice. En outre, les religieuses assuraient la formation chrétienne des servantes dépourvues de places, qu'elles se chargeaient ensuite de proposer aux bonnes maisons. L'église Notre-Dame-des-Champs n'était pas construite le long de cette rue, mais boulevard Montparnasse. Elle fut l'une des nombreuses églises inaugurées sous le Second Empire, en 1867.

RENNES

La rue de Rennes n'a pas d'histoire, la station de métro non plus. Elle a été ouverte en 1853 par le baron Haussmann pour relier les quais de la Seine et la gare des Bretons, autrement appelée gare Montparnasse. La curiosité de la rue de Rennes, c'est qu'elle s'arrête place Saint-Germain-des-Prés. Le baron Haussmann a dû interrompre sa grande percée vers la Seine. Il avait pourtant détruit dans Paris de nombreuses églises et de superbes hôtels pour tracer ses boulevards. Mais rue de Rennes, rien à faire. Comment détruire la rue Bonaparte ? Livrer aux démolisseurs l'hôtel de Vendôme, fils d'Henri IV et de Gabrielle d'Estrées ? Celui du président de la cour de cassation ? Celui de la princesse de Rohan-Rochefort ?

On ne plaisantait pas avec le Faubourg Saint-Germain, pas plus qu'avec la haute administration : elle a tous les moyens juridiques et financiers de résister. Ainsi la rue de Rennes se termine-t-elle en cul-de-sac par le boyau étroit de la rue Bonaparte. Elle n'a de largeur suffisante qu'au métro Rennes quand elle croise le boulevard Raspail. C'est la rue la plus inachevée de Paris.

SÈVRES-BABYLONE

Voir p. 214.

RUE-DU-BAC

Il y avait bien un bac rue du Bac. Le chemin du Bac amenait, au XVIe siècle, les blocs de pierre des carrières de Vaugirard jusqu'au quai de la Seine où ils transitaient sur des barges. La reine mère Catherine de Médicis avait décidé de faire construire le château des Tuileries. Quand le chemin du Bac s'appela rue du Bac, le premier locataire de la première des maisons neuves construites à l'angle du quai fut le lieutenant des mousquetaires gris : le chevalier de Batz Castelmore d'Artagnan. Il fit une carrière rapide ayant été nommé « capitaine concierge de la volière royale des Tuileries ». Il devint bientôt « capitaine des petits chiens courant le chevreuil ». Cela ne l'empêchait pas de faire la guerre pour le roi, qui accepta d'être le parrain de son premier fils.

Le ton était donné. Les habitants de la rue du Bac furent des nobles de haute volée, logés dans des hôtels, ou de très riches financiers comme Jacques Samuel Bernard.

SOLFERINO

Magenta et Solferino, les victoires remportées contre l'Autriche en Italie par l'armée de Napoléon III en 1859 ont toutes les deux donné leurs noms à des boulevards. On n'avait pas assez de victoires pour que les rares qui eussent été remportées ne fussent pas aussitôt utilisées pour la propagande du règne. Ce furent, du reste, de coûteuses et douteuses victoires, l'ennemi s'étant à chaque rencontre retiré sans péril. Il avait pourtant laissé sur le terrain, ainsi que les Français, assez de morts pour qu'on jugeât expédient de mettre un terme à une guerre qui ne concernait pas directement la France, puisque Napoléon III livrait bataille pour que l'Italie fût indépendante et chassât l'occupant autrichien. Le rajout de Solferino dans la nomenclature des rues de Paris était peut-être destiné à rappeler au roi de Piémont, devenu roi d'Italie, que la France n'avait pas ménagé ses efforts et ses sacrifices pour la cause des nationalités en Europe.

ASSEMBLÉE-NATIONALE

La station s'appelait jusqu'en 1945 Chambre-des-Députés. Elle changea de nom lorsque la Chambre, à la suite du vote de la constitution de la IVe République, s'appela Assemblée nationale.

Les députés siègent au Palais-Bourbon depuis la Restauration. L'État avait acheté le palais à la famille d'Orléans. S'il s'appelait Palais-Bourbon, c'est qu'il avait été construit en 1722 par la duchesse douairière Louise Françoise de Bourbon, fille naturelle de Louis XIV et de la marquise de Montespan, maîtresse royale. Gabriel et Aubert avaient terminé l'hôtel qui fut bientôt racheté par Louis XV. On l'appelait alors hôtel de Lassay parce qu'il avait été habité par l'amant de la duchesse douairière, le marquis de Lassay. Après Louis XV, le prince de Condé avait racheté et agrandi l'hôtel qui trouva son aspect actuel de temple grec sur sa façade quand Napoléon, ayant ordonné la construction du temple de la Madeleine, voulut lui donner un répondant de l'autre côté de la place de la Concorde. Ainsi, la future Assemblée nationale recevait un décor digne des orateurs attiques.

CONCORDE Voir p. 31.

MADELEINE Voir p. 180.

SAINT-LAZARE Voir p. 82.

TRINITÉ-D'ESTIENNE-D'ORVES

On a rajouté le nom d'Estienne d'Orves à la station Trinité après la Libération de Paris. Henri Honoré d'Estienne d'Orves, officier de la marine française, ancien élève de l'École polytechnique, avait organisé pendant la guerre un réseau de renseignements. En poste à Alexandrie sur la flotte en 1940, il avait rallié de Gaulle qui lui avait confié l'organisation du deuxième bureau de la marine. Dénoncé aux Allemands par un de ses officiers, il fut condamné à mort et fusillé le 29 août 1941 au fort du mont-Valérien.

L'église de la Trinité, construite en 1863 quand fut fermé le cabaret des Porcherons, créé par l'illustre Ramponneau, qui unissait les femmes du monde déguisées en soubrettes aux rouliers et aux gardes-françaises dans de joyeuses soirées. Soucieux de rétablir l'ordre moral, l'Empire avait financé l'église de la Trinité, construite par Ballu, précédée, à la fin de la rue Laffitte où officiait la banque Rothschild frères, de trois statues monumentales représentant les vertus cardinales : la Foi, l'Espérance et la Charité.

NOTRE-DAME-DE-LORETTE

Monsieur Dosne, beau-père de Thiers, était un entrepreneur et un homme d'affaires qui obtint du gouvernement la concession de la rue Notre-Dame-de-Lorette. Thiers, l'ami de sa femme, avait épousé sa fille. Il n'avait rien à refuser à Monsieur Dosne qui s'enrichit en spéculant sur la valeur des terrains constructibles et édifia, le long de cette rue en pente, un double alignement de maisons de rapport. Elles furent vite habitées par les artistes du quartier de la Nouvelle Athènes, ainsi que par des écrivains. Delacroix, Étienne Carjat, Mignet, le poète Gustave Kahn, l'écrivain George Sand y voisinaient avec les « lorettes », filles de petite vertu qui fréquentaient à la fois les peintres et les banquiers. L'église Notre-Dame-de-Lorette fut consacrée en 1836. Hippolyte Le Bas, l'architecte, s'était inspiré des basiliques italiennes pour accrocher au flanc de la butte Montmartre une véritable église de mission, destinée à rappeler aux banquiers le devoir de charité et à rendre la foi aux grisettes.

SAINT-GEORGES

Adolphe Thiers est encore présent au métro Saint-Georges. Il s'était fait construire par la société de son beau-père Dosne un superbe hôtel sur cette place qui portait le nom d'une enseigne fort ancienne : « À Saint-Georges ». L'hôtel appartint d'abord à l'épouse de Dosne qui le vendit à son gendre lors du mariage de sa fille Élise, âgée de quinze ans. Thiers y rassembla une formidable collection d'objets d'art. Cet homme politique, historien à succès, avait l'art de s'enrichir. La Commune de Paris mit le feu au palais. Il fut reconstruit pierre par pierre par la IIIe République qui tenait le « libérateur du territoire », le vainqueur des Communards, pour un héros national. Les républicains ne manquèrent pas à son cortège funèbre le 3 septembre 1877. Il avait en effet fini par se prononcer contre la restauration monarchique et passait pour le père fondateur du nouveau régime. On pensa que la restauration de sa maison exprimait la reconnaissance de l'État au sauveur de la patrie et de la société bourgeoise.

PIGALLE Voir p. 61.

ABBESSES

La station Abbesses, la plus profonde de Paris (trente mètres), évoque le souvenir de l'abbaye des Dames-de-Montmartre qui conservaient les saints martyrs : Denis et ses compagnons Rusticus et Éleuthère, dans un établissement construit par Louis VI le Gros en 1155.

En sortant de l'ascenseur, une fois franchie la porte de fonte d'Hector Guimard, on tombe sur la mairie de la Commune de Montmartre qui fut aussi la mairie du XVIIIe. En furent les magistrats l'employé des postes Biron, Georges Clemenceau et, pendant la Commune de Paris, le chansonnier du *Temps des cerises* Jean-Baptiste Clément. Le poète Verlaine s'y maria le 11 août 1870.

LAMARCK-CAULAINCOURT

Rien de commun entre le naturaliste Jean-Baptiste de Monet, chevalier de Lamarck, professeur au Muséum d'histoire naturelle pendant la Révolution et auteur d'une théorie du « transformisme » des espèces, et le général Caulaincourt, sinon que ce dernier était né en 1772 dans l'Aisne et son voisin de métro, dans le département proche de la Somme, en 1744. Caulaincourt était marquis, aide de camp de son père et capitaine d'état-major quand il fut destitué comme noble en 1793. Il choisit alors de servir comme simple soldat. Ce patriotisme plut à Hoche, qui lui rendit son grade. Général et aide de camp de Bonaparte en 1802, il occupa des postes d'ambassadeur et devint même, en 1813, ministre des Affaires étrangères. Il resta fidèle à Napoléon pendant les Cent-Jours et n'échappa à l'exil que grâce à l'intervention du tsar Alexandre qui l'avait estimé quand il était ambassadeur à Saint-Pétersbourg. Le traître Marmont et l'intrigant Soult, pas plus que Murat, n'ont de station de métro. C'est somme toute justice que l'on ait distingué en Caulaincourt le fidèle serviteur de son maître quand on donna son nom à un boulevard, sous le Second Empire.

JULES-JOFFRIN

Il n'y a pas la moindre raison de donner une station de métro au conseiller municipal Jules Joffrin, sinon que ses collègues et amis souhaitaient que le nom de cet excellent homme passât à la postérité. On lui dédia ainsi une plaque sur une place du XVIIIe arrondissement, en 1895, cinq ans après sa mort. Jules Joffrin était républicain et s'était fait élire député de l'arrondissement. Son souvenir franchit deux guerres mondiales et reste attaché à la station de métro qui porta son nom dès sa création. Bel exemple de continuité républicaine !

MARCADET-POISSONNIERS

Voir p. 112.

MARX-DORMOY

Marx Dormoy n'a pris pied dans les rues de Paris qu'en 1945. Il n'était auparavant connu que dans l'Allier, à Montluçon, petite ville industrielle dont il était le sénateur-maire. Sa barbe frémissante, qui n'était pas sans rappeler celle de Jaurès ni celle du prophète Marx, faisait merveille dans les meetings où il avait le don d'enflammer les ouvriers pour la cause socialiste. Léon Blum l'avait distingué, en le nommant sous-secrétaire d'État dans le premier gouvernement du Front populaire, en 1936. Il avait été ensuite ministre de l'Intérieur et avait poursuivi les organisations fascistes clandestines. Il mourut assassiné en 1941 à Montélimar où le gouvernement de Vichy l'avait assigné à résidence. Une bombe avait explosé sous son lit. Comme Mandel, il fut l'un des rares hommes politiques victimes du nazisme. Cela lui valut sa plaque dans le métro.

PORTE-DE-LA-CHAPELLE

La porte de l'enceinte de Paris a le nom du village de La Chapelle-Saint-Denis située sur la grand-route menant de la capitale à la basilique. Les cabarets y abondaient. Les paysans cultivaient des légumes pour la capitale et remplissaient les chopes d'un vin aigrelet, comparable à celui qui est encore récolté sur les pentes de la butte Montmartre. L'église Saint-Denis-de-la-Chapelle avait gardé le souvenir de sainte Geneviève. Elle serait venue prier en ce lieu pour protéger la ville. La chapelle a aussi conservé le souvenir de Jeanne d'Arc qui serait venue s'y recueillir quand elle fut blessée au siège de Paris.

PORTE-DE-CLICHY – PORTE-DE-VANVES

Châtillon – Asnières-Gennevilliers

Saint-Denis – Basilique

Cette ligne nord-sud double la ligne n° 12 qu'elle croise à Montparnasse et rejoint à Saint-Lazare avant d'obliquer franchement vers le nord-ouest, laissant la 12 pénétrer dans la butte Montmartre. La ligne n° 13 a été entreprise en 1911 avec le tronçon Saint-Lazare-Porte-de-Saint-Ouen, poursuivie en 1913 par La Fourche jusqu'à Porte-de-Clichy. Il lui manquait d'être continuée vers le sud. Elle le fut en 1975 seulement, sur le parcours Miromesnil-Champs-Élysées-Clemenceau et en 1973 jusqu'à Porte-de-Vanves et Châtillon-Montrouge. Le prolongement de la porte de Clichy jusqu'à Asnières date de 1980.

CHÂTILLON-MONTROUGE

Le fort de Châtillon fait partie de l'enceinte fortifiée de Paris. Non seulement le village mais aussi le fort furent le lieu d'un sanglant affrontement avec les Prussiens le 13 octobre 1870. Le terme de Montrouge évoque plusieurs villages dits du mont Rouge, rassemblés en une grande agglomération par un effort d'urbanisme déployé à la fin des années 30. Le centre administratif de l'architecte Decaux date, avec son beffroi, de 1934 et l'église en ciment armé de Bagge de 1937. On a prolongé le métro jusqu'à cette station pour tenir compte de l'accroissement de la population des villes de Montrouge et de Châtillon au cours des « trente glorieuses ».

MALAKOFF-RUE-ÉTIENNE-DOLET

L'humaniste a sa place dans la ville de Montrouge et s'insinue dans le métro alors qu'il a été condamné à mort et brûlé à Paris, place Maubert, en 1546. On n'a pas changé, en l'honneur de sa mémoire, le nom de cette dernière place. Pourtant, l'imprimeur Dolet a mené un combat courageux pour la liberté d'expression et pour la diffusion des œuvres des réformateurs qui lui venaient de Genève. Il répandait ainsi la doctrine de Calvin chez les bourgeois et les clercs lyonnais qui ne demandaient qu'à être instruits. Savant latiniste, humaniste et poète, sa mort fait figure d'assassinat sectaire, de crime politique. Grâce à Montrouge, son nom est signalé à l'attention des lycéens, quand ils prennent le métro. Ce n'est que justice et réparation d'un oubli parisien.

MALAKOFF-PLATEAU-DE-VANVES

Le nom de Malakoff est étrange : sa consonance russe étonne dans les environs de la porte Brancion. Il y a, si l'on veut, une certaine logique dans ce voisinage. Le colonel qui a donné son nom à la porte Brancion — né à Condé dans le Nord en 1803 — s'était distingué dans l'attaque du mamelon

Vert, une des fortifications les plus redoutables construite par les Russes sur l'enceinte de Sébastopol. Brancion devait y trouver la mort, en 1855. Quant à Malakoff, c'était le nom d'un village de Crimée, connu des anciens combattants. En 1855 il y avait, au village, une enseigne de cabaret : « la Tour de Mallakoff ». Le nom russe finit par désigner le village en formation puis la ville.

PORTE-DE-VANVES

La porte de Vanves a le nom d'un village de la périphérie. La station de métro est proche du château des princes de Condé, attribué à l'architecte Mansart, construit en 1698 au temps du grand roi. Il fut transformé en lycée mais les élèves et les professeurs de cet établissement, qui porte le nom du grand historien Michelet, n'ont pas réussi à faire comprendre aux édiles qu'ils s'honoreraient en demandant à la R.A.T.P. de consentir à débaptiser la station Porte-de-Vanves pour l'appeler — Jules-Michelet. Le père de l'histoire de France est scandaleusement absent des murs des stations de métro.

PLAISANCE

Une toute petite rue justifie le nom de la station. Elle évoque l'agrément d'un lotissement tracé par les édiles en 1858-1860 pour ouvrir, sur un terrain vague, un nouveau quartier baptisé hameau de Plaisance. Le lotissement avait été réalisé par le fils du dernier propriétaire d'un château sis sur la chaussée du Maine : Alexandre Marie Couesnon. Le fils était géomètre et architecte. Il brûlait de faire fortune. Il s'associa à un certain Chauvelot, poète de son état ou plutôt chansonnier connu dans les cabarets, qui avait déjà réalisé dans le quartier de Vaugirard un lotissement appelé l'Avenir. Sans doute, le chansonnier imagina-t-il le nom de Plaisance pour attirer les souscripteurs.

PERNETY

Le vicomte Joseph Marie de Pernety a fini, en 1856, sa vie avec le grade de général. Douze ans plus tard, il avait sa rue dans Paris. Rien de plus normal :

le Second Empire récompensait en lui un vieux soldat. Né à Lyon en 1766, il avait été élève de l'école de Metz et était entré comme lieutenant d'artillerie au régiment de La Fère. Il avait été nommé chef d'escadron pour son efficacité au tir à la bataille de Rivoli. Colonel à Marengo, il était à Austerlitz et à Iéna ; il avait rendu possible la victoire de Wagram en armant de cent canons l'île de Lobau. La Restauration ne l'avait pas limogé. Il poursuivit sa carrière et devint conseiller d'État. L'empereur l'avait fait baron, le roi le fit vicomte. La rue ouverte à son nom le fut au milieu de terrains dont il était propriétaire.

GAÎTÉ

Jamais une rue de Paris n'a mieux mérité son nom : à la barrière du Montparnasse où les spectacles de toutes sortes faisaient fureur au XIXe siècle. Le *Bal des Gigolettes* et celui des *Escargots* avaient moins de prestige que le *Bal-restaurant des Mille Colonnes* ouvert en 1833 et dont l'enseigne représentait une Vénus nue dansant lascivement. Le théâtre Montparnasse avait ouvert ses portes dès 1819. Jamin, en 1868, créa la Gaîté-Montparnasse où le café-concert produisait les Fragson, les Mayol et les Dranem. Colette s'y était dénudée dans une bacchanale où elle prenait des « poses plastiques ». Les mêmes se produisaient aux *Folies-Bobino*, plus tard au *Casino-Montparnasse*. Ce quartier fut, pendant un siècle, de la plus folle gaieté.

MONTPARNASSE-BIENVENÜE

Voir p. 101.

DUROC

Voir p. 214.

SAINT-FRANÇOIS-XAVIER

Saint-François-Xavier a une église et une station de métro, mais ni place, ni rue, ni avenue dans Paris. Le saint élève des jésuites, missionnaire en Extrême-Orient et disciple d'Ignace de Loyola, aurait dû, en bonne logique, être chassé des murs du métro puisqu'on avait remplacé son nom sur la place par celui du président Mithouard, en 1919. On recula devant le ridicule. Le président Mithouard était à la tête du conseil municipal quand il mourut en 1919. Il avait géré la Ville de Paris pendant la guerre, ce qui n'était pas sans mérite. On lui fit l'hommage de la place. Le métro ne crut pas devoir suivre. Voici donc l'exemple rarissime d'une station dont le nom n'apparaît pas en surface. On y trouve néanmoins l'église, de facture moderne et fort imposante par ses dimensions, consacrée en 1875 au saint missionnaire. Son style romano-antiquisant, avec des parties Renaissance, ne fait pas l'unanimité des éloges. Mais elle domine le quartier de sa masse et justifie la station de métro.

VARENNE

Le terrain de Varenne (ou garenne) était une friche de l'abbaye Saint-Germain-des-Prés. La station Varenne ne doit pas son nom à la fuite du roi mais à ce lieu-dit, difficile à débaptiser depuis que la rue de Varenne est le centre du pouvoir politique. En janvier 1935, la présidence du Conseil s'est installée à l'hôtel Matignon. Les Premiers ministres de la Ve République ont suivi cet exemple. Ils peuvent prendre le métro, s'ils le souhaitent, à la station Varenne. Il est vrai qu'ils roulent en voiture, suivant en cela l'exemple de l'austère Poincaré, qui circulait dans Paris dans une automobile à chauffeur. Le pouvoir ne prend pas le métro.

La station a été fermée pendant la guerre; puisque le gouvernement de la France était à Vichy, il n'y avait plus lieu de desservir les hôtels déserts. Pourtant Philippe Henriot s'y installa pour être plus près des Allemands et du micro de Radio-Paris. Secrétaire d'État à l'Information du gouvernement Laval en 1944, il fut exécuté par la Résistance dans son appartement ministériel parisien. À l'époque, les collaborateurs de la rue de Varenne faisaient plus de mal que ceux de l'hôtel du Parc à Vichy.

INVALIDES Voir p. 149.

CHAMPS-ÉLYSÉES-CLEMENCEAU Voir p. 31.

MIROMESNIL Voir p. 199.

SAINT-LAZARE Voir p. 82.

LIÈGE

La station s'appelait initialement Berlin. On crut bon de la débaptiser en 1914 pour enlever du métro le nom de la capitale ennemie, dont le Kaiser avait déclaré la guerre à la France.

Liège était au contraire une ville amie : la vaillante armée belge avait ployé sous le choc de trois armées allemandes d'invasion qui avaient violé la neutralité du pays. Les douze forts de Liège avaient résisté pendant dix jours, du 6 au 16 août 1914, à la ruée allemande. Le général Ludendorff avait dû amener à pied d'œuvre des mortiers géants pour venir à bout de la résistance des Liégeois. De la sorte, le nom de la station de métro ne fut pas seulement celui d'une ville amie, mais bien aussi d'un épisode héroïque de la Grande Guerre.

PLACE-DE-CLICHY Voir p. 59.

LA FOURCHE

La Fourche est un nom de lieu qui désigne l'embranchement de deux routes, celle qui conduit au village de Clichy et l'autre, qui se dirige vers Saint-Denis par la porte de Saint-Ouen. Elle est située sur l'ancien territoire des Batignolles et la station de métro donne accès à l'église Saint-Michel-des-Batignolles. Il s'agit d'une église moderne, construite pour répondre à l'attente des nouveaux paroissiens, très nombreux dans le quartier dès le Second Empire. Une première église avait été construite aux frais du curé en 1858. Trop exiguë, on la démolit en 1910 pour la remplacer par une basilique en brique reposant sur un grand nombre de puits en béton armé. Elle n'était pas achevée en 1918. Elle fut mise en service en 1925 seulement, complétée en 1934 par un campanile. Saint Michel bénit les voyageurs qui empruntent les deux voies de la Fourche.

BROCHANT

Ce savant géologue et minéralogiste était né en 1772. Il avait été directeur de la manufacture des glaces de Saint-Gobain. Ce quartier en formation cherchait, en 1864, des hommes illustres pour donner leurs noms à des rues toutes neuves. Brochant était membre de l'Académie des sciences quand il mourut en 1840. Pourquoi le distinguer ? Le conseil municipal, et plus tard le métropolitain, abrégèrent son nom ; il s'appelait en réalité Brochant de Villiers.

PORTE-DE-CLICHY

On aurait pu appeler cette station Balzac, puisqu'un lycée au nom du grand romancier se situe au n° 2 de l'avenue de la Porte-de-Clichy. Mais il existe une malédiction de Balzac dans le métro : il en est absent, comme Stendhal et Flaubert. Il est vrai que le nom actuel de la Porte-de-Clichy rappelle l'existence d'une commune de Clichy, extérieure à la capitale jusqu'à Napoléon III. Les cabarets étaient nombreux au village : celui du père Lathuile, en 1765, était proche d'une ferme abritant plus de soixante vaches qui donnaient aux promeneurs du lait chaud. Plus tard le cabaret des « frites révolutionnaires » avait été ouvert, après 1871, par un colonel de fantaisie qui devait ses galons à la Commune de Paris et qui rentrait du bagne de Nouméa. Ce Maxime Lisbonne, qui avait le génie des enseignes, avait créé à Montparnasse le *Jokey-Club* et à Montmartre le *Casino des Contributions directes*.

MAIRIE-DE-CLICHY

Clichy veut dire clapier. La ville s'appelait jadis Clichy-La Garenne. On y chassait le lièvre, on y élevait les lapins. Mais la ville a crû rapidement dans la banlieue industrielle de Paris. Enserrée entre Levallois et Saint-Ouen, elle devint l'une des capitales de la banlieue des luttes ouvrières. Une maison du peuple y fut construite sur pilotis en 1939 par l'architecte Marcel Lods, avec une galerie mobile, un plancher amovible et un plafond escamotable. Ce modernisme n'a pas empêché l'église Saint-Vincent-de-Paul de survivre. Le bon Monsieur Vincent fut en effet curé de Clichy de 1612 à 1625; sa chaire a été conservée.

GABRIEL-PÉRI (ASNIÈRES-GENNEVILLIERS)

Le métro repasse la Seine au pont d'Asnières où, jadis, on élevait des ânes pour les chantiers de travaux publics de la capitale et les maraîchers des environs.

Le nom de Gabriel Péri, rajouté au terminus de la station, est celui d'un héros de la dernière guerre. Journaliste à *Clarté* aux côtés d'Henri Barbusse, né en 1902 à Toulon, il entra à *L'Humanité* en 1924 et au comité central du Parti communiste en 1929. Il était, pendant l'occupation, l'animateur des cahiers clandestins du communisme. Il fut arrêté comme otage par les Allemands en mai 1941 et fusillé le 15 décembre.

GUY-MOQUET

Cet étudiant avait seize ans en 1940. Son père était le député communiste de Paris Prosper Moquet, déchu de son mandat et condamné à la prison par Vichy. Le jeune homme avait manifesté contre l'occupant avec d'autres étudiants. Il avait été arrêté, conduit à la Santé, puis à la prison de Clairvaux. Il fut envoyé avec d'autres otages à Châteaubriant en Bretagne et fusillé dans la carrière, avec Charles Michels, qui a aussi donné son nom à une station du métro.

La station s'appelait auparavant Marcadet-Balagny, du nom de la rue Marcadet et du maire des Batignolles Balagny.

PORTE-DE-SAINT-OUEN

La porte de Saint-Ouen donne accès à l'hôpital Bichat — savant anatomiste devenu chirurgien — dont le métro n'a malencontreusement pas gardé le souvenir. Bichat, né en 1771, est un des pères de la chirurgie. Élève et successeur de l'illustre Desault, il avait fondé avec Corvisart (qui a la chance d'avoir donné son nom à une station) la Société médicale d'émulation. Nommé médecin à l'Hôtel-Dieu, il avait été emporté à trente et un ans par la typhoïde. Il était le fondateur de l'anatomie générale mais c'était aussi l'un des pionniers de la physiologie. « La vie, disait-il, est l'ensemble des fonctions qui résistent à la mort. » Un hôpital porte son nom. Il attend sa station de métro.

GARIBALDI

On débaptisa, en 1885, le boulevard des Paillassons pour lui donner le nom du révolutionnaire italien Giuseppe Garibaldi, qui avait plus d'un titre à la reconnaissance des Français. D'abord, il était né à Nice, où un boulevard porte son nom. Ayant lutté avec acharnement pour l'unité de son pays, organisant en particulier la marche des Mille chemises rouges pour s'emparer de Naples, il avait, par reconnaissance et solidarité républicaine, combattu dans les rangs des armées de Gambetta en 1870. Son fils Riccioti, n'écoutant que son courage, avait traversé les Alpes avec ses volontaires pour se mettre au service de la France en 1914.

MAIRIE-DE-SAINT-OUEN

La seule participation de Saint-Ouen à l'histoire est la signature de la déclaration de Saint-Ouen du 2 mai 1814 où le roi Louis XVIII, de retour d'exil, proclamait la Charte constitutionnelle avant de faire son entrée dans Paris.

Il arrivait en effet dans les fourgons des armées alliées et craignait de dresser tout le pays contre lui s'il ne faisait pas quelques concessions à la longue période de la Révolution et de l'Empire que venait de connaître la France et qui se traduisait par des acquis libéraux. Napoléon lui-même devait signer, en 1815, lors de son retour de l'île d'Elbe, l'acte additionnel à la constitution de l'Empire qui garantissait l'exercice des libertés. Louis XVIII avait signé le texte dans le château de Saint-Ouen, construit jadis par le duc de Guyenne, fils du roi Charles VI. Au XVIIIe siècle, la marquise de Pompadour y avait habité.

CARREFOUR-PLEYEL

La salle Pleyel à Paris n'a pas de station de métro portant le nom de l'illustre compositeur né à Ruppersthal près de Vienne en 1757. Il avait fondé à Paris une manufacture de pianos. Son fils Camille avait poursuivi son œuvre après sa mort en 1821 : les Pleyel étaient lancés. Ils se retrouvent dans le métro, du côté de Saint-Ouen. Peut-on y jouer du Brahms en attendant les rames ?

SAINT-DENIS-PORTE-DE-PARIS

La porte de Paris fait partie de la commune de Saint-Denis : elle donne sur le canal Saint-Denis, qui se jette dans la Seine.

Jadis trônait sur cette porte la statue de bronze du chimiste Nicolas Leblanc qui avait inventé un procédé de fabrication de la soude artificielle. Les Allemands avaient envoyé la statue à la fonte. Le choix du personnage était judicieux. Saint-Denis était, en 1950, une des cités industrielles les plus importantes de la région parisienne avec ses usines d'aviation, d'automobiles, d'électricité, de produits chimiques, ateliers d'électricité et de mécanique. La guerre de 1914 avait installé sur le site ses industries d'armement. Les rues portaient toutes des noms de militants communistes héros de la Résistance : Danielle Casanova, Gabriel Péri ou de militants socialistes comme

Marcel Sembat. C'était une des citadelles de l'extrême gauche.

SAINT-DENIS-BASILIQUE

Le terminus du métro donne accès à la basilique où furent enterrés les rois de France. Les restes des martyrs, saint Denis et de ses compagnons, sont déposés dans la crypte avec ceux des rois de France : cercueils de Louis XVI et de Marie-Antoinette, de Louis XVIII et des princes du sang. Des coffrets de vermeil contiennent le cœur et les entrailles des rois Henri III, Henri IV, Marie de Médicis, Louis XIII, Louis XIV et Louis XVIII. Les tombeaux ont été profanés sous la Révolution et bien des dépouilles illustres manquent à l'appel. L'oriflamme de Saint-Denis, de pourpre et d'or, a été longtemps exposée dans le trésor. Les rois de France, entrant en guerre, « prenaient l'oriflamme », une enseigne royale qui devint l'étendard du royaume.

Saint-Denis n'est pas seulement un lieu consacré, c'est un lieu d'histoire atteint désormais par le métro.

INDEX

Reprophotomécanique et impression Bussière, octobre 2008
Editions Albin Michel
22, rue Huyghens, 75014 Paris
www.albin-michel.fr
ISBN 978-2-226-06671-8
N° d'édition : 25990. – N° d'impression : 083078/1.
Dépôt légal : décembre 1993.
Imprimé en France.